Louis Ferdinand Helbig

Das Geschichtsdrama
Georg Büchners

Kanadische Studien zur deutschen Sprache und Literatur

Etudes parues au Canada en relation
avec la philologie et la littérature Allemandes

Canadian Studies in German Language and Literature

herausgegeben von
Armin Arnold · Michael S. Batts · Hans Eichner

No. 9

Louis Ferdinand Helbig

Das Geschichtsdrama
Georg Büchners

Herbert Lang
Bern und Frankfurt/M.
1973

Louis Ferdinand Helbig

Das Geschichtsdrama Georg Büchners

Zitatprobleme und historische Wahrheit in « Dantons Tod »

Herbert Lang
Bern und Frankfurt/M.
1973

ISBN 3 261 00849 0

©

Herbert Lang & Cie AG, Bern (Schweiz)
Peter Lang GmbH, Frankfurt/M. (BRD)
1973. Alle Rechte vorbehalten.

Druck: Lang Druck AG, Liebefeld/Bern (Schweiz)

Eines Tages wird man die Wahrheit erkennen.

(Danton, Dritter Akt, 9. Szene)

INHALTSVERZEICHNIS

VORWORT

Die vorliegende Arbeit ist in ihrer ursprünglichen Fassung 1968/69 als erste germanistische Dissertation an der *University of Waterloo* in Kanada entstanden. Ihr Verfasser weiß, daß sie — an den seither immer stärker gesellschaftlich orientierten Arbeiten der westdeutschen Germanistik gemessen — eher traditionellen Charakter besitzt. Wer in der Tradition des Positivismus, der die folgende Untersuchung verpflichtet ist, nur das Reaktionäre sieht, mag sich deshalb enttäuscht sehen. Ein Kommentar zur sozialen und politischen Aufgabe der Dichtung oder gar der Germanistik auf dem Umwege eines Rekurses auf Büchner wird an dieser Stelle nicht gegeben. Wer dagegen willens ist, die Tugenden des Positivismus im Hinblick auf eine zu gleichen Teilen dramentheoretische und quellenanalytische Fragestellung anzuerkennen, wird sich gewiß auch geneigt zeigen, an der literaturwissenschaftlich reizvollen Aufgabe teilzuhaben, die sich der Verfasser gestellt hat.

Diese besteht aus einer vergleichenden Betrachtung der verschiedenen Zeitschichten, die der Dichter aus seinem subjektiven historischen Verständnis heraus durch Quellenzitate in das Drama übernommen hat. Dadurch wurde dem Interpreten die Möglichkeit gegeben, den in mancher Hinsicht auch objektiv verifizierbaren Beitrag des Dramas zur historischen Wahrheit neu zu bestimmen und literaturwissenschaftliche Kriterien zu erarbeiten, die sich möglicherweise auch auf andere Geschichtsdramen anwenden lassen. Die durchgehend wirkungsgeschichtliche Betrachtungsweise in der vorliegenden Arbeit möchte den Anspruch erheben, den positivistischen Ansatz auf die Ebene allgemeiner dramentheoretischer Relevanz gehoben und eine grundsätzliche Diskussion des Zitatproblems und der Frage nach der historischen Wahrheit ermöglicht zu haben. Die Kritik mag darüber befinden, inwiefern die hier versuchte Typologie des büchnerschen Geschichtsdramas als Beitrag zu einer Poetik des Geschichtsdramas gelten kann.

Die Arbeit verdankt ihre Entstehung der fördernden Anteilnahme meiner Lehrer an der germanistischen Abteilung der *University of Waterloo,* besonders ihres Leiters J.W. Dyck. Das Thema geht auf eine Anregung des Herausgebers der neuen historisch-kritischen Büchner-Ausgabe, Werner R. Lehmann/Pädagogische Hochschule Flensburg, zurück, der außerdem als Korreferent fungierte und durch ermutigenden Zuspruch mehr als das übliche Maß beitrug. Besonderer Dank gebührt meinem verehrten Doktorvater Hermann Boeschenstein/*University of Toronto* und *University of Waterloo,* dem Doyen der kanadischen Germanistik, für seine stete Hilfsbereitschaft sowie seine zahlreichen kritischen Hinweise und Anregungen. Auch danke ich Bibliotheksdirektor Dr. E. Zimmermann, dem Leiter des Büchner-Archivs an der Landes- und Hochschulbibliothek Darmstadt, und den Herausgebern dieser Reihe, Armin Arnold/*McGill University* und Hans Eichner/*University of Toronto,* für ihre mannigfaltige Hilfe.

Ein ganz persönliches Wort des Dankes gilt meiner Frau sowie Manfred Kuxdorf/*University of Waterloo*.

Die Veröffentlichung des vorliegenden Bandes wurde ermöglicht durch einen Druckkostenzuschuß des *Humanities Research Council of Canada* unter Verwendung von Förderungsmitteln des *Canada Council*, dem ich für diese Beihilfe sowie für ein zweijähriges Doktorandenstipendium danke.

Indiana University
Bloomington, Indiana
im November 1972   Louis Ferdinand Helbig

EINFÜHRUNG

Ein allgemeiner Grundsatz der Dramentheorie besteht darin, daß ein Drama, in dem historische Ereignisse im Vordergrund stehen, als Typus des Ereignisdramas gilt, während eine Hervorhebung historisch wirksamer Ideen in einem Drama dem Typus des Ideendramas entspricht. Diese Eindeutigkeit der Typen ist allerdings selten gegeben. Georg Büchners Drama *Dantons Tod* (1835) stellt beispielsweise sowohl die historischen Begebenheiten der Zeit nach der Französischen Revolution als auch eine Reihe von philosophischen Auffassungen dar, die typisch sind für die Zeit Büchners. Als Beispiele dafür wären das Fortschrittsdenken oder nihilistische und atheistische Vorstellungen zu nennen. Schon aus diesem Grunde erweisen sich die genannten Typusbezeichnungen im Hinblick auf das Geschichtsdrama Büchners als problematisch. Sie sind es aber vor allem deshalb, weil in *Dantons Tod* Geschichte, Ideenwelt und historische Wahrheit in einer für dieses Drama typischen Weise zum Ausdruck kommen. Mit diesen Fragen beschäftigt sich die vorliegende Arbeit.

Die Problematik der historischen Wahrheit wird von der historisch ausgerichteten Betrachtungsweise, die eine Erschließung der tatsächlichen geschichtlichen Umstände anstrebt, nicht gesehen; auch die ästhetische Drameninterpretation, die hauptsächlich auf die poetische Wahrheit im Drama abzielt, vermag die historische Wahrheit nicht zu erkennen. Beide Betrachtungsweisen erwecken zwar den Anschein, als kämen sie zu einem verbindlichen Urteil über die historische Wahrheit, doch übersehen sie dabei, daß die geschichtlichen Tatsachen und das Fiktionale der poetischen Wahrheit anderen Kategorien angehören als die historische Wahrheit. Hier wird deshalb der Versuch unternommen, diese kategorialen Unterschiede im Text des Dramas nachzuweisen und die Frage nach der historischen Wahrheit im Geschichtsdrama Büchners neu zu formulieren.

Die Darstellung von zeitgeschichtlichen Zusammenhängen und von Urteilen über diese aus der zeitgenössischen Sicht des Dichters ist ein Hauptanliegen des Geschichtsdramas. Diese beiden Aspekte des dargestellten Zeitabschnitts werden durch eine bedeutende Anzahl von Zitaten aus historiographischen Werken sowie aus Philosophie und Dichtung in *Dantons Tod* eingeführt. Man kann in einer Reihe von Zitaten aus Volksliedern und aus der Bibel einen dritten Aspekt der Zeit sehen. Er liegt darin, daß die Aussage dieser Zitate insofern zeitlos ist, als sie sich nicht ausschließlich auf die französische Revolutionszeit oder die Zeit Büchners bezieht. Die Zeitlosigkeit ihrer Aussage ist also nicht zeitlos wahr im banalen Sinne einer völligen Bezugslosigkeit, sondern sie läßt sich immer wieder mit textkritischen Mitteln in Beziehung setzen zu einer bestimmten Zeit. Dadurch wird aus Zeitlosigkeit immer wieder Zeitbezogenheit. Das heißt, daß alle hier behandelten Zeitaspekte eine wirkungsgeschichtliche Dimension besitzen.

Es folgt daraus, daß jede der drei Zitatarten in einem bestimmten Verhältnis zur Zeit steht. Man kann deshalb von drei verschiedenen Zeitschichten in *Dantons Tod* sprechen. Die Zitate im Drama und Büchners Zitattechnik stellen daher einen geeigneten Ansatzpunkt dar für den Versuch einer Typologie des büchnerschen Geschichtsdramas. Die Analyse der Zitattechnik zeigt nämlich, daß die sprachlichen Veränderungen, die Büchner bei der Übernahme der Zitate in den neuen Kontext vornimmt, weniger eine stilistische Absicht verfolgen als vielmehr das Verhältnis zwischen den Zitataussagen und den drei Zeitschichten modifizieren. Nicht nur in den zeitlosen Zitaten selbst, sondern auch in den ereignis- und ideenbezogenen Zitaten ist hier eine deutliche Tendenz zur zeitlosen Aussage nachweisbar.

Allein durch den Vorgang der 'Textmontage' oder der 'Manipulation des Quellentextes' läßt sich Büchners Zitattechnik nicht erfassen. Erst eine Unterscheidung zwischen der Montage sprachlich unveränderter Zitate, ihrer sprachlichen Adaption und ihrer Integrierung in den Dramentext verdeutlicht die Sprachkunst Büchners und die Konsequenz seiner Darstellungsweise. Diese kann in Verbindung mit seiner Zitattechnik als ein zeitbezogener Realismus bezeichnet werden. Eine bewußt herbeigeführte Tendenz zur Entzeitlichung und damit zu einer zeitlosen historischen Wahrheitsaussage ergibt sich dann als ein typisches Merkmal des büchnerschen Geschichtsdramas.

Um dem möglichen Einwand zu begegnen, der angesichts der Aufdeckung einer zeitlosen Dimension in diesem Geschichtsdrama bei denjenigen Interpreten aufkommen könnte, die allerorten eine unmittelbare Relevanz für unsere Zeit sehen möchten, sei hier daran erinnert, daß ein Bemühen um Distanz — denn darum handelt es sich hier — bisher jedem Geschichtsdrama förderlich gewesen ist. Die umgekehrte Verhaltensweise, das heißt das Bemühen um eine Verminderung oder gar Aufhebung der Distanz — man denkt an Goethes ironisches Wort von der Narrheit, durch die ein jeder bedeutende Mensch mit seiner Zeit verbunden ist — hat dagegen nicht wenige Geschichtsdramatiker und auch manche Kritiker immer wieder zu tendenziösen Darstellungen verleitet. Im Gegensatz zu einer — wie auch immer gearteten — in die Zeit gerichteten Tendenz, die Büchner in *Dantons Tod* weitgehend vermissen läßt, ist jede der Zeitschichten konkret im Dramentext nachweisbar. Die Tendenz zur Zeitlosigkeit, die mindestens eine von ihnen kennzeichnet und die das Drama sowie seinen Dichter aus der Verstrickung in die Probleme seiner historischen Zeit und seines historischen Ortes heraushält, ermöglicht deshalb einen neuen Zugang zur Frage nach der historischen Wahrheit dieses Dramas.

Nach dem Versuch einer Neuformulierung dieser Frage (Kap. I), einer Analyse der Wirklichkeitsauffassung Büchners (Kap. II) und nach einer Darstellung der drei Zeit- und Zitatschichten im Drama (Kap. III) erscheint Büchners Darstellungsweise als ein integraler Realismus der Zeit (Kap. IV). Diese dreischichtige Zeitstrukturierung, die hier zum ersten Male zusammenhängend untersucht und mit dem Problem der historischen Wahrheit verknüpft wird, erweist sich dann als typusbestimmend für das Geschichtsdrama Büchners. Nicht nur die Abgrenzung einer Ereignisschicht von einer Ideenschicht, sondern auch das Vorherrschen einer Tendenz zur zeitlosen Wahrheitsaussage wäre deshalb, wie das Beispiel des Dramas *Dantons Tod* zeigen wird, in einer Poetik des Geschichtsdramas zu berücksichtigen.

ERSTES KAPITEL
HISTORISCHE WAHRHEIT UND HISTORISCHES DRAMA

1. BÜCHNER ZWISCHEN EREIGNIS- UND IDEENDRAMA

Die aristotelische Abgrenzung der Aufgabe des Geschichtsschreibers von derjenigen des Dichters gehört mindestens bis zu Brecht zum Kanon der Dichtungstheorie. Da aber neuerdings selbst Brechts Bemühungen um eine nichtaristotelische Dramaturgie als "neue aristotelische Dramatik"[1] bezeichnet werden, könnte ein Versuch wie der vorliegende, der schon Georg Büchner als einen der Wegbereiter des nichtaristotelischen Geschichtsdramas betrachten will, zunächst auf eine berechtigte Skepsis stoßen.

Man kann einwenden, daß Büchner nur weiterführt, was Lenz und Grabbe vorbereitet haben, nämlich die Abwendung der Geschichtsdramatik von den klassisch-idealistischen Normen, die vor allem Schiller in seinen Dramen verwirklicht hat. Weshalb also eine Untersuchung des büchnerschen Geschichtsdramas? Hat sich nicht schon Lenz (1751–1792) in ganz ähnlicher Weise wie Büchner (1813–37) um die Darstellung einer Wirklichkeit bemüht, die durch keine Ideale verfälscht sein sollte? Versucht nicht Büchner ebenso wie Grabbe (1801–36), "den wahren Geist der Geschichte zu enträtseln? "[2]

Es ist behauptet worden, daß die gesamte deutsche Dichtung "keinen so geschichtsunmittelbaren Dramatiker wie Grabbe"[3] kenne. Grabbe, der in seiner Abhandlung "Über die Shakspearo-Manie" (1827) vom Geschichtsdramatiker eine "dramatische, concentrische und dabei die Idee der Geschichte wiedergebende Behandlung"[4] fordert, sei dem schillerschen Ideendrama weniger verpflichtet, als nach seiner Äußerung anzunehmen wäre.[5] Stimmt man dieser Auffassung zu, so bleibt die Frage unbeantwortet, ob man berechtigt ist, Grabbes Geschichtsdrama die Typusbezeichnung eines Ideendramas zu verweigern, nur weil es keine positiven Ideale, sondern die Idee eines Geschichtspessimismus darstellt. Ist man gegensätzlicher Meinung, so bleibt offen, ob die Geschichtsunmittelbarkeit der Dramen Grabbes diese vielleicht als Ereignisdramen erscheinen läßt — etwa im Sinne Hebbels, der in seinem Vorwort zu *Maria Magdalene* (1844) die unmittelbare Darstellbarkeit einer Idee anzuzweifeln scheint: "Darstellbar ist nun nur das *Handeln*, nicht das *Denken* und *Empfinden*."[6]

---

1 vgl. Käthe Rülicke-Weiler, *Die Dramaturgie Brechts; Theater als Mittel der Veränderung* (Berlin, 1966), S. 84.

2 Christian Dietrich Grabbe, *Grabbes sämtliche Werke*, hrsg. von Eduard Grisebach, Bd. I (Berlin, 1902), S. 431 (in einer Anmerkung zu *Marius und Sulla*).

3 Benno von Wiese, *Die deutsche Tragödie von Lessing bis Hebbel*, 7. Aufl. (Hamburg, 1967), S. 469.

4 *Grabbes sämtliche Werke*, Bd. I, a.o.O., S. 451.

5 Benno von Wiese, a.o.O., S. 693 (Anmerkung 26).

6 Friedrich Hebbel, *Sämmtliche Werke*, Bd. X (Hamburg, 1867), S. 74 (Hervorhebung von F. H.).

Was sich bei Grabbe andeutet, gilt auch für Büchner: Die Typusbezeichnungen eines Ideendramas oder eines Ereignisdramas erscheinen im Hinblick auf die Geschichtsdramen Grabbes und Büchners nicht mehr als zutreffend. Beide nachklassischen Dichter schaffen eine neue Art des Geschichtsdramas. Da Grabbe aber im Gegensatz zu Büchner in seinen Äußerungen zur Dramentheorie von einer "Idee der Geschichte" spricht und sich dabei ausdrücklich auf Schiller beruft, scheint es gerechtfertigt, ihn als Vertreter der von Schiller bis Hebbel reichenden Tradition des Ideendramas zu sehen.[7] Büchners *Dantons Tod* (1835) dagegen, zeitlich zwischen den Hauptdramen Grabbes und den Dramen Hebbels entstanden, steht in einem anderen Verhältnis zum Drama der geschichtlichen Ereignisse und zum Drama der geschichtlich wirksamen Ideen als die Dramen Grabbes.[8] Aus diesem Grunde bildet *Dantons Tod* den Mittelpunkt unserer Untersuchung.

Nach Aristoteles beschreibt der Historiker das, was geschehen ist, während der Dichter das darstellt, was hätte geschehen können; die Dichtung sei deshalb philosophischer als die Geschichtsschreibung, denn jene sei auf das Allgemeine ausgerichtet, während diese vornehmlich dem Besonderen verpflichtet sei.[9]

Beider Gegenstand ist die Behandlung des Vergangenen aus der Sicht der Gegenwart, denn — wie Hegel treffend sagt — "dies Geschichtliche *ist* wohl, aber es ist *gewesen*."[10] Festzustellen, 'wie es eigentlich gewesen ist,' steht seit Ranke — ganz im aristotelischen Sinne — als Ziel im Mittelpunkt der Geschichtsschreibung. Schon die beiden Möglichkeiten der Betonung — 'wie es eigentlich *gewesen* ist' (etwa nach Hegel) gegenüber einem 'wie es *eigentlich* gewesen ist' — heben den Dualismus hervor, der für Ranke wie für Aristoteles charakteristisch ist. Man hat daraus geschlossen, daß Ranke den Vergangenheitscharakter des Geschichtlichen nicht nur als etwas tatsächlich Gewesenes, sondern auch unter dem Gesichtspunkt einer mehr aus dem Verborgenen wirkenden Idee verstanden haben wollte.[11] Das Diktum Rankes erweist sich deshalb als bloße Neufassung der aristotelischen Abgrenzung, denn die Darstellung der 'eigentlichen' philosophischen Hintergründe der tatsächlichen Ereignisse ist nach Aristoteles

---

[7] Auf den oben zitierten Satz Grabbes von der "Idee der Geschichte" folgt die Feststellung: "Hiernach strebte Schiller . . ." (*Grabbes sämtliche Werke*, Bd. I, a.o.O., S. 451).

[8] Für diese Charakterisierungen werden im Folgenden die Bezeichnungen 'Ereignisdrama' und 'Ideendrama' verwendet. Damit ist das jeweilige Vorherrschen dieser Züge in einem Geschichtsdrama, nicht eine enge Gattungsbezeichnung gemeint.

[9] Aristoteles, *Poetica* 9, 1451 b.

[10] G.W.F. Hegel, *Ästhetik*, 2. Aufl., hrsg. von Friedrich Bassenge (Frankfurt/Main, o.J.), S. 267 (Hervorhebung von Hegel).

[11] Diese Auffassung vertritt Erich Heintel, " 'Wie es eigentlich gewesen ist;' ein geschichtsphilosophischer Beitrag zum Problem der Methode der Historie," in: *Erkenntnis und Verantwortung; Festschrift für Th. Litt*, hrsg. von Josef Derbolav (Stuttgart, 1960). Nach Heintel ist die Wirklichkeit für die Historie das "eigentlich Gewesene" (S. 255).

vornehmlich das Ziel des Geschichtsdramas und nicht Aufgabe der Geschichtsschreibung, die sich den Ereignissen widmet, wie sie sich tatsächlich begeben
haben. Der Dualismus zwischen dem tatsächlich Gewesenen in der Geschichte
und dem Möglichen in der Dichtung erscheint bei Ranke als unversöhnte
Polarität des wissenschaftlichen Suchens nach der Richtigkeit der Tatsachen auf
der einen Seite und der ästhetischen Darstellung des 'Eigentlichen' auf der
anderen Seite. Hinsichtlich der historischen Wahrheit bleibt für die historische
Betrachtung der Vorrang der Tatsachen gegenüber diesem 'Eigentlichen' als
Postulat stehen.

Aus dieser Überlegung darf geschlossen werden, daß Ranke den aristotelischen Dualismus entweder nicht überwinden konnte, weil dieser den Ansatz
seines Vorhabens selbst darstellt, oder diese Überwindung lag gar nicht in seiner
Absicht. Indem Ranke aber das Richteramt der Geschichtsschreibung auf dem
Tatsachencharakter der Ereignisse gründen läßt, scheint er sein eigenes Anliegen
in Frage zu stellen, wenn er sagt: "Man hat der Historie das Amt, die
Vergangenheit zu richten, die Mitwelt zum Nutzen künftiger Jahre zu belehren,
beigemessen: so hoher Ämter unterwindet sich gegenwärtiger Versuch nicht: er
will blos zeigen, wie es eigentlich gewesen."[12] Darin liege, wie Heintel meint,
"Bescheidenheit und Anspruch . . . in einer für die Historie überaus bezeichnen-
den Weise vereinigt." Heintel erkennt darin zwar "das Pathos dieser Forderungen"[13] Rankes aus dem Jahre 1824, aber er scheint zu übersehen, daß in
dieser Selbsterkenntnis der angedeuteten Bescheidenheit auch eine gewisse
Überheblichkeit der Geschichtsschreibung liegt, allein aus der Kenntnis der
geschichtlichen Tatsachen einen Absolutheitsanspruch auf die historische Wahrheit ableiten zu wollen. Diesem Anspruch kann Rankes dualistischer Ansatz
nicht gerecht werden, denn er versucht, die notwendige Einseitigkeit des rein
faktischen Verstehens der Geschichte zu verschleiern.

Büchners Geschichtsauffassung dagegen erweist sich als eine grundsätzlich
andere. Es darf als bemerkenswert bezeichnet werden, besonders im Hinblick auf
die bis heute unangefochtene Geltung des rankeschen Manifests, daß Georg
Büchner genau elf Jahre später, ohne die Bescheidenheit Rankes und auch frei
von Pathos, die Aufgabe des Dichters umreißt, indem er die Gesichtspunkte des
Tatsächlichen und des Möglichen in ihrem Verhältnis zur Geschichte einem
dritten Gesichtspunkt unterordnet. Dabei ist charakteristisch, daß der aristotelische Dualismus weder im Ansatz noch in seiner Konsequenz in Erscheinung
tritt. Es überrascht freilich nicht, daß der Auffassung Büchners eine ähnliche

conception

---

[12] Leopold von Ranke, "Vorrede zur ersten Auflage. October 1824," in: L.v.R.,
Geschichten der romanischen und germanischen Völker von 1494–1515, 3. Aufl. (Leipzig,
1885), S. vii. Heintel zitiert diese Stelle ungenau, indem er das Prädikat "gewesen ist" statt
nur "gewesen" einsetzt.
[13] Heintel, a.o.O., S. 207–208.

weitreichende Wirkung, geschweige denn überhaupt eine angemessene Anerkennung versagt geblieben ist. Dies gilt sowohl hinsichtlich seines eigenen Werkes
als auch im Zusammenhang mit Fragen der Poetik des Geschichtsdramas.

Zwei Erklärungen bieten sich dafür an: Büchner formuliert seine Geschichts-
auffassung nicht als Teil einer systematischen Dramentheorie, sondern als
Bemerkung in einem Brief, der den Zweck verfolgt, Anschuldigungen zu
entkräften, die man gegen ihn wegen der angeblichen Unsittlichkeit des Dramas
Dantons Tod erhoben hatte; außerdem mag die einseitige Bewertung dieser
Äußerungen Büchners damit zusammenhängen, daß die dualistische Auffassung
des Geschichtlichen die Bedeutung der Äußerungen für das Geschichtsdrama
Büchners deshalb unterschätzt, weil die büchnersche Auffassung deutliche
Ansätze einer Überwindung eben dieses aristotelischen Dualismus aufweist.
Büchner schreibt am 28. Juli 1835 an die Eltern:

> Der dramatische Dichter ist in meinen Augen nichts als ein Geschichtschrei-
> ber, steht aber *über* letzterem dadurch, daß er uns die Geschichte zum
> zweiten Mal erschafft und uns gleich unmittelbar, statt eine trockene
> Erzählung zu geben, in das Leben einer Zeit hinein versetzt, uns statt
> Charakteristiken Charaktere und statt Beschreibungen Gestalten gibt. Seine
> höchste Aufgabe ist, der Geschichte, wie sie sich wirklich begeben, so nahe als
> möglich zu kommen.[14]

Wenn Büchner — hier noch wie Aristoteles — die Stellung des Dichters "über"
dem Geschichtsschreiber sieht, so erscheint diese Auffassung aus seiner dichterischen Berufung gerechtfertigt. Bedeutsamer scheint vielmehr, daß er hier drei
Problemkreise beschreibt, die jeweils in einem bestimmten Verhältnis zur Zeit
stehen, deren Darstellung als typisch für das Geschichtsdrama bezeichnet wurde.

Diese Auffassung ist in der Büchner-Forschung bisher nicht vertreten worden;
sie bedarf deshalb der Erläuterung. Helmut Koopmann geht in seiner Arbeit über
Büchners Geschichtsphilosophie von der gleichen Briefstelle aus. Er äußert
zunächst Zweifel an der These Hans Mayers, daß darin das "Postulat eines
dramatischen Realismus" zum Ausdruck käme, und er bekräftigt dann die
Auffassung von Wolfgang Martens, nach der aus dieser Briefstelle wie aus
ähnlichen Bemerkungen Büchners ein bestimmtes realistisches Programm nicht
herausgelesen werden könne. Wir folgen Koopmann, wenn er durchaus nicht alle
Aussagen in *Dantons Tod* als eine Bestätigung der historiographischen Absichten
des Dichters versteht und zum Ergebnis kommt, es gehe Büchner "ganz

---

14 Georg Büchner, *Werke und Briefe*, hrsg. von Fritz Bergemann (Wiesbaden, 1958),
S. 399 (Hervorhebung von Büchner), fortan im Text zitiert unter *BW* mit Seitenangabe.
   Heinz Lipmann, *Georg Büchner und die Romantik* (München, 1923), trifft das Neue
dieser Geschichtsauffassung Büchners genau, wenn er sagt: "Diesem rückhaltlosen Bekenntnis zur Geschichte zollte er im 'Danton' seinen Tribut" (S. 100). Darin darf wirklich "ein
neues Bekenntnis der Geschichte gegenüber" (S. 101) gesehen werden.

offensichtlich nicht um die minutiöse Rekonstruktion historischer Szenen, erweist er sich doch gerade dann, wenn sein Stoff die mimetische Akribie des Historienmalers erfordern müßte, als ein wahrer Proteus der Diktion . . . ." Das Drama will nach Koopmann "Abbild der Zeiten" sein; es sei kein Drama Büchners bekannt, "in dem Längstvergangenes derart häufig zitiert wird."[15]

Koopmann gelingt der überzeugende Nachweis, daß Büchners Anspielungen auf "antike Helden, antike Mythologie, antike Ereignisse, antike Zitate" eine Erweiterung der zeitlichen Bezüge des Dramas darstellen. Allerdings würden "mehr als die Hälfte aller Anspielungen" dieser Art von Büchner selbst stammen.[16] Im Gegensatz zu Koopmann wollen wir uns auf die andere Hälfte der Zitate beschränken, nämlich diejenigen, die aus nachweisbaren Textquellen in das Drama übernommen wurden. Im Hinblick auf diese Quellen sollen nicht nur Zitate behandelt werden, die mit der Antike zusammenhängen, sondern es sollen historiographische Zitate und Selbstzitate, philosophische und literarische Zitate, Lied- und Bibelzitate in *Dantons Tod* daraufhin untersucht werden, in welcher Weise sie andere Zeitschichten im Drama darstellen. Unser Vorhaben weicht bei voller Anerkennung der Ergebnisse Koopmanns insofern von seiner Zielsetzung ab, als wir nach diesen verschiedenen Zeitschichten fragen, die in *Dantons Tod* durch die einzelnen Zitatarten zum Ausdruck kommen.

Der erste Problemkreis in der zitierten Briefstelle ist eine Formulierung des Realismus- oder Mimesisproblems als Zeitproblem, wenn Büchner sagt, daß der Dichter "die Geschichte zum zweiten Mal erschafft und uns gleich unmittelbar, statt eine trockene Erzählung zu geben, in das Leben einer Zeit hinein versetzt." Darin liegt die Frage nach der Leistung der Sprache in der vergegenwärtigenden Beschreibung eines geschichtlichen Stoffes.

Der zweite Problemkreis geht aus der Wendung hervor, daß der Dichter "statt Charakteristiken Charaktere und statt Beschreibungen Gestalten" gebe; darunter darf eine dichtungstheoretische Anspielung auf das Problem verstanden werden, wie die sprachliche Aussage historischer Textquellen bei einer Übernahme von Zitaten verändert wird, um diese sprachliche Wirkung zu erzielen.

In dem Satze schließlich, daß es die "höchste Aufgabe" des Dichters sei, "der Geschichte, wie sie sich wirklich begeben, so nahe als möglich zu kommen," kommt ein dritter Problemkreis zum Ausdruck, nämlich die grundsätzliche Frage nach der historischen Wahrheit im Zusammenhang mit dem historischen Drama. Es wird deutlich, daß auch das Wahrheitsproblem, wie zuvor das Realismus- und

---

15   Helmut Koopmann, " 'Dantons Tod' und die antike Welt; zur Geschichtsphilosophie Georg Büchners," *Zeitschrift für deutsche Philologie,* Sonderheft "Moderne deutsche Dichtung," LXXXIV (1965), S. 22—24. Koopmann bezieht sich auf Hans Mayer, *Georg Büchner und seine Zeit* (Berlin, o.J.), S. 185; Wolfgang Martens, "Ideologie und Verzweiflung; religiöse Motive in Büchners Revolutionsdrama," *Euphorion,* LIV (1960), S. 83.
16   Koopmann, a.o.O., S. 25.

das Zitatproblem, von Büchner selbst in einer engen Verknüpfung mit dem Phänomen der Zeit verstanden wird. Auf diese Weise kommt die Bedeutung der dreischichtigen Zeitstruktur des Geschichtsdramas *Dantons Tod* vorausdeutend zum Ausdruck.

Ein Vergleich der Auffassung Büchners mit derjenigen Rankes zeigt, daß das Pathos der Idee dahin tendiert, das Unpathetische der Wirklichkeit und damit diese selbst zu vernachlässigen. Deshalb legt Büchner so großen Wert auf die Darstellung der Geschichte, "wie sie sich *wirklich* begeben," was fast wie der Versuch einer philosophischen Entgegnung auf Rankes "wie es *eigentlich* gewesen" klingt. Man könnte einwenden, daß die Absichten Büchners und Rankes auf ein und dasselbe hinauslaufen. Diese Übereinstimmung besteht aber nur scheinbar. Büchner möchte die ganze Wirklichkeit darstellen, wobei für ihn die historiographisch überlieferten Tatsachen nur als Teilaussage über die Wirklichkeit gelten. Ranke dagegen will den eigentlichen Charakter der Wirklichkeit allein aus den historischen Fakten erklären. Zwar ist nicht erwiesen, ob Büchner die Schriften Rankes kannte, doch scheint es nach dieser Überlegung denkbar. In jedem Fall aber schälen sich einige wesentliche Unterschiede in den Auffassungen Büchners und Rankes heraus.

Büchner will nicht mehr die einzelnen geschichtlichen Tatsachen darstellen, wie dies dem positivistischen Ideal der Geschichtsschreibung entspricht. Er strebt zwar auch eine Annäherung an die Wirklichkeit an, aber will sich nicht nur sklavisch an die historische Richtigkeit der Fakten halten. Büchner möchte vor allem der historischen Wahrheit gerecht werden, die für ihn nicht allein aus den Tatsachen folgt. Wenn er das "Leben einer Zeit," "Charaktere" und "Gestalten" hervorhebt, so kommt darin das Streben nach einer Lebensnähe zum Ausdruck, die durch leblose Aufzählungen von Tatsachen und bloße "Beschreibungen" nie zu erreichen wäre.

Ranke dagegen verstrickt sich in der Widersprüchlichkeit der romantischen Wirklichkeitsauffassung, wenn er deren Totalitätsanspruch zu rechtfertigen versucht, nach dem sich das Allgemeine im Besonderen und das Besondere im Allgemeinen gegenseitig erhelle. Während also Ranke über eine erneute Beschwörung eines Dualismus nicht hinauskommt, liegt in Büchners Geschichtsauffassung der Ansatz einer bedeutsamen Wiedergewinnung der Frage nach der historischen Wahrheit — ein Neuansatz, der bei Grabbe noch nicht nachweisbar wäre.

Das Problem des Ganzen erscheint in der vorliegenden Darstellung auf zwei Ebenen: einmal als die Frage, ob die brieflichen Äußerungen Büchners zu einem erweiterten Werkganzen gehören, also zusammen und gleichberechtigt mit dem Drama *Dantons Tod* zur Interpretation herangezogen werden dürfen; zum anderen als die Frage, was das Ganze der historischen Wahrheit sein soll. Für beide Fragen soll gelten, daß in allen die Poetik oder die Wahrheit betreffenden Teilaussagen nicht von vornherein der konkrete Beweis dafür zu sehen ist, was erst am Text nachgewiesen werden muß. Das gilt in besonderem Maße für die bereits zitierte Briefstelle.

Zwei als typisch herausgegriffene Arbeiten bemühen sich, ohne diese Abgrenzung zu greifbaren Ergebnissen zu gelangen. Sie bleiben deshalb in ihrem dualistischen Ansatz stecken; ihre Aussage wiederholt lediglich die dualistische Unvereinbarkeit des Ganzen und seiner Teile. Karl Viëtor sagt am Ende seiner Untersuchung der Aufgaben der Geschichtsdichtung: "Dichtung und Geschichte sind zwei wesensverschiedene Erfassungsweisen der beiden Grundtatsachen der Wirklichkeit." Auch darin spiegelt sich der nicht überwundene Dualismus. Viëtor fährt dann fort: "Sie konkurrieren so wenig miteinander wie der Wettläufer und der Faustkämpfer. Aber sie gehören so notwendig zueinander wie Erfahrung und Idee."[17] Hier scheint anzuklingen, daß Dichtung und Geschichte in einer nicht näher erklärten Weise einander zugeordnet, aber gleichzeitig wesensverschieden sind, doch nennt Viëtor den gemeinsamen Bezugspunkt nicht. Dieser ergibt sich ohne Schwierigkeit aus dem in diesen Sätzen versteckten Goethezitat.[18] Die "Krone," die beiden — dem Dichter wie dem Geschichtsschreiber — nach der Auffassung Goethes gebührt, drückt sicherlich weniger die Wesensverschiedenheit ihrer Erfahrungsweisen aus als vielmehr das der Dichtung und der Geschichtsschreibung gemeinsame Verhältnis zum Phänomen des 'Chronos' — der Zeit und ihrer Struktur. In diesem Verhältnis der Dichtung und der Geschichtsschreibung zur Zeit liegt das ihnen Gemeinsame, in der Art des Verhältnisses zur Zeit der Unterschied zwischen beiden.

Dieser Unterschied tritt deutlicher hervor in einer Arbeit Benno von Wieses, doch können wir uns nur mit einem Teil der folgenden Behauptung einverstanden erklären:

> Dichtung ist keine 'Nachahmung' der Geschichte, am wenigsten der Geschichtsschreibung, sondern etwas Eigenes, Ursprüngliches, nur aus sich selber zu Begreifendes, für das auch die geschichtliche Darstellungsform nur ein Mittel ist, um eine Dichtung gewordene Wirklichkeit auszusprechen, die in jedem Besonderen noch das Allgemeine, in jedem Vergangenen noch das Gegenwärtige und Künftige, in jedem Teile noch das Ganze mit enthält.[19]

Büchners eigene Aussagen widersprechen dieser Feststellung. Er versteht die Dichtung als 'zweites Erschaffen der Geschichte' (vgl. *BW*, 399), also eindeutig als eine Art von Nachahmung. Daß die Geschichtsdichtung etwas "Eigenes,

---

17, Karl Viëtor, "Der Dichter und die Geschichte," *Zeitschrift für deutsche Bildung*, IV (1928), S. 186.
18 J.W. v. Goethe, "Maximen und Reflexionen," *Goethes Werke*, Bd. XII, 4. Aufl. (Hamburg, 1960): "Die Frage, wer höher steht, der Historiker oder der Dichter, darf gar nicht aufgeworfen werden; sie konkurrieren nicht miteinander, so wenig als der Wettläufer und der Faustkämpfer. Jedem gebührt seine Krone" (Nr. 190; S. 390).
19 Benno von Wiese, "Geschichte und Drama," *DVj*, XX (1942), S. 419.

Ursprüngliches" darstellt, wie von Wiese meint, ist nicht zu bestreiten; ob diese Art der Dichtung aber, die selbst nur einen Teil der Wirklichkeit erfaßt, gleichzeitig auch noch "das Ganze mit enthält," bleibt zu prüfen – ganz besonders im Hinblick auf das Problem der historischen Wahrheit. Es scheint, als vertrete von Wiese hier das romantische Prinzip der gegenseitigen Erhellung und Entsprechung, das allenfalls Geltung besitzt für das Verhältnis von Form und Inhalt oder für eine grobe Entsprechung einer 'äußeren' und einer 'inneren' Geschichte. Dieses Prinzip versagt aber vor den übergreifenden Phänomenen der Zeit und der Wahrheit, die das Geschichtsdrama Büchners in einer ihm eigentümlichen Weise darzustellen versucht.

Geht man von dieser Annahme aus, so lassen sich folgende Fragen formulieren: Wie werden die drei Schichten der Zeit in *Dantons Tod* dargestellt, und wie verhält sich die Aussage dieses Dramas zum gedachten Ganzen der historischen Wahrheit? Ist seine Aussage ein Teil, ein Aspekt des Ganzen, oder ist seine historische Wahrheit als poetische Wahrheit selbst die tiefere oder höhere, die eigentliche oder echte Wahrheit? Kommt es im historischen Drama auf die Richtigkeit der geschichtlichen Fakten an im Sinne einer naiven Auffassung des Realismus- oder Mimesisproblems, oder geht es um die ästhetische Angemessenheit ihrer sprachlichen Darstellung in der Form von Quellenzitaten? Liegt vielleicht in der dreischichtigen Zeitstruktur des Dramas und in seiner Wahrheitsaussage ein Ansatzpunkt für eine Typusbestimmung des büchnerschen Geschichtsdramas?

Wenn man die letzte Frage als die wichtigste betrachtet, bedarf es eigentlich des Hinweises nicht, daß hier nicht das Problem der Wahrheit 'an sich' gelöst werden soll. Im Gegensatz zu einer Behauptung Walter Benjamins, nach welcher "der geile Drang aufs große Ganze" das Unglück der Literaturwissenschaft sei[20] – was man voreilig auch unserem Vorhaben vorwerfen könnte – ist zu betonen, daß hier weder eine Gesamtinterpretation des Werkes noch ein "Gesamtbild Büchners"[21] gegeben werden soll. Die vorliegende Untersuchung ist vielmehr in ihrer Zielsetzung bewußt begrenzt und auf ihre Weise einseitig.

Wer einen Text verstehen will, so sagt Hans-Georg Gadamer, also bereit ist, "sich von ihm etwas sagen zu lassen," für den gilt es, "der eigenen Voreingenommenheit innezusein, damit sich der Text selbst in seiner Andersheit darstellt und damit in die Möglichkeit kommt, seine sachliche Wahrheit gegen die eigene

---

[20] Walter Benjamin, "Literaturgeschichte und Literaturwissenschaft," in: W.B., *Angelus Novus; Ausgewählte Schriften 2*, hrsg. von Siegfried Unseld (Frankfurt/Main, 1966), S. 452.

[21] Hans Mayer, *Georg Büchner und seine Zeit*, 2. erw. Aufl. (Wiesbaden, 1960), S. 8. Eine ähnliche "Gesamtschau" versucht Hermann David Poster, "Geistiger Gehalt und dramatischer Aufbau in 'Dantons Tod' von Georg Büchner" (Diss. New York University, 1948), S. 2.

Vormeinung auszuspielen."[22] Unsere Vormeinung liegt in der Annahme, daß in *Dantons Tod* eine diesem Drama eigentümliche Zeitstruktur[23] dargestellt ist, die den Zugang zu seiner Wahrheitsaussage ermöglicht.

22 Hans-Georg Gadamer, *Wahrheit und Methode; Grundzüge einer philosophischen Hermeneutik*, 2. Aufl., durch einen Nachtrag erw. (Tübingen, 1965), S. 253–254. Wir verdanken Gadamer wesentliche Anregungen zur Methodik, ohne uns ausschließlich daran zu halten, was von G. selbst nicht als "Kunstlehre des Verstehens" (S. xxvii) gemeint ist.

23 Dem kulturphilosophischen Werk von Jean Gebser, *Ursprung und Gegenwart; Fundamente und Manifestationen der aperspektivischen Welt*, 2 Bde., 2. ergänzte Aufl. (Stuttgart, 1966), verdanken wir ein tieferes Verständnis des Phänomens der Zeit und der Chronizität. Gebser zeigt, daß seit der Französischen Revolution besonders in der Literatur eine Tendenz zur Überwindung der Zeit (vgl. Bd. II, S. 349) zu beobachten ist, die von ihm als Manifestation einer neuen, 'aperspektivischen' bzw. 'achronischen' Bewußtseinsstruktur verstanden wird.

2. HISTORISCHE UND ÄSTHETISCHE BETRACHTUNGSWEISE

Hegel legt seinem Wort von der Poesie als "Übergangspunkt . . . zur Prosa des wissenschaftlichen Denkens" die Vorstellung eines bipolaren Kontinuums zugrunde, in dessen einer Richtung Kunst und Wahrheit und in dessen anderer Richtung die Wissenschaft zu suchen ist.[24] Überträgt man dieses Wort auf die Problematik des Geschichtsdramas, so wird deutlich, daß dieses — mehr noch als die Poesie — ebenfalls eine Übergangsposition einnimmt zwischen den Formen der reinen Kunst einerseits und dem wissenschaftlichen Denken andererseits. Es erscheint deshalb zunächst voll gerechtfertigt, wenn das Geschichtsdrama von den Repräsentanten beider Seiten in Anspruch genommen wird. Und doch liegt darin eine Gefahr; denn beide, die rein ästhetische wie die rein historische Betrachtungsweise, neigen dazu, das Werk nicht als Phänomen des Übergangs, sondern als künstlerisch beziehungsweise wissenschaftlich-historisch abgeschlossenes Textgebilde zu sehen. Diese doppelte Einseitigkeit findet ihren Ausdruck darin, daß die historisch ausgerichtete Analyse eine Einordnung der Aussage des Geschichtsdramas in den Gang der bereits dokumentierten Historie anstrebt, während die ästhetische Betrachtung das Geschichtsdrama als einen ästhetisch autonomen Gegenstand ansieht. Diesem wird dann oft ein zeitloser, poetischer Wahrheitsgehalt zugesprochen, so daß das Werk aus der Historie herausgehoben erscheint. Eine solche unhistorische Sicht enthält die Tendenz zur werkimmanenten Betrachtung.[25]

Beide Möglichkeiten der Interpretation sind auch im Falle von *Dantons Tod* wahrgenommen worden. Sie berücksichtigen nicht den neuesten Stand der philosophischen Forschung, nach dem Geschichte und Kunst, aber auch das Verstehen selbst, in ein und demselben wirkungsgeschichtlichen Zusammenhang zu sehen sind, den Gadamer "das hermeneutische Universum" nennt.[26] Besonders das Geschichtsdrama, das eine historische Vergangenheit vergegenwärtigt, verlangt eine Berücksichtigung des Gesichtspunkts der "Gleichzeitigkeit" des Betrachters mit dem Dichter und dem geschichtlichen Stoff des Dramas, denn das Verstehen suchende Bewußtsein des Textinterpreten ist ein gegenwärtiges: "Daß Werke einer Vergangenheit entstammen, aus der sie als dauernde Monumente in die Gegenwart hineinragen, macht ihr Sein noch lange nicht zu einem Gegenstand des ästhetischen oder historischen Bewußtseins. Sie sind, solange sie in ihren Funktionen stehen, mit jeder Gegenwart gleichzeitig."[27]

Gadamer zeigt im Verlauf seiner Darlegung, die hier nicht nachzuvollziehen ist, daß ein Kunstwerk durch die historische und ästhetische Betrachtungsweise

---

24 Hegel, *Ästhetik*, Bd. II, S. 335.
25 vgl. die Untersuchung von Käte Hamburger, "Die Zeitlosigkeit der Dichtung," *DVj*, XXIX (1955), S. 413—426.
26 Gadamer, a.o.O., S. xvii.
27 ibid., S. 115

auch zum Gegenstand der "hermeneutischen Erfahrung" wird, einer Erfahrung, "die Wirklichkeit erfährt und selber wirklich ist."[28] Durch sie scheint es möglich, der hier anstehenden Aufgabe gerecht zu werden. Gadamer sieht diese Aufgabe darin, "in der Erfahrung der Kunst selbst die Erkenntnis von Wahrheit zu rechtfertigen"[29] und den Anspruch auf "Zeitlosigkeit," den die ästhetische Betrachtung stellt, selbst als Zeitproblem zu behandeln, das heißt "diese Zeitlosigkeit mit der Zeitlichkeit zusammenzudenken."[30] In der Lösung dieser Aufgabe liegt ein entscheidender Schritt in Richtung auf eine Wiedergewinnung der Frage nach der historischen Wahrheit im Hinblick auf das Geschichtsdrama *Dantons Tod.*

Die praktische Anwendung der Thesen Gadamers besteht darin, daß wir drei Grade der Sprachleistung, durch die Büchner die Französische Revolution vergegenwärtigt, in Beziehung setzen zu den bereits angeführten Problemkreisen, die ihrerseits – vom Standpunkt des Betrachters gesehen – drei Arten der Gleichzeitigkeit entsprechen.

Die historische Betrachtungsweise bemüht sich um ein Verstehen der historischen Ereignisse, ihrer Ursachen und Wirkungen; sie strebt die Gleichzeitigkeit des Betrachters mit dem Stoff an. Ihr Ziel ist eine geschichtswissenschaftliche Analyse der Zeit unmittelbar nach der Französischen Revolution. Der Betrachter versetzt sich in diese Zeit und urteilt aus dieser Sicht heraus.

Die ästhetische Betrachtungsweise ist auf das Verstehen der dichterischen Darstellung dieses Stoffes ausgerichtet; sie geschieht unter dem Gesichtspunkt der Gleichzeitigkeit des Betrachters mit dem Dichter und seiner Zeit. Hier versucht der Betrachter, von der Entstehungszeit des Dramas (1835) und von den mutmaßlichen Intentionen des Dichters her zu Aufschlüssen über das Werk zu gelangen.

Die hermeneutische Betrachtungsweise dagegen will das Werk unter dem Gesichtspunkt seiner Gleichzeitigkeit mit der Gegenwart des jeweiligen Betrachters, in unserem Falle also der Gleichzeitigkeit des Werkes mit unserer Gegenwart untersuchen; dieses Verstehen wird durch eine wirkungsgeschichtliche Integrierung der historischen und ästhetischen Betrachtungsweisen angestrebt.

Diese wirkungsgeschichtlich begründete Methode, wie Gadamer sie versteht, hat es im übergeordneten Sinne mit dem gesamten Komplex der Überlieferung zu tun.[31] Sie darf deshalb mit größerer Berechtigung über das Problem der

---

28 ibid., S. 329ff.
29 ibid., S. 93.
30 ibid., S. 115.
31 ibid., S. 340. Was Gadamer damit meint, kommt in seiner bereits zitierten Bemerkung über die Gleichzeitigkeit "mit jeder Gegenwart" (S. 115) zum Ausdruck: Die hermeneutische Erfahrung schließt integral die tatsächliche Gegenwart der geschichtlichen Ereignisse und die zeitgenössische Gegenwart des Dichters ein und bezieht beide auf die Gegenwart des Betrachters; da dies bewußt geschieht, überwindet sie auch den Dualismus von Subjektivität und Objektivität.

Wahrheit sprechen als die historische Methode, welche die Richtigkeit der Fakten abwägt, oder die ästhetische Methode, die ein mögliches Abweichen von den historischen Tatsachen in einem Werk der Dichtung als das gute Recht des Dichters entschuldigt und durch formale und inhaltliche Gründe zu erklären versucht.

Das Suchen nach der Richtigkeit oder Unrichtigkeit der geschichtlichen Tatsachen äußert sich in der historischen Betrachtung auf vielfältige und oft widersprüchliche Art. Sieht beispielsweise Landau in *Dantons Tod* "ein erstaunlich richtiges, anschauliches Bild von der geistigen Atmosphäre der Revolution,"[32] im wesentlichen frei von Büchners persönlichem Interesse am revolutionären Stoff, so behauptet Hirschstein: "Die revolutionäre Gesinnung Büchners kommt unverhohlen zum Durchbruch und verleiht dem Werke den Charakter einer Tendenzdichtung."[33] Andere ältere Arbeiten versuchen, das Drama aus Büchners Ablehnung eines "objektiven Idealismus" und seinem Bekenntnis zu einem "organisch-gesetzlichen Naturalismus"[34] zu verstehen oder es einem 'philosophischen oder germanischen' Dramentyp zuzuordnen, der "history in dramatic form" sei im Gegensatz zu einem 'unphilosophischen oder romanischen' Dramentyp, der "drama in historical form" genannt wird.[35]

In einer ganzen Reihe von Untersuchungen kommt ein merkwürdiger Widerspruch zum Ausdruck, indem einerseits großer Wert darauf gelegt wird zu zeigen, "mit welch außerordentlicher schöpferischer Feinheit" Büchner seine Quellen frei umgestaltet habe, während man auf der anderen Seite zu beweisen sucht, wie "historisch richtig" der Inhalt von *Dantons Tod* sei.[36] Diese Widersprüchlichkeit darf als Anzeichen dafür gewertet werden, daß selbst der weltanschauliche Historismus der Jahrhundertwende das ahnende Wissen um die im Grunde immer schöpferische Auseinandersetzung der Geschichtsdichtung mit den Quellen nicht verloren hatte.

Einen "historischen Ausscheidungsprozeß" — man könnte mit gleichem Recht von einem ästhetischen Ausscheidungsprozeß sprechen — muß Büchner also doch vollzogen haben, obwohl ihm Placzek eben diese Leistung mit der Begründung abspricht, für Büchner komme "nur die französische Revolution als geschichtliches Stoffgebiet in Frage."[37] Es gelänge Büchner deshalb auch "aus

32 Paul Landau, " 'Dantons Tod,' " in: *Georg Büchners gesammelte Schriften*, Bd. I, hrsg. von P.L. (Berlin, 1909), S. 78—90; abgedruckt in und zitiert nach: Wolfgang Martens (Hrsg.), *Georg Büchner; Wege der Forschung*, Bd. LIII (Darmstadt, 1965), S. 20.
33 Hans Hirschstein, *Die französische Revolution im deutschen Drama und Epos nach 1815; Breslauer Beiträge zur Literaturgeschichte*, N.F., Heft 31 (Stuttgart, 1912), S. 61.
34 Fritz König, *Georg Büchners "Danton;" Bausteine zur Geschichte der deutschen Literatur*, Bd. XIX, hrsg. von Franz Saran (Halle/Saale, 1924), S. 72.
35 Gertrude Craig Houston, *The Evolution of the Historical Drama in Germany during the First Half of the Nineteenth Century* (Belfast, 1920), S. 13.
36 Landau, a.o.O., S. 20—21.
37 Heinz Walter Placzek, *Das historische Drama zur Zeit Hebbels* (Berlin, 1928), S. 13.

einer übergroßen Intimität mit dem Stoff nicht, ihn verständlich zu machen."[38] Um so mehr überrascht es, wenn Szondi feststellt: "Die mythische Vertiefung des Historischen aber ist im Werk Büchners vollzogen."[39] Dazu ist zu bemerken, daß sich Büchner nicht gleichzeitig in einer distanzlosen Intimität mit dem Stoff und in einer die Tatsachen ins Mythische vertiefenden Ferne von seinem Gegenstand befunden haben kann.[40] Das sind aber im Grunde extreme Ansichten. Im allgemeinen herrscht Übereinstimmung darüber, daß Büchners *Dantons Tod* "zugleich die Hinkehr zu seiner eigenen Gegenwart" und das "Drama der gescheiterten Revolution"[41] sei; doch ist festzuhalten, daß gerade in diesen beiden Auffassungen die Vorherrschaft der Historie zum Ausdruck kommt, unter welcher *Dantons Tod* weitgehend beurteilt wird.

Einige Arbeiten zur Problematik des Geschichtsdramas sollen an dieser Stelle besonders hervorgehoben werden. Der Versuch in einer älteren Studie, die Frage nach der historischen Wahrheit in den Griff zu bekommen, die Erich Klotz[42] unternimmt, muß als Fehlschlag bezeichnet werden; denn Klotz kommt über eine Gleichsetzung von 'Wahrheit' und 'historischer Treue' — das bekannte, aus der Geschichtsschreibung stammende Kriterium — nicht hinaus. Bedeutend vielschichtiger setzt sich Friedrich Sengle mit dem historischen Drama auseinander, wenn auch aus der historischen Perspektive der Goethezeit und unter dem Schema von "Ausbreitung, Blüte und Verfall."[43] Daß *Dantons Tod* dabei an die "äußerste Grenze des nachidealistischen Geschichtsdramas" und damit gefährlich nahe an den Bereich des Verfalls gerät, mag mit Hilfe dieses Schemas

---

38   ibid., S. 28—29. Placzeks Argumentation ist von dem Bemühen bestimmt, das Denkmodell eines "ideengeschichtlichen Dramas" (S. 1) für die Zeit von 1827 bis 1863 in Hebbels dramatischer "Realisierung einer Philosophie" (S. 6) kulminieren zu lassen. Büchner muß daher notwendigerweise als dem rein Stofflichen verhaftet erscheinen, weil P. vom hebbelschen Ideendrama ausgeht.

Dagegen sagt Margaret Jacobs, "Introduction," in: *Georg Büchner; "Dantons Tod" and "Woyzeck,"* hrsg. von M.J. (Manchester, 1954): "The real drama of Robespierre against Danton remains in the background; the drama of political events remains largely unexploited" (S. xvii). Daraus kann eher der Eindruck entstehen, Büchner habe doch das Ideengeschichtliche dargestellt.

39   Peter Szondi, " 'Dantons Tod,' " in: P.S., *Versuch über das Tragische*, 2. durchges. Aufl. (Frankfurt/Main, 1964), S. 103.

40   Letztere Auffassung kommt besonders deutlich zum Ausdruck bei Rudolf Jancke, "Grabbe und Büchner; eine psychologisch-literarische Betrachtung mit besonderer Berücksichtigung des 'Napoleon' und 'Dantons Tod'," *GRM*, XV (1927), der Büchner als "Drübersteher" (S. 285) sieht, aber offensichtlich nicht im Fontaneschen Sinne des 'heiteren Darüberstehens'.

41   Fritz Werner, "Georg Büchners Drama 'Dantons Tod' und das Problem der Revolution," *Die Welt als Geschichte*, XII (1952), S. 169—170.

42   Erich Klotz, *Das Problem der geschichtlichen Wahrheit im historischen Drama Deutschlands von 1750 bis 1850* (Diss. Greifswald, 1927). Klotz versteht 'Wahrheit' als 'historische Treue.'

43   Friedrich Sengle, *Das deutsche Geschichtsdrama; Geschichte eines literarischen Mythos* (Stuttgart, 1952), S. 81.

möglich sein; der Eigenart des büchnerschen Geschichtsdramas ist Sengle dadurch allerdings nicht gerecht geworden. Zwar ist Sengle zuzustimmen, wenn er die metaphysischen Züge des büchnerschen Nihilismus herausarbeitet, treffend ausgedrückt in der Formulierung, Büchner habe das Drama zum "Evangelium des Nihilismus stilisiert;" doch wirft Sengles Bemerkung von der "radikalen Wahrhaftigkeit" Büchners mehr Fragen auf, als sein Ansatz zu beantworten vermag.[44] Dieses Bemühen Büchners müßte erst in allen seinen Aspekten durch eine genaue dramentypologische Untersuchung von *Dantons Tod* sichtbar gemacht werden, bevor man ein Werturteil über dieses Drama fällt und ihm einen festen Platz in einem literaturgeschichtlichen Modell anweist.

Nach Klaus Ziegler hat Büchner in *Dantons Tod* die "negative Bilanz der Zeitgeschichte" — gemeint ist der Geist der Restaurationszeit und des Vormärz — "zu einer Wesensdeutung aller Gesellschaft und Geschichte schlechthin verabsolutiert."[45] Diese Auffassung hat den Vorteil, daß sie die einseitige Darstellung Sengles vermeidet. Obwohl wir mit ihr im Prinzip übereinstimmen, so scheint sie doch im Widerspruch zu stehen zu Zieglers Charakterisierung der Realismusauffassung Büchners. Ziegler sagt: "Büchner sucht das grundsätzliche Postulat einer möglichst weitgehenden Quellen- und Tatsachentreue des Geschichtsdramas im historischen Realismus seines 'Danton' konkret zu verwirklichen."[46] Der Widerspruch folgt aus der Überlegung, daß eine sklavische Darstellung der Wirklichkeit nicht gleichzeitig eine verabsolutierende Wesensdeutung in der beschriebenen Weise sein kann.

Es kann daraus geschlossen werden, daß auch Ziegler der tatsächlichen mimetischen Haltung Büchners gegenüber der geschichtlichen Wirklichkeit nicht ganz gerecht wird. Ziegler weist selbst, hierin ähnlich wie Sengle, auf "idealistische und sensualistische, pantheistische und mechanistische oder gar materialistische Perspektiven" in *Dantons Tod* hin. Dies entspricht unserer Auffassung. Es scheint uns aber nicht möglich, der Behauptung Zieglers zuzustimmen, die beschriebenen Perspektiven ständen "unklar nebeneinander."[47] Dies mag zutreffen, solange die mimetische Haltung Büchners und die Art seiner Wirklichkeitsauffassung und -darstellung selbst noch unklar sind. Diese Feststellung ist nicht als Kritik gemeint, denn eine Untersuchung des Realismusproblems in *Dantons Tod* lag nicht primär in der Absicht Zieglers; sie ist als Hinweis darauf zu verstehen, daß eine solche Untersuchung notwendig erscheint.

---

[44] ibid., S. 133f. Sengle wiederholt hier die kurz vorher von Robert Mühlher, "Georg Büchner und die Mythologie des Nihilismus," in: R.M., *Dichtung in der Krise* (Wien, 1951), S. 97—145, aufgestellte Nihilismus-These.

[45] Klaus Ziegler, "Das deutsche Drama der Neuzeit," in: *Deutsche Philologie im Aufriß*, Bd. II, 2. überarbeitete Aufl., hrsg. von Wolfgang Stammler (Berlin, 1960), Sp. 2152.

[46] ibid., Sp. 2241.

[47] ibid., Sp. 2301.

Die historische Betrachtungsweise des Marxisten Lukács zeigt, daß der Nachweis, Büchner sei ein "echter plebejischer Revolutionär,"[48] dessen "an Shakespeare und Goethe geschulter Realismus"[49] im Grunde ein politischer Realismus zu sein habe, nur polemisch zu führen ist. Lukács benutzt *Dantons Tod*, um daraus die historischen Zusammenhänge der Französischen Revolution, ihre nach seiner Meinung bis in die Gegenwart wirkenden politischen Faktionen und die ideologischen Konsequenzen aufzudecken, die sich für ihn aus der Übereinstimmung zwischen Dramenaussage und politischen Ideen Büchners ergeben.[50] Lukács will die Methode der "faschistischen Umfälschung"[51] der Gestalt Büchners entlarven, die nach seiner Ansicht von Pfeiffer und Viëtor[52] angewandt wurde. Diese Angriffe bestehen nur im Hinblick auf Pfeiffer zu Recht. Doch zeigt schon die Auseinandersetzung mit Viëtor, daß Lukács im Grunde auch Büchner vorwirft, er stelle die Tatsachen nicht richtig, das heißt nicht im marxistischen Sinne dar. Man ist deshalb darauf vorbereitet, daß in einer neueren marxistischen Untersuchung auch Büchner als Verfälscher der Tatsachen bezeichnet wird.

In der Arbeit von Ernst Schumacher wird behauptet, Büchner habe Danton, aber auch Robespierre und St. Just "enthistorisiert," was im marxistischen Sprachgebrauch der Anschuldigung gleichkommt, er habe die Geschichte verfälscht, wenn auch nach Schumacher in *Dantons Tod* "die Geschichte selbst, ihre treibenden Kräfte Ausdruck finden, indem neben den historischen Persönlichkeiten die Massen in Erscheinung treten."[53] Daraus kann der Eindruck entstehen, als sei das Drama, marxistisch gesehen, eine Manifestation der geschichtlichen Wahrheit. Dieser Schein trügt jedoch, denn aus den folgenden Sätzen gehen in aller Deutlichkeit die Widersprüche hervor, in die sich die marxistische als eine historische Betrachtungsweise verstrickt:

Zusammenfassend kann man sagen, daß die *poetische Wahrheit* um so stärker sein wird, je näher der historische Dramatiker der *geschichtlichen Wahrheit* kommt, je tiefer er sie erfaßt, je fähiger er sich zeigt, ihren dialektischen Grundzug in seiner Abbildung widerzuspiegeln. Die *ideelle Wahrheit*, die sein Werk vermittelt, wird um so stärker sein, je mehr er seine historischen

---

48   Georg Lukács, "Der faschistisch verfälschte und der wirkliche Georg Büchner," in: G.L., *Deutsche Literatur in zwei Jahrhunderten; Werke*, Bd. VII (Berlin, 1964), S. 254.
49   ibid., S. 265.
50   ibid., S. 257–261.
51   ibid., S. 249.
52   Gemeint ist die Arbeit von Arthur Pfeiffer, *Georg Büchner; vom Wesen der Geschichte, des Dämonischen und Dramatischen* (Frankfurt/Main, 1934), und die in diesem Zusammenhang zu Unrecht angegriffene, höchstens aus anderen Gründen zu kritisierende Untersuchung von Karl Viëtor, "Die Tragödie des heldischen Pessimismus; über Büchners Drama 'Dantons Tod'," *DVj*, XII (1934), S. 173–209.
53   Ernst Schumacher, "Geschichte und Drama; Geschichtsdramatik, Geschichtsauffassung, Geschichtswissenschaft," *Sinn und Form*, XI (1959), S. 600.

Persönlichkeiten durch die Grundströmung der Epoche bestimmt sein läßt. Die *ästhetische Wahrheit*, die Schönheit des historischen Dramas, wird um so intensiver sein, je mehr dieses *Wesen der Geschichte* in der dramatischen Gestaltung zum Audruck kommt.[54]

Die dialektische Kreisbewegung von der poetischen Wahrheit über die geschichtliche, ideelle und ästhetische Wahrheit zum "Wesen der Geschichte" drückt die erkenntnistheoretisch unergiebige Tautologie aus: 'je wahrer das Wesen der Geschichte ist, desto historisch wahrer ist das Geschichtsdrama.' Die Beschwörung der Wahrheit evoziert diese nicht; die Wahrheit will sich selbst aussagen. Wird die historische Wahrheit relativiert — etwa durch den Hinweis Lukács' auf "die Auffassung von Marx und Engels über den Zusammenhang von dramatischer Blütezeit und Revolution"[55] — so wird damit allenfalls die Berechtigung des dramatischen Schaffens oder die Richtigkeit der historischen Fakten kommentiert, nicht aber die Wahrheit einer "getreuen Wiedergabe der großen Kollisionen, der großen Krisen und Wendepunkte der Geschichte." Auch wenn der Dichter mit den einzelnen Fakten "ganz frei" umgehen darf und wenn gleichzeitig "die bloße Treue gegenüber den einzelnen Fakten der Geschichte ohne diesen Zusammenhang vollständig wertlos ist,"[56] so folgt daraus kein Kriterium für die historische Wahrheit, weil die 'Größe' der Wendepunkte durch die marxistische Auffassung von den Tatsachen relativiert wird.

In seinem Werk über Georg Büchner — es ist das umfänglichste der Büchner-Literatur — weist Hans Mayer zu Recht darauf hin, daß Büchners Danton "aus der Perspektive des Thermidor" heraus handelt, die Mayer "die späte Erkenntnis des nachgeborenen Dichters" nennt. Es gehört zur Begrenztheit der marxistisch-historischen Sicht, daß sie wohl diese Perspektive erkennt, sich aber der eigenen Perspektive nachgeborenen Interpretentums nicht bewußt wird. So kommt Mayer zu dem gleichen Schluß wie vor ihm Lukács und nach ihm Schumacher: "Die geschichtliche Gestalt des Tribunen von Paris wird dadurch verfälscht und verhüllt."[57] Er übersieht wie jene, daß Danton nicht nur aus der Perspektive des drei Monate nach dem Tode Dantons stattfindenden Thermidor, sondern auch aus der Sicht des mehr als vier Jahrzehnte danach schreibenden Büchner gesehen wird. Die geschichtliche Gestalt Dantons und ihre historisch-zeitgenössische Darstellung wird aber dadurch nicht "verfälscht und verhüllt,"

---

54 ibid., S. 610–611 (Hervorhebungen von L.F.H.).

55 Georg Lukács, "Historischer Roman und historisches Drama," in: G.L., *Schriften zur Literatursoziologie; Soziologische Texte,* Bd. IX, 2. Aufl., hrsg. von Peter Ludz (Neuwied und Berlin, 1963), S. 187.

56 Georg Lukács, "Skizze der Entwicklung des Historismus im Drama und in der Dramaturgie," in: G.L., *Der historische Roman; Probleme des Realismus III, Werke,* Bd. VI (Neuwied und Berlin, 1965), S. 201.

57 Hans Mayer, *Georg Büchner und seine Zeit,* a.o.O., S. 198.

sondern vielmehr aus ihren zeitgeschichtlichen Bindungen und Vorurteilen herausgelöst, also — mit den Worten Schumachers, aber in einem erweiterten Sinne — "enthistorisiert." Anstatt diese enthistorisierende, Dantons zeitlose Bedeutung hervorhebende Darstellungsweise als solche hinzunehmen und damit die Aussage des Dramas zu Worte kommen zu lassen, führt Mayer diese in die historische Perspektive der "Thermidorstimmung"[58] zurück. Diese gewaltsame Wiedereinsetzung der enthistorisierten Dramengestalten in ihre zeitgeschichtliche Umgebung reduziert das Drama zu einem historischen Text, der an der historischen Richtigkeit des Dargestellten gemessen wird, die ihrerseits durch den marxistischen Kanon von Klassenkampf und ökonomischer Determinierung definiert ist.

Es überrascht deshalb nicht, wenn an denjenigen Stellen, die für Mayer das Wesentliche des Dramas ausdrücken, der historische Relativismus deutlich hervortritt. Zur Danton-Stelle "Sie haben uns gesagt: schlagt die Aristocraten todt, das sind Wölfe! Wir haben die Aristocraten an die Laternen gehängt" (14, 16—18)[59] bemerkt Mayer: "Diese Sätze des Dramas sind eigentliches Leitmotiv des Werkes."[60] Wenig später heißt es: ". . . die Ursachen für den Sturz Robespierres und den Thermidor . . . das ist das eigentliche Thema des 'Danton.' "[61] Darin liege der sozialrevolutionäre Vorgang und die ihn auslösende politisch-soziale Lage, die beide von Mayer als der eigentliche Kern des Dramas ausgewiesen werden. Schließlich nennt Mayer den Thermidor selbst "das Problem des Werkes."[62] Er gibt dadurch zu verstehen, daß er sich in dem betreffenden Kapitel ausdrücklich mit den Ereignissen um die Guillotinierung Robespierres befaßt, die *nach* dem im Drama dargestellten Zeitraum stattfinden. Da außerdem hinreichend bekannt ist, daß die im Drama *Dantons Tod* wirksamen Entscheidungen bereits *vor* Einsetzen der Handlung gefallen sind, bedeutet sein Vorgehen letztlich dies: Von der historischen, den Tatsachencharakter der Ereignisse oder das "Wesen der Geschichte" suchenden Betrachtungsweise aus gesehen, kann in *Dantons Tod* weder etwas Neues noch etwas Wahres, sondern nur etwas Überflüssiges, eben eine "Umfälschung"[63] dargestellt sein.

Das Drama erscheint deshalb für Mayer als unhistorische Darstellung, die verfälschend das kommentiert, was vorher faktisch entschieden wurde, was —

---

58 Kapitelüberschrift bei Mayer, ibid., S. 182.
59 Wenn nicht anders vermerkt, erfolgt der Zitatnachweis nach der Hamburger Ausgabe: Georg Büchner, *Sämtliche Werke und Briefe*, Bd. I, hrsg. von Werner R. Lehmann (Hamburg, o.J.[1967]), durch Seiten- und Zeilenangabe.
60 Mayer, a.o.O., S. 199—202.
61 ibid., S. 200—201.
62 ibid., S. 202.
63 Lukács, "Der faschistisch verfälschte und der wirkliche Georg Büchner," a.o.O., S. 249.

von Büchner aus gesehen — erst nach dem letzten Akt des Dramas entscheidend wird und was schließlich — aus Mayers Sicht — historisch überhaupt ganz anders gewesen sein muß. Dieser versuchten Entmachtung des Dramas und der Unterdrückung seiner möglicherweise bewußt ahistorischen Aussage ist zu widersprechen. In *Dantons Tod* werden Zusammenhänge gedeutet und Aussagen gemacht, die einen ganz bestimmten Beitrag zur Wahrheit über die zwölf historischen Tage des Dramas leisten, der weder durch die Historiographie noch aus einer gewaltsam zur Geschichtsschreibung umgedeuteten Geschichtsdichtung gewonnen werden kann.

Einige andere Untersuchungen, die das Drama als "Utopie eines objektiven Geschichtsdramas"[64] hinstellen, als ein Werk, das "ewig mit dem Nichtsein ringt"[65] oder das "nicht eigentlich in die Reihe der Geschichtsdramen hineingehört,"[66] sollen unberücksichtigt bleiben. Das gleiche gilt für die breit angelegte biographische Betrachtung von *Dantons Tod,* die Mayer und vor allem Viëtor[67] unternehmen, sowie für die Dissertation von Eva Friedrich, die hauptsächlich von dem "Bruch" handelt, "der den Dichter vom Revolutionär trennt."[68]

Zwei andere Dissertationen stellen bereits den Übergang zur ästhetischen Betrachtungsweise dar. Poster geht wie verschiedene schon erwähnte Arbeiten von einem Dualismus der Weltanschauungen aus, wenn er in Robespierre und St. Just eine "objektiv-idealistische" und in Danton und seinem Kreis eine "hedonistisch-fatalistische"[69] Lebensauffassung sieht, die beide zugleich "Anschauungen über das historische Geschehen"[70] sein sollen. Die Arbeit von McGlashan setzt sich das Ziel, "die künstlerische Absicht Büchners aus der Werdegestalt seiner Werke zu erschließen,"[71] beschäftigt sich aber weitgehend mit der "Befindlichkeit des Menschen in der Geschichte."[72] Danton werde die Erkenntnis dieses Gesetzes zuteil, woraus eine menschlich-ethische Übersteigerung der Wirklichkeit durch Büchner zu folgern sei: "Gerade die Überhöhung der Revolution durch das Danton-Thema läßt ein Gesetz von Büchners Schaffensprozeß, nämlich die 'Übersteigerung' erkennen."[73] Es scheint ein-

---

[64] L[udwig] Marcuse, *Georg Büchner und seine drei besten Bühnenwerke* (Berlin und Leipzig, 1921), S. 20.

[65] Erwin Scheuer, *Akt und Szene in der offenen Form des Dramas, dargestellt an den Dramen Georg Büchners; Germanische Studien,* Heft 77 (Berlin, 1929), S. 26.

[66] Horst Oppel, *Die tragische Dichtung Georg Büchners* (Stuttgart, 1951), S. 15.

[67] Karl Viëtor, *Georg Büchner: Politik, Dichtung, Wissenschaft* (Bern, 1949).

[68] Eva Friedrich, *Georg Büchner und die Französische Revolution* (Diss. Zürich, 1952 [gedruckt 1956], S. 11.

[69] Poster, a.a.O., S. 6.

[70] ibid., S. 9.

[71] Leonard McGlashan, "Sinn und Form des realistischen Dramas bei Georg Büchner: eine Untersuchung" (Diss. Münster, 1955), S. 6.

[72] ibid., S. 27 und 127ff.

[73] ibid., S. 248.

leuchtend, daß aus diesem Ansatz heraus kein Zugang zur historischen Wahrheit folgen kann. Auf keinen Fall wird die Geschichte bei Büchner, wie McGlashan meint, im Vergleich zur grabbeschen Betonung der "Faktizität" zum "Symbol."[74] Gerade die typisch ästhetische Symbolauffassung der dramatisch dargestellten Geschichte zeigt das Versagen der rein ästhetischen Betrachtungsweise gegenüber der historischen Wahrheit, denn auch das Werk als Ganzes wäre dann Symbol der in ihm dargestellten Historie, wie die im Werk vorkommenden Ereignisse und Ideen Teilsymbole der Geschichte wären. Im Ausweichen auf das Symbol liegt eine bloße Wiederholung der Frage, die das Drama als ein zu deutendes an den Betrachter richtet: Wie kommt die historische Wahrheit in *Dantons Tod* zum Ausdruck? [75]

Auf zwei Arbeiten, die sich mit den ästhetischen Anschauungen Büchners[76] beschäftigen, wird im folgenden Kapitel einzugehen sein. Hier ist zunächst eine der bedeutendsten Untersuchungen zur Werkästhetik der Dramen Büchners einzuführen: Helmut Krapps Analyse des Dialogs bei Büchner. Grundsätzlich geht Krapp von der Leistung der Sprache Büchners aus, also im Sinne Käte Hamburgers von der "dichterischen Sprache," weniger von der mehr anonymen "dichtenden" Sprache.[77] Obwohl diese Unterscheidung nicht sehr wesentlich scheint, soll hiermit doch auf unsere nichtbiographische Akzentsetzung hingewiesen werden, die auch in der Betrachtung der Sprache ihren Niederschlag findet. Die Ausführungen Krapps sind nicht zuletzt deshalb wichtig für uns, weil auch er an verschiedenen Stellen — so bei der Deutung des Ausspruchs Marions: "Danton, deine Lippen haben Augen" (22, 31) — auf Jean Gebser verweist, wenn er sagt: solche Aussprüche "überspielen immer die Kategorien von Zeit und Raum nicht nur, sondern die Rationalität der gemeinen Wirklichkeit überhaupt."[78] Hier kommt die Wichtigkeit der Zeitstruktur in *Dantons Tod* zum Ausdruck, indem Krapp zwei wesentliche Aspekte der Zeit-Raum-Problematik des Dramas herausarbeitet. Er ist der Auffassung, daß sich der Inhalt der einzelnen Szenen "nicht mehr zu Sinneseinheiten der realen dargestellten Welt"

---

74 ibid., S. 249.

75 Die Frage nach dem Wie ist die eigentliche ästhetische Fragestellung. Diese ist für die vorliegende Arbeit durch den Begriff des Symbols nur ungenügend beantwortet, weil dadurch nur in neuer Verschlüsselung ausgedrückt wird, was die Geschichte ist. Die entsprechende ausweichende Antwort der historischen Betrachtungsweise auf die ursprüngliche Frage nach dem Was gilt dem Woher. Deshalb sagt Goethe zu Recht in seinen "Maximen und Reflexionen," *Goethes Werke,* Bd. XII, 5. Aufl. (Hamburg, 1963), Nr. 757, S. 472: "Die Frage: 'Woher hat's der Dichter?' geht auch nur aufs Was; vom Wie erfährt dabei niemand etwas." Gerade auf das Wie kommt es hier aber an.

76 Hans Mayer, "Georg Büchners ästhetische Anschauungen," *Zeitschrift für deutsche Philologie,* LXXIII (1954), S. 129—160; Alexander L. Dymschitz, "Die ästhetischen Anschauungen Georg Büchners," *Weimarer Beiträge,* VIII (1962), S. 108—123.

77 Käte Hamburger, *Die Logik der Dichtung* (Stuttgart, 1957), S. 5 und S. 244.

78 Helmut Krapp, *Der Dialog bei Georg Büchner* (Darmstadt, 1958), S. 144. Krapp weist auf: Jean Gebser, *Der grammatische Spiegel* (Zürich, 1944).

verbindet und fährt fort: "... keine Idee regeneriert sie und bringt sie in perspektivische Ordnung."[79] Außerdem stellt Krapp fest, daß in *Dantons Tod* "das Statuarische der Szene" zur Darstellung komme, doch entzieht sich dieses nach seiner Meinung völlig der "Kategorie der Zeit und ordnet sich nur noch im Raume an."[80] Wir meinen im Gegensatz zu Krapp, daß die dadurch entstehenden "heterogenen Elemente"[81] der Szenen doch integriert sein wollen und werden deshalb genau an derjenigen Stelle einsetzen, wo Krapp, durchaus im Sinne seines Ansatzes, die Grenzen seiner Untersuchung absteckt:

> Darüber aber, ob bei einer solchen Formgesinnung des Dichters der Begriff der Totalität sich nicht selber zu Fall bringt, kann hier nicht gehandelt werden. Zunächst wäre er in einer anderen Sphäre dieser Form als in der textlichen zu suchen, die, expressiv geworden, über den Sinn der Aussagen nicht allein mehr verfügt und immer als Korrelat zu gelten hat.[82]

Dieses Korrelat sehen wir im geschichtlichen Stoff und in der bereits dargelegten dreischichtigen Zeitstruktur des Dramas. Die Problematik liegt zwar zunächst "in einer anderen Sphäre" als der textlichen, sie läßt sich aber durch die tragende Thematik der Geschichte in *Dantons Tod* immer wieder aus dem Text verifizieren, so daß schließlich die Frage Krapps, ob sich der Begriff der Totalität nicht selbst wieder zu Fall bringt, zu verneinen sein wird. Denn die Totalität, von der Krapp spricht, ist für uns die Totalität der historischen Wahrheit, die durch die Aussage des Dramas eine wesentliche Ergänzung erfährt. Dies mag als Rechtfertigung dafür gelten, daß wir die konkrete Leistung der dichtenden Sprache, nicht die dichterische Sprache als Ansatz gewählt haben. Nur auf diese Weise stellt sich die Zeitstruktur und die Wahrheitsaussage des Dramas unserem Zugriff.

Eine Typologie der dramatischen Formen und zugleich eine Untersuchung von *Dantons Tod* als "Drama der offenen Form" gibt Volker Klotz.[83] Wenn auch seiner formalästhetischen Unterscheidung zwischen offenem und geschlossenem Drama im Prinzip beizupflichten ist, so zeigt sich doch, daß der für das Geschichtsdrama wesentliche Gesichtspunkt der Zeit mit einer bloßen Formentypologie nicht in seiner Mehrdeutigkeit zu erfassen ist. Unter dem Begriff der Form lassen sich sehr wohl räumliche Verhältnisse klar darlegen, jedoch nicht Zeitstruktur und Zeitcharakter eines Geschichtsdramas. Der Dualismus zwischen offener und geschlossener Form verleitet zu epigrammati-

---

[79] ibid., S. 47.
[80] ibid., S. 90.
[81] ibid., S. 110.
[82] ibid., S. 110. Dort auch der Satz: "Die heterogenen Elemente wollen gerade nicht integriert sein ...."
[83] Volker Klotz, *Geschlossene und offene Form im Drama* (München, 1960).

schen Formeln, die jenen anderen Dualismus zwischen Form und Inhalt kommentieren, aber — genau besehen — zur Lösung der Problematik der Zeitstruktur und der historischen Wahrheit kaum etwas beitragen. Eine solche Formel ist der Satz: "Im Drama der geschlossenen Form bietet die Handlung den Ausschnitt als Ganzes, im Drama der offenen Form das Ganze in Ausschnitten."[84] Das 'Ganze' bedeutet auch hier nicht die Totalität der historischen Wahrheit, und auch der Ausschnitt ist hier weniger zeitbezogen als auf den Inhalt ausgerichtet. Das mag dem Ansatz von Klotz entsprechen.

Es scheint aber von unserem Standpunkt aus nicht ganz einleuchtend, weshalb nur das offene Drama zur "charakterisierenden Totalität" tendieren soll, zur Darstellung der Menschen in ihren "biologischen, sozialen, religiösen, moralischen Befangenheiten" und der "geistigen und materiellen," der "sittlichen und politischen Aspekte der Welt."[85] Wir meinen, daß dieser Eindruck nur dann entstehen kann, wenn die Mehrschichtigkeit der Zeitstruktur eines Geschichtsdramas unberücksichtigt bleibt. Mit den Formkriterien 'offen' und 'geschlossen' sind aber erst zwei Gesichtspunkte der Zeitdarstellung gegeben. Es erscheint deshalb nicht angebracht, die Begriffe der Offenheit und Geschlossenheit für unsere Typologie des Geschichtsdramas einfach zu übernehmen; denn die typologische Verschiedenheit des Dramas *Dantons Tod* und eines Dramas wie *Don Carlos,* die nach Klotz in der offenen Form des einen und der geschlossenen Form des anderen liegt, kann mit gleicher Berechtigung als fast unbegrenzte Fülle des Stoffes gegenüber einer stofflichen Einschränkung durch eine Idee verstanden werden. So gesehen, erscheint die Tendenz zur "charakterisierenden Totalität" in *Dantons Tod* als integrierende Vergegenwärtigung des Ereignisstroms und der Ideen, die entweder tatsächlich die Ereignisse bewirken oder als ihre erklärende Rechtfertigung dargestellt werden.

Dantons Tod gehört zu den Geschichtsdramen, die weder hauptsächlich die Ereignisse noch ausschließlich eine bestimmte Idee zur Darstellung bringen. Die dreischichtige Zeitstruktur in diesem Drama läßt sich durch die beiden Formkriterien nach Klotz nicht mehr erfassen. Überspitzt ließe sich formulieren: Jedes Geschichtsdrama ist insofern offen, als die Wirkungsgeschichte des Inhalts in die Vergangenheit zurück- und in die Zukunft vorausweist; jedes Geschichtsdrama ist insofern geschlossen, als es durch den Text begrenzt ist. Die Zeitschichten und die Wahrheitsaussage eines Geschichtsdramas greifen aber in jedem Falle über das Drama hinaus.

---

84   ibid., S. 111.
85   ibid., S. 109.

3. ZEITSTRUKTUR UND SPRACHLEISTUNG

Nach unserer Darstellung der Grenzen der historischen wie der ästhetischen Betrachtungsweisen bleibt nun noch die Frage zu beantworten, in welchem Verhältnis die Sprache zu den einzelnen Zeitschichten in *Dantons Tod* steht. Es ist dies die Frage nach der Sprachleistung gegenüber der in der zeitlichen Dimension angesiedelten historischen Wahrheit.

Es war bisher nicht ohne Absicht stets von der Wiedergewinnung der Frage nach der historischen Wahrheit 'im Zusammenhang mit dem historischen Drama' die Rede. Wir haben es bewußt vermieden, von vornherein von der Darstellung der Wahrheit "am" oder "im" historischen Drama oder von der Wahrheit "des" Geschichtsdramas zu sprechen. Offensichtlich liegen aber alle drei Möglichkeiten in der Sprache selbst. Daraus läßt sich im Rückblick auf die Ausführungen über die historische Betrachtungsweise ableiten, daß diese vor allem die Wahrheit "am" Geschichtsdrama festzustellen sucht, indem sie die inhaltliche Aussage des Dramas an den geschichtlichen Fakten mißt. Dieser Aspekt der Wahrheit erscheint dann unter dem Begriff der Richtigkeit dieser historiographisch festgelegten Tatsachen, wobei außerdem noch übersehen wird, daß sich diese in ihrer Totalität selbst dem Geschichtsschreiber entziehen. Die ästhetische Betrachtungsweise beschäftigt sich, ihrer Tendenz zur Werkimmanenz entsprechend, mit der Wahrheit "im" Geschichtsdrama, die sie seine poetische Wahrheit nennt und somit ungeschichtlich begreift. Keine der beiden Methoden vermag die Wahrheit "des" Geschichtsdramas zu erfassen. Um diese Wahrheitsaussage zu verstehen, darf der Betrachter nicht von seiner eigenen geschichtlichen und erkenntnistheoretischen Situation absehen wollen: "Es muß den Text auf diese Situation beziehen, wenn er ihn überhaupt verstehen will."[86] Dies bedeutet nichts anderes, als daß die Sprache des Dramas nicht absolut, sondern immer wieder neu von der Gegenwart her als Bedeutungträgerin der verschiedenen Zeitschichten in *Dantons Tod* gesehen werden muß. Die Wahrheitsaussage des Dramas wird weder allein durch den geschichtlichen Stoff in seiner zeitgenössischen Darstellung noch durch dessen ästhetisch verkleidete Wiedergabe vermittelt. Sie läßt sich erst dann ganz verstehen, wenn die Sprachleistung in ihrer Vielschichtigkeit mit einbezogen wird. Dabei wird sowohl der Begriff der Wahrheit als auch der Begriff der Zeit von entscheidender Wichtigkeit sein.

Dieser neue Ansatz wird sich darauf stützen können, daß die Begriffe "Wahrheit" und "Zeit" in vielfältigen Abwandlungen das thematische Hauptgewicht des Dramas tragen. Zwei Beispiele mögen dies verdeutlichen. Im Hinblick auf das Thema der Wahrheit verweisen wir auf die Drohung Dantons: "Ich werde mich in die Citadelle der Vernunft zurückziehen, ich werde mit der

---

[86] Gadamer, a.o.o., S. 307.

Kanone der Wahrheit hervorbrechen und meine Feinde zermalmen" (62, 16–18). Dieser Satz wird wenig später in abgeschwächter Form als eine Prophezeiung wiederholt: "Eines Tages wird man die Wahrheit erkennen" (63, 2). Im Hinblick auf das Thema der Zeit liegt eine ganz ähnliche Abschwächung vor, wenn es in der Wechselrede zwischen Camille und Danton heißt: "Rasch Danton wir haben keine Zeit zu verlieren" – "Aber die Zeit verliert uns" (31, 9f.). Indem den Hauptakteuren sowohl Wahrheit wie Zeit nicht mehr begreifbar erscheinen, treten beide durch Büchners Sprache immer deutlicher als zentrale Begriffe hervor. Da sich also beide – Wahrheit und Zeit – sowohl von der Dramentheorie her als auch im Text des Dramas selbst als zentral ermitteln lassen, kann nun aus diesem Befund der neue Ansatz entwickelt werden.[87]

Entsprechend zur dreischichtigen Zeitstruktur in *Dantons Tod* sind es vor allem drei Leistungen, die die Sprache in diesem Drama vollbringt: 1. die Beschreibung einer historischen Wirklichkeit; 2. die Veränderung dieser historischen Wirklichkeit; 3. die Korrektur oder Ergänzung der historischen Wahrheit durch die sprachlich veränderten Quellenzitate. Durch die Beschreibung hebt Büchner die historischen Fakten der Historiographie in seine Gegenwart; hier sprechen wir von der Vergegenwärtigung durch die Sprache. Durch die sprachliche Veränderung der Quellenzitate verändert Büchner unser Bild von der historischen Wirklichkeit; hier soll deshalb von der Wirklichkeitsveränderung durch die Sprache gesprochen werden. In der Zusammenschau mit denjenigen Zitaten, die Büchner nicht verändert, ergibt sich dann der Beitrag des Dramas zur historischen Wahrheit. Dabei wird stillschweigend vorausgesetzt, daß es keine absolut zuverlässigen, alle Aspekte der historischen Ereignisse erfassenden faktographischen Quellen geben kann. Der Versuch, den Beitrag zur historischen Wahrheitsfindung zu bestimmen, besteht also darin, den bisher pauschal als Verfälschung beiseite geschobenen Mutmaßungen Büchners einen faktisch zwar nicht immer nachprüfbaren, im Prinzip aber meistens denkmöglichen Wahrheitsgehalt zuzugestehen. Das soll nicht heißen, daß Büchner inspirativ Zugang zu den nichtschriftlichen Quellen der Wahrheit besaß; es kann dies aber bedeuten, daß der Beitrag zur historischen Wahrheit, den ein Geschichtsdrama wie *Dantons Tod* zu leisten vermag, eben nicht primär oder ausschließlich in der möglichst vollständigen Wiederholung der erwiesenen Fakten durch eine dramatisierte Darstellung liegt, sondern daß er gerade in den nicht beweisbaren, aber denkmöglichen Veränderungen und Ergänzungen der historischen Wahrheit zu suchen ist. In diesem Sinne die Frage nach der historischen Wahrheit des Dramas *Dantons Tod* aus seiner dreischichtigen Zeitstruktur und der jeweiligen Sprachleistung zu beantworten, kann nun in Angriff genommen werden.

---

87 Wir folgen hier Käte Hamburger, "Die Zeitlosigkeit der Dichtung," a.o.O., S. 418: "Ist die Zeit nicht thematisch, nicht gestaltet, nicht erzählt, so 'ist' sie nicht in einem Dichtwerk."

ZWEITES KAPITEL
BESCHREIBUNG DER HISTORISCHEN WIRKLICHKEIT

1. REALISMUS UND MIMESIS BEI BÜCHNER

Schon der erste Satz des Dramas *Dantons Tod* — "Sieh die hübsche Dame, wie artig sie die Karten dreht!" (9, 5) — enthält einen wesentlichen Gesichtspunkt der Wirklichkeitsdarstellung in diesem Drama. Er besitzt eine grundsätzlich andere Funktion als die einleitenden Sätze klassisch-idealistischer Geschichtsdramen. Einige Beispiele zeigen, daß dort immer eine neue, andere Wirklichkeit mit ihrer Problematik eingeführt und in der Exposition erläutert wird, während in *Dantons Tod* die Wirklichkeit außerhalb des Dramas mit der Wirklichkeit im Drama verknüpft erscheint.[1] Durch diese Verknüpfung wird ein Wirklichkeitskontinuum hergestellt, das im Widerspruch steht zur klassisch-idealistischen Antithetik von Kunst und Leben.

Die Verknüpfung kommt hier durch das Kartenspiel zustande, das vor Beginn der Dramenhandlung schon im Gange war, und durch das Schnitterlied im letzten Akt, das mitten in der Strophe abbricht und nach dem Ende des Dramas weiterklingt. Durch die Aufforderung an Julie und an den Zuschauer, die Wirklichkeit in Augenschein zu nehmen, und im Hinweis auf die Spielkarten, die hier nicht nur Gegenstände sind, sondern selbst wieder Bedeutungscharakter tragen, kommt die dramatische Verknüpfung von Sein und Bedeutung der Wirklichkeit und deren Darstellung als dramatisches Spiel zum Ausdruck.

Dies kann als ein erster Hinweis darauf verstanden werden, daß das Realismusproblem in *Dantons Tod* aus der Antithetik von Kunst und Leben nicht zu lösen ist, denn diese dualistische Wirklichkeitsauffassung setzt bereits zwei Wirklichkeiten voraus, eine reale und eine ästhetische Wirklichkeit. Die ästhetische Wirklichkeit erscheint hier aber nicht von der realen losgelöst, sondern in sie eingebettet und mit ihr verbunden. Es steht nicht mit Sicherheit fest, ob sich die ganze historische Wirklichkeit lediglich aus der realen und der ästhetischen Wirklichkeit zusammensetzt, noch scheint die dramatische Wirklichkeit durch den Begriff des Fiktionalen hinreichend definiert. Die Analyse der durch die Sprache beschriebenen Wirklichkeit soll zeigen, daß in *Dantons Tod* beide Wirklichkeiten — die reale und die ästhetische — integriert dargestellt werden und somit eine Wirklichkeit vergegenwärtigt wird, deren Darstellungsweise wir *integralen Realismus* nennen werden.

---

1 *Torquato Tasso* beginnt mit den Worten der Prinzessin: "Du siehst mich lächelnd an, Eleonore,/Und siehst dich selber an und lächelst wieder./Was hast du? Laß es eine Freundin wissen!/Du scheinst bedenklich, doch du scheinst vergnügt" (es folgt die Exposition durch Eleonore).

Maria Stuart setzt ein mit dem Ruf der Amme: "Was macht Ihr, Sir? Welch neue Dreistigkeit!/Zurück von diesem Schrank!" (darauf folgt der Hinweis auf die Geheimnisse der Lady und die Exposition).

König Ottokars Glück und Ende zeigt zu Beginn die Kammerfrau mit dem Ruf: "Lauf Barbara! lauf schnell nach Meister Niklas!/Die Königin scheint wohl, doch trau ich nicht" (danach folgt die Exposition und die Erklärung, weshalb dieser Schein trügt).

Man könnte in Anlehnung an ein Wort Héraults behaupten, daß nicht nur die Dinge, sondern auch die Wörter ihre "ganz eigne Physiognomie" (9, 26f.) besitzen. Will man diese entschlüsseln, so steht man angesichts der beschriebenen Wirklichkeit vor einer doppelten Schwierigkeit. Während nämlich das widersprüchliche Reden der Leute und Dantons von Liebe und Tod — "Die Leute sagen im Grab sey Ruhe und Grab und Ruhe seyen eins . . . Du süßes Grab, deine Lippen sind Todtenglocken . . ." (9, 30ff.) — sowie die gestische Sprache Héraults, seine "Liebeserklärungen, wie ein Taubstummer, mit den Fingern gemacht" (10, 3f.), als Versuch einer Verständigung mit allen Mitteln gedeutet werden können, so wird durch einen Satz Dantons die Unmöglichkeit des Verstehens eines anderen Menschen ausgedrückt: "Einander kennen? Wir müßten uns die Schädeldecken aufbrechen und die Gedanken einander aus den Hirnfasern zerren" (9, 18ff.). Hier ist auch schon angedeutet, daß der Versuch, die ganze Wirklichkeit sprachlich zu erfassen, fehlschlagen muß. Wie wird überhaupt die Wirklichkeit in *Dantons Tod* durch die Sprache erfaßt? Was sind die Arten der dramatischen Mimesis?

Im ersten Satz des Dramas fallen die Worte "wahrhaftig" und "Lüge" (9, 6 und 8). Das geschieht sicher nicht zufällig, denn die Darstellung der Wirklichkeit in einem Geschichtsdrama ist ursächlich mit den Kategorien der Wahrheit und der Lüge verwoben, wobei sowohl der darzustellende Stoff als auch seine mimetische Darstellung wahr oder unwahr sein kann. Unter Mimesis ist deshalb neben dem Vorgang der bloßen Nachahmung der Wirklichkeit auch deren vollzogene Darstellung selbst zu verstehen. Wird nach den Kriterien der Wahrheit, Wahrhaftigkeit, Wirklichkeitsnähe, Tatsachentreue oder Objektivität gefragt, so darf dabei nicht die Sprache vergessen werden, die diese Kriterien vermittelt. Es scheint wenig sinnvoll, in diesem Zusammenhang die Metapher von der Widerspiegelung zu verwenden, denn die Sprache kann sich nicht in das seitenverkehrte Bild eines Spiegels hineinverwandeln, ohne ihren Sinn zu verlieren. Wir bleiben deshalb beim Begriff der Wirklichkeitsbeschreibung durch die Sprache und versuchen daraus eine Bestimmung der mimetischen Haltung Büchners.

In seinem Vorhaben, die geschichtliche Wirklichkeit zu beschreiben, boten sich Büchner zwei Möglichkeiten: Er konnte die Wirklichkeit so belassen, wie er sie in den Quellentexten vorfand, indem er Zitate daraus unverändert ließ, oder er nahm bewußt Änderungen an den Zitaten und damit der geschichtlichen Wirklichkeit vor. Man kann in Anlehnung an Käte Hamburger die Auffassung vertreten, das Geschichtsdrama gehöre der mimetisch-fiktionalen Gattung[2] an, und es sei deshalb nicht angebracht, im Hinblick auf das Drama *Dantons Tod* zwei neue mimetische Haltungen einzuführen. Dieser Schritt scheint aber doch

---

2 vgl. Hamburger, "Die Zeitlosigkeit der Dichtung," a.o.O., S. 125.

gerechtfertigt angesichts der Zitattechnik Büchners. Wir bezeichnen diejenige Haltung, welche die Wirklichkeit weitgehend so beläßt, wie sie sich dem Dichter darbietet, als *mimetisch-statisch;* wir nennen die andere mögliche Haltung *mimetisch-dynamisch,* die dadurch charakterisiert ist, daß sich der Dichter hier mit der darzustellenden Wirklichkeit auseinandersetzt und sie entsprechend verändert. Der jeweilige Grad der textlichen und inhaltlichen Veränderung ist an der vorherrschenden Sprachleistung zu erkennen.

In seiner Darstellung der ästhetischen Anschauungen Georg Büchners geht Hans Mayer von den drei bekannten Stellen im Werke Büchners aus, die ästhetische Fragen behandeln: dem monologisierenden Literaturgespräch zwischen Camille und Danton im zweiten Akt von *Dantons Tod* (37, 5–34), dem Brief Büchners an die Eltern vom 28. Juli 1835 und dem Kunstgespräch zwischen Lenz und Kaufmann in der Novelle *Lenz.* Im Gegensatz zu Mayer, der in den Bemerkungen Camilles über die marionettenhaften Figuren, "deren Gelenke bey jedem Schritt in fünffüßigen Jamben krachen" (37, 9f.), vor allem eine polemische Auseinandersetzung mit dem schillerschen Dramentyp sieht und der die Stelle von diesem Ansatz her deutet, gehen wir von der Replik Dantons aus:

> DANTON. Und die Künstler gehn mit der Natur um wie David, der im September die Gemordeten, wie sie aus der Force auf die Gasse geworfen wurden, kaltblütig zeichnete und sagte: ich erhasche *die letzten Zuckungen des Lebens* in dießen Bösewichtern (37, 30–34; Hervorhebung von L.F.H.).

Die hervorgehobene Wendung ist ursprünglich Teil eines Zitats, dessen Aussagekraft Büchner im Vergleich zur Quelle verstärkt hat, wo ganz undramatisch von den "letzten Bewegungen der Natur"[3] die Rede ist. Dies mag ein Hinweis darauf sein, welches Gewicht dieser Äußerung Dantons beizumessen ist. Die "letzten Zuckungen des Lebens" weisen zurück auf die verzweifelten Ausrufe Camilles – "ach die Kunst! Sezt die Leute aus dem Theater auf die Gasse: ach, die erbärmliche Wirklichkeit!" (37, 18ff.) – und auf seine Klage über die "schlechten Copisten," die "von der Schöpfung, die glühend, brausend und leuchtend, um und in ihnen, sich jeden Augenblick neu gebiert" (37, 21ff.), nichts hören und nichts sehen. Aus diesem Gespräch läßt sich Büchners Forderung ableiten, daß künstlerischen Darstellungen stets das Ganze der Wirklichkeit zugrunde liegen soll.

Es scheint deshalb nur zum Teil richtig gesehen, wenn Mayer meint, das Gespräch würde durch die Replik Dantons auf eine "ganz neue Ebene" gehoben, weil Danton jetzt "Kritik an jener realistischen Kunstauffassung" übe, "die eben noch von Camille unter offensichtlicher Billigung seines Freundes gepriesen worden war."[4] Danton setzt doch wohl die kritischen Auslassungen Camilles auf

---

3 Richard Thieberger, *Georges Büchner: La mort de Danton; publiée avec le texte des sources et des corrections manuscrites de l'auteur* (Paris, 1953), S. 41.
4 Mayer, "Georg Büchners ästhetische Anschauungen," a.o.O., S. 140–141.

ein und derselben Ebene fort, wenn er sich gegen die willkürliche Beschränkung auf einen einzigen Augenblick des Lebens ausspricht, die der zeitgenössische Maler Jacques Louis David auf seinen Bildern vornahm. David wollte nur die *"letzten* Zuckungen des Lebens" darstellen, nicht aber sinnbildlich das Ganze des Lebens und das Dauerhafte gewisser Lebenserscheinungen.[5] Gerade diese Kunstauffassung kritisierte Camille, und Danton unterstützt nun seine Kritik, indem er den Dichtern der Jambendramen vorwirft, sie würden *"ein* Gefühlchen, *eine* Sentenz, *einen* Begriff (37, 11f.; Hervorhebungen von L.F.H.) nehmen und sich einbilden, dadurch dem Ganzen der Wirklichkeit, der ganzen leuchtenden und brausenden Schöpfung gerecht zu werden.

Camille und Danton kritisieren weder primär den Idealismus des Jambendramas noch eine realistische Darstellung der Wirklichkeit im Drama als solche, sondern eine Kunstauffassung — sei sie idealistisch oder realistisch —, welche die Wirklichkeit von vornherein fragmentarisch darstellen und auf diese Weise verfälschen will. Sie fordern als Ansatz eine mimetisch-statische Haltung gegenüber der Wirklichkeit, die erst als Ganzes wirken soll, und sie verurteilen diejenige Kunstauffassung, die ohne Berücksichtigung der ganzen Wirklichkeit deren Teilmanifestationen unvermittelt zu Kunstwerken gestalten will. So verstanden, nimmt das Gespräch zwischen Camille und Danton als Plädoyer für eine *integrierende Ganzheitsbetrachtung der Wirklichkeit* eine exponierte Stelle im Werkkosmos Büchners ein. Der darin dargestellte Gedankengang ist allenfalls äußerlich, nicht aber in seiner inneren Konsequenz "fragmentarisch," wie Mayer meint; auch kann es sich dabei kaum um ein für Büchner angeblich typisches "windschiefes Gespräch" handeln. Die Schlußfolgerung Mayers, nach der das Realismusproblem "verknüpft mit dem Humanismusproblem"[6] sei, geht nur ganz am Rande auf die hier freigelegte ästhetische Bedeutung dieses Gesprächs ein.

---

[5] David ist der Antipode zu Lenz, der in seinen Bemerkungen die Auffassung vertritt, daß bei der nie endenden Neugestaltung der Bilder etwas dauerhaft und ganz bleibt: eine "unendliche Schönheit" (87, 25). Aus dieser Haltung heraus, die einem ganzheitlichen, Dauer vermittelnden Kunstwerk etwa in der Art der niederländischen Genremaler (vgl. 88, 3ff.) den Vorzug gibt, ist vielleicht Büchners heftige Kritik an dem Untertitel zu verstehen, den die Erstausgabe im Verlag Sauerländer (Frankfurt/Main, 1835) trägt: "Danton's Tod. Dramatische Bilder von Frankreichs Schreckensherrschaft von Georg Büchner" (abgedruckt bei Mayer, *Georg Büchner und seine Zeit,* a.o.O., zwischen S. 192 und 193).
Büchner wollte nicht eine Reihe von Bildern nach der Art Davids darstellen, sondern — wie es in seinem Brief an die Familie vom 5. Mai 1835 heißt (*BW*, 394) — *"ein* geschichtliches Gemälde" anfertigen (Hervorh. von L.F.H.). Die Auffassung Büchners entspricht interessanterweise durchaus derjenigen Lessings, der gegen die Darstellung des schreienden Laokoon durch den Bildhauer polemisiert, während er sie dem Dichter zugesteht, solange sich dieser nicht ausschließlich auf das Häßliche des Schreis beschränkt: "Nichts nöthigt hiernächst den Dichter sein Gemählde in einem einzigen Augenblick zu concentriren" (*Sämtliche Schriften,* Bd. IX, hrsg. von Karl Lachmann, 3. Aufl., hrsg. von Franz Muncker [Stuttgart, 1893], S. 22).
[6] Mayer, a.o.O., S. 141.

Es wurde deutlich, daß Büchners Realismus ein integraler Realismus sein muß, dessen Grundlage das Ganze der Wirklichkeit ist. Der Beitrag des Dramas zum Ganzen der historischen Wahrheit wird sich dann nachweisen lassen, wenn es gelingt, den integralen Realismus als eine zusammenfassende Darstellung der drei Zeitschichten tatsächlich als tragendes Prinzip zu verdeutlichen. Der hier gewählte Ansatz will etwas grundsätzlich anderes erreichen als die meisten anderen Versuche, die am Beispiel dieser Dramenstelle Büchners "hartnäckigen Kampf um die realistische Methode in der Kunst"[7] ideologisch untermauern oder seine realistische Darstellungsweise ohne die nötige dramentheoretische Differenzierung definieren möchten.[8]

---

[7] Dymschitz, a.o.O., S. 112.

[8] Die Bezeichnung "Büchners visionärer Realismus," die auch Poster übernimmt (a.o.O., S. 105f.), soll nach Ludwig Marcuse die Darstellungsweise Büchners beschreiben (a.o.O., S. 19).

Ludwig Büttner, *Georg Büchner — Revolutionär und Pessimist* (Nürnberg, 1948), beschreibt Büchners Realismus so: "Die Wirklichkeit wird überhöht, übersteigert und ins Grenzenlose erweitert" (S. 19).

Erich Kästner, "Wohin gehört Büchner? Rede zur Verleihung des Georg-Büchner-Preises," *Merkur,* XI (1957), hält Büchners Realismus für eine "nebenberufliche Begleiterscheinung" (S. 1142).

Begrifflich am nächsten kommt unserer Auffassung eines integralen Realismus A[rthur] H[arold] J[ohn] Knight, *Georg Büchner* (Oxford, 1951), mit seiner Bezeichnung "total realism," doch meint er damit die naive Darstellung von "photographically realistic pictures of revolutionary Paris" (S. 81).

2. EINFACHE UND MEHRFACHE PERSPEKTIVE

Der Vorgang des Beschreibens ist gekennzeichnet durch die perspektivische Sicht, die jeder Betrachter gegenüber der Wirklichkeit einnimmt und die vom eigenen Standpunkt abhängt. Im Gegensatz zur Historiographie, die ihre perspektivische Sichtweise konsequent beibehält, besteht die büchnersche Technik des Beschreibens darin, daß die einfache Perspektive zuerst in die mehrfache Perspektive übergeht und dann ganz aufgelöst wird.[9] Am Beispiel der Lebensbeschreibung Marions (I, 5) und der "ergo"-Logik einer Volksszene (I, 2) soll nun der Übergang der einfachen Perspektive in die mehrfache Perspektive gezeigt werden.

Marions Lebensbeschreibung ist eine Selbstbeschreibung. Sie kann als subjektivierende Beschreibung bezeichnet werden. Ihre Darstellungsweise ist insofern perspektivisch, als Marion ihr Leben aus ihrer Sicht beschreibt. Die Szene ist im Sinne unserer Definition der dramatischen Mimesis mimetisch-statisch, denn diese Darstellungsweise versucht keine Deutung der Widersprüchlichkeit ihres Lebens. Sie wird einfach mit der Begründung "Ich will dir erzählen" (21, 9f.) eingeleitet und mit einer paradoxalen Bemerkung abgeschlossen. Im Zusammenhang des Dramas ist diese Szene scheinbar motiv- und zwecklos, weil sie nicht Ausdruck einer Bewältigung der Wirklichkeit ist. Marion setzt sich hier nicht mimetisch-dynamisch mit ihrem Leben auseinander. Sie gibt zwar eine Begründung für ihr Verhalten, doch wird offenbar, daß diese Begründung eine Scheinbegründung ist, denn sie wiederholt lediglich das Widersprüchliche der Ereignisse ihres Lebens.

Schon der Anfang der Beschreibung deutet ihr paradoxales Ende voraus: "... frug ich was die Leute gewollt hätten, so sagte sie [die Mutter] ich solle mich schämen" (21, 15ff.). Marion sieht weder den Grund dafür ein, noch versteht sie den Sinn der Wendepunkte ihres Lebens. Wiederholt gibt sie ihrem Nichtverstehen Ausdruck: "... aber es war etwas darin [in der Bibel], was ich nicht begriff" (21, 19f.); "ich wußte nicht recht, was er [der junge Mann] wollte" (22, 9); "ich begreife nichts davon" (22, 20f.).

Marions Erklärung — "Meine Natur war einmal so, wer kann da drüber hinaus?" (22, 1f.) — und ihre Begründung, daß derjenige, der am meisten genieße, am meisten bete (vgl. 22, 27ff.), bleiben ohnmächtige Versuche, ihre ratlose Verstrickung in die Widersprüche ihres Lebens zu erhellen. Auch der folgende Satz Dantons, charakteristischerweise eine Frage, verdeutlicht das Dilemma Marions aus der Sicht ihres Partners: "Warum kann ich deine Schönheit nicht ganz in mich fassen, sie nicht ganz umschließen?" (22, 29f.). Wie kann ein Mensch, der kein klares Bild von sich selbst besitzt, seinem Gegenüber noch als

---

[9] Volker Klotz spricht im Zusammenhang mit der für das offene Drama typischen Häufigkeit der Parataxe von einer "Polyperspektive" (a.o.O., S. 174).

ganzheitliche Persönlichkeit erscheinen? Darin liegt Marions Problematik, und deshalb spricht sie den hoffnungsvollen, aber paradoxen Satz: "Danton, deine Lippen haben Augen" (22, 31). Marion hofft, daß Danton sie verstanden hat, doch ist seine Äußerung, er wolle "Theil des Äthers" (22, 32) sein, keine Antwort, sondern Ausdruck seines eigenen Wunschdenkens. Die mimetisch-statische Beschreibung ihres Lebens löst keine Handlung Dantons aus; die ganze Szene bleibt statisch, ein Teil des Gemäldes, das Büchner darstellen will.

Es scheint richtig, wenn Krapp das "Zeitkontinuum, das diese Schilderung zu wahren bemüht ist, kein wirkliches, sondern ein erlebtes"[10] nennt. Auch seine Definition dieser Technik Büchners als einer statuarischen Darstellungsweise trifft den Sachverhalt genau. Folgender Satz aber zeigt, daß Krapp sich die Frage nach der Perspektive und der Gestaltung des Raumes in diesem Zusammenhang nicht vorgelegt hat: "Das Statuarische jedoch entzieht sich völlig der Kategorie der Zeit und ordnet sich nur noch im Raume an." Dieser Satz besagt, daß Marions Zeiterlebnis dem "perpetuierlichen Charakter der Zeit"[11] zuwiderläuft: Die Zeit ist 'zeitlos' geworden. Man könnte auch von der Entzeitlichung der Zeit sprechen. Wenn sich die statuarische Szene "nur noch im Raume" anordnet, so ist die Frage berechtigt, um welchen Raum es sich dabei handelt. In Anlehnung an die Auffassung Krapps kann man annehmen, daß hier der Raum in entsprechender Weise eine Tendenz zur Enträumlichung aufweist. Man braucht nur die verschiedenen Örtlichkeiten, an denen sich Marion befindet – Marion lesend vor der Bibel; Marion zusammen mit dem jungen Mann; Marion am Fenster – in Beziehung zu setzen zur Selbstcharakterisierung Marions, so folgt daraus die Bestätigung unserer Annahme, daß hier nicht nur eine Entzeitlichung, sondern auch eine Enträumlichung stattfindet.

Ein Blick auf die folgenden Sätze Marions verdeutlicht, was damit gemeint ist: "Aber ich wurde wie ein Meer, was Alles verschlang und sich tiefer und tiefer wühlte" (21, 34f.); "ich kenne keinen Absatz, keine Veränderung. Ich bin immer nur Eins. Ein ununterbrochenes Sehnen und Fassen, eine Gluth, ein Strom" (22, 21ff.). Das undifferenzierte Verströmen, das Marions Verhältnis zur Zeit charakterisiert, und die Bodenlosigkeit des Raumes, in den sie sich einwühlt, sind eng miteinander verknüpft. "Ich bin immer nur Eins," sagt sie, doch indem sich Marion immer tiefer in die Raumlosigkeit verliert und sich schließlich nur noch als Summe ihrer glühenden und strömenden Leidenschaften begreift, die in Wahrheit immer nur an verschiedenen Örtlichkeiten zu verschiedenen Zeiten Handlungen auslösen, bekundet sie die Gefahr des völligen Sichverlierens, dessen Ausdruck die Auflösung der Zeit- und Raumperspektive ist.

Marions Aufgehen in einer Zeit- und Raumlosigkeit, das sie mimetisch-statisch als einen Zustand, nicht als einen Vorgang beschreibt, erinnert an Goethes

---

10 Krapp, a.o.O., S. 46.
11 ibid., S. 90.

Roman *Die Wahlverwandtschaften* und das Verschweben Ottilies, von der es heißt: "... es schien ihr, indem sie auf- und umherblickte, als wenn sie wäre und nicht wäre, als wenn sie sich empfände und nicht empfände, als wenn dies alles vor ihr, sie vor sich selbst verschwinden sollte."[12] Es ist festzuhalten, daß das Merkmal dieser Auflösung der zeitlichen und räumlichen Perspektive ein Zustand der Ambivalenz, des Verschwebens, der Entscheidungslosigkeit ist. Die beschreibende Sprache wird paradoxal.

Dieses Zwischenergebnis wird in der Szene "Eine Gasse" (I, 2) erhärtet. Während sich das sprachliche Problem in der subjektivierenden Beschreibung der Marionszene durch das Unzulängliche der Verständigung ausdrückte, kommt in dieser Szene am Beispiel der objektivierenden Beschreibung die Unmöglichkeit des Verstehens zum Ausdruck. Handelte es sich im ersten Beispiel um einen Zustand der Ambivalenz einer Person, so findet sich hier ein kollektiver Ausdruck dieser Ambivalenz. Der Scheinbegründung Marions entspricht hier die Scheinlogik des Volkes und seiner Führer. Die mit logischen Argumenten vorgetragenen Äußerungen des Bürgers, die nach einem dualistischen Denkschema aufgebaut sind, stellen die scheinbare Konsequenz dieser Logik und damit den Übergang aus der Subjekt-Objekt-Perspektive in die zeitlose, aperspektivische[13] Vergegenwärtigung der rohen Gewalt dar:

> ERSTER BÜRGER. ... ... *Ihr* habt Kollern im Leib und *sie* haben Magendrücken, *ihr* habt Löcher in den Jacken und *sie* haben warme Röcke, *ihr* habt Schwielen in den Fäusten und *sie* haben Sammthände. Ergo *ihr* arbeitet und *sie* thun nichts, ergo *ihr* habt's erworben und *sie* haben's gestohlen; ergo, wenn *ihr* von eurem gestohlnen Eigenthum ein paar Heller wieder haben wollt, müßt *ihr* huren und bettlen; ergo *sie* sind Spitzbuben und man muß *sie* todtschlagen (14, 7–14; Hervorhebungen von L.F.H.).

Im Wechsel zwischen "ihr" und "sie" und der damit verknüpften Begründung durch das anaphorische "ergo" kommt deutlich die perspektivische Sichtweise zum Ausdruck, die auf der Seite des Volkes Hunger, Elend und Arbeit, auf der Seite der Aristokraten dagegen Völlerei, Wohlstand und Nichtstun als Aufforderung zur gewaltsamen Änderung dieses Zustandes erkennt. Bis hierher sind diese Ausführungen logisch und wohlbegründet. Wenn aber ein anderer Bürger seine Tirade mit dem Satz "Sie [die Aristokraten] haben kein Blut in den Adern, als was sie uns ausgesaugt haben" (14, 15f.) beginnt und den blinden Gehorsam des Volkes beschreibt, das die Aufforderung zum Totschlagen an den Girondisten vollzog, gleichzeitig aber alle, auch Nichtaristokraten, umgebracht sehen will, die "kein Loch im Rock" (14, 25) haben, so kommt darin eine unlogische Haltung

---

12 *Goethes Werke*, a.o.O., S. 374.
13 vgl. Anmerkung 23 (Kap. I der vorliegenden Arbeit).

zum Ausdruck. Logisch wäre es, wenn sich das Volk gegen die Aristokraten wenden würde; statt dessen richtet sich das führerlose Volk gegen seinesgleichen. Dies wird am Beispiel des jungen Mannes gezeigt, der gehenkt werden soll, weil er ein Schnupftuch besitzt (vgl. 14, 30–15, 11). Auch in dieser Selbstbeschreibung des Volkes fehlt, ähnlich wie in der Lebensbeichte Marions, der Versuch nicht, eine logische Begründung dieser Verhaltensweise zu geben:

> ERSTER BÜRGER. Wir sind das Volk und wir wollen, daß kein Gesetz sey; ergo ist dießer Wille das Gesetz, ergo im Namen des Gesetzes giebts kein Gesetz mehr, ergo todtgeschlagen! (15, 25ff.).

Doch muß auch dieser Versuch fehlschlagen, eine innere Folgerichtigkeit hinter dieser Selbstbeschreibung des revolutionären Chaos zu ergründen und zu fragen, wer diesem Bürger das Recht gibt, im Namen des ganzen Volkes zu sprechen und dessen Willen kundzutun. Auch dies ist im Grunde eine Scheinlogik im Gewande der Logik, ohne daß sich jene ihres Scheincharakters bewußt wäre. Die Demagogen haben deshalb ein leichtes Spiel. Nicht ohne Zynismus preist Robespierre das arme, tugendhafte Volk: "Du thust deine Pflicht, du opferst deine Feinde. Volk du bist groß" (15, 33ff.). Er sagt, daß das Volk nur durch eigene Kraft fallen könne, aber Robespierres Worte verraten die Ambivalenz seiner Begriffe:

> ROBESPIERRE. ... ... Das wissen *deine Feinde. Deine Gesetzgeber* wachen, sie werden *deine Hände* führen, ihre Augen sind untrügbar, *deine Hände* sind unentrinnbar. Kommt mit zu den Jacobinern. *Eure Brüder* werden euch ihre Arme öffnen, wir werden ein Blutgericht über *unsere Feinde* halten (15, 38–16, 4; Hervorhebung von L.F.H.).

Es ist keineswegs deutlich, wer wessen Feind oder Gesetzgeber sein soll.[14] Die unmittelbare Nachbarschaft von "deine Feinde" und "deine Gesetzgeber" macht hellhörig im Hinblick auf eine mögliche Beziehung zwischen beiden. Der Wechsel im Gebrauch des Possessivpronomens von "deine" (Feinde, Gesetzgeber, Hände) über "eure Brüder" zu "unsere Feinde" versinnbildlicht die Absicht Robespierres, in scheinbarer Solidarität mit dem Volke bestimmen zu können, wer als Feind zu betrachten sei. Daß dabei die Augen der Gesetzgeber genausowenig "untrügbar" sein können, wie die Logik des Volkes schlüssig ist, scheint außer Zweifel zu stehen.

Die Wendung von "deine Feinde" zu "unsere Feinde" ist charakteristisch für das dialektisch-demagogische Vorgehen. Indem Robespierre in wenigen Sätzen

---

14   vgl. Reinhard Roche, " 'stilus demagogicus,' Beobachtungen an Robespierres Rede im Jakobinerklub (Georg Büchners 'Dantons Tod')," *Wirkendes Wort*, XIV (1964), S. 250: "Wie heißt der Feind? Welche Partei oder Person ist konkret gemeint? Die Frage läßt sich nicht klar beantworten."

die Feinde des Volkes, zu denen er für viele selbst gehören mag, als seine eigenen
Feinde erklärt, gibt er ein Beispiel dafür, wie eine Aussage durch geringfügige
sprachliche Veränderungen inhaltlich auf den Kopf gestellt werden kann – eine
dialektische Methode, die nur der konsequente Dualismus erlaubt und die
typisch ist für das perspektivische Denken überhaupt. Am Ende der kurzen Rede
Robespierres ist das anonyme Objekt des Volkshasses zwar als der Begriff
"unsere Feinde" gegeben, nicht aber die Erkenntnis, wer der Feind tatsächlich
ist. Seine Bestimmung ist der demagogische Vorbehalt Robespierres. Die in ihrer
Perspektive mehrfach gebrochene Sicht des Volkes und seiner Führer läßt eine
klare Beantwortung dieser Frage durchaus offen erscheinen. Erst die mimetisch-
dynamische Auseinandersetzung mit den historischen Gegebenheiten in der
großen Rede Robespierres (I, 3) wird diese Klarheit bringen. Hier muß der
Versuch, die Feinde zu erkennen, noch fehlschlagen.

Betrachtet man die Beschreibung der historischen Wirklichkeit, die hier von
der mimetisch-statischen Darstellungsweise geleistet wurde, so wird offenbar,
daß die paradoxalen Äußerungen der Individuen und die widersprüchlich
endenden Erklärungsversuche des Kollektivs zwar jeweils für sich vergegenwärtigt, aber noch nicht als zusammenfassendes Ergebnis dargestellt werden
konnten. Subjektivierende und objektivierende Beschreibung allein heben die
dualistische Trennung von Ich und Welt und von Feind und Freund nicht auf,
sondern sie vergegenwärtigen diese noch ohne Verknüpfung mit dem Sinnzusammenhang des Dramas, so daß die zu Widersprüchen führenden Verständigungs-
versuche und die Unmöglichkeit des Verstehens scheinbar motiv- und zwecklos
erscheinen mußten.

Dieser Eindruck ändert sich in dem Augenblick, da man die Verklammerung
durch die Thematik der Gassenszene und der Marionszene im ersten Akt
aufzuzeigen versucht. Es ergibt sich dann, daß sowohl in der Dantonistenszene
(I, 1) als auch in der letzten Szene dieses Aktes, dem Monolog Robespierres (I,
6), die Aufhebung der Subjekt-Objekt-Perspektive und der Zeit-Raum-Perspek-
tive noch weiter vorangetrieben wird. Die innere Verknüpfung der schon
untersuchten subjektivierenden und objektivierenden Beschreibung kann nun am
Beispiel der Verklammerung des ganzen Sinngehalts durch die erste und die
letzte Szene des ersten Aktes bestätigt werden.

In beiden zu behandelnden Szenen ist die mimetisch-statische Beschreibung
der Revolution vorherrschend. In der Dantonistenszene werden hauptsächlich
die faktischen und programmatischen Aspekte, in der Nachtszene Robespierres
vor allem die psychologische Wirkung der Revolution verdeutlicht. Schon darin
kann eine gewisse Verklammerung durch diese Szenen gesehen werden. Die
Verknüpfung ist aber eine wesentlich tiefergehende. Die historischen Gegebenheiten der Revolution kommen vorwiegend in knappen Sätzen, in Dialogeröff-
nungen und verstreut auch in anderen Szenen des ersten Aktes zum Ausdruck,
beispielsweise durch Philippeaus beschreibende Feststellung: "Heute sind wieder

zwanzig Opfer gefallen" (10, 27). Wenig später verkündet Hérault: "Die
Revolution ist in das Stadium der Reorganisation gelangt" (11, 6f.). Auch die
folgenden Sätze sind eine mimetisch-statische Beschreibung der historischen
Ereignisse:

> LACROIX. Die Sache ist einfach, man hat die Atheisten und Ultrarevo-
> lutionärs aufs Schafott geschickt; aber dem Volk ist nicht geholfen es läuft
> noch barfuß in den Gassen und will sich aus Aristocratenleder Schuhe machen
> (20, 23–26).

In solchen und ähnlichen Sätzen, die nicht alle anzuführen sind, leistet die
Wirklichkeitsbeschreibung durch die Sprache einen wesentlichen Beitrag zum
Gemälde der Revolution, das durch das Ganze des Dramas entstehen soll. Diese
Sätze stellen die Revolution aus den verschiedensten Blickrichtungen dar, denn
jeder Sprecher beurteilt die Ereignisse je nach seiner Parteizugehörigkeit. Die
beschreibende Feststellung eines Lyoners – "Der Athemzug eines Aristocraten
ist das Röcheln der Freiheit. Nur ein Feigling stirbt für die Republik, ein
Jacobiner tödtet für sie" (16, 33ff.) – zeugt von einer anderen Auffassung von
den historischen Vorgängen als der folgende Satz des Lacroix: "Die Hébertisten
sind noch nicht todt, das Volk ist materiell elend, das ist ein furchtbarer Hebel"
(25, 1f.). Diese Unterschiede der Sichtweisen werden besonders deutlich in den
Programmen der Hauptfaktionen, der Dantonisten und Jakobiner. Die Verve,
mit der Hérault und Camille das Programm der Revolution vortragen, erweckt
zunächst den Anschein, als wüßte man genau, was zu tun sei. Es stellt sich jedoch
heraus, daß das Programm lediglich von dem vagen Wunsche getragen ist, es
müsse etwas geschehen: "Die Revolution muß aufhören und die Republik muß
anfangen" (11, 8).

Die Einzelbeobachtungen – die Vollstreckung neuer Todesurteile durch die
Guillotine, die Beseitigung gegnerischer Faktionen, die Not des Volkes und der
mutmaßliche Beginn der Reorganisation – bleiben Teilerkenntnisse, die unver-
bunden nebeneinander stehen. Sie sind nicht zu einer klaren Erkenntnis des
Gesamterscheinungsbildes der Revolution zusammengefügt worden. Das revo-
lutionäre Programm entbehrt deshalb der inneren Logik und des Zieles. Auch an
Danton wird die zunehmende Richtungslosigkeit deutlich, denn seine Antwort
auf Camilles Aufforderung – "Danton du wirst den Angriff im Convent
machen" – lautet: "Ich werde, du wirst, er wird" (11, 38ff.). Dieser paradoxe
Satz verdeutlicht, daß das revolutionäre Programm nicht in einer klaren
Perspektive, sondern in den ambivalenten Haltungen einzelner gründet. Das zur
Tat aufgerufene Individuum weicht der Aufforderung, die an es ergangen ist, aus;
es versucht den Rückzug in die ambivalente und verantwortungsfreie Anonymität. In dieser Tendenz zur Aufhebung des Subjekts der Handlung darf das
erste Anzeichen einer Entwicklung zur aperspektivischen Darstellung gesehen
werden.

Eine ganz ähnliche Tendenz ist im Monolog Robespierres zu beobachten. Sie bewirkt deshalb eine tiefergehende Verklammerung des ersten Aktes durch die erste und letzte Szene. Wie in der Dantonistenszene zeigt der Ansatz auch hier eine mehrfach gebrochene Perspektive. Nicht ein Individuum stellt die Problematik der Revolution aus seiner perspektivischen Sicht dar, sondern unpersönliche, verselbständigte Gedanken sind es, die Robespierres Traumbilder hervorrufen: "Die Nacht schnarcht über der Erde und wälzt sich im wüsten Traum. Gedanken, Wünsche kaum geahnt, wirr und gestaltlos, die scheu sich vor des Tages Licht verkrochen, empfangen jezt Form und Gewand und stehlen sich in das stille Haus des Traums" (28, 28—32). In diesem Bild der Revolution kommt die gleiche Anonymität zum Ausdruck, in die sich Danton flüchten möchte. Nicht Individuen handeln, sondern amorphe Gedanken und Wünsche: "Sie öffnen die Thüren, sie sehen aus den Fenstern, sie werden halbwegs Fleisch, die Glieder strecken sich im Schlaf, die Lippen murmeln" (28, 32ff.). Da Robespierre zugleich selbst am Fenster steht, als er diese Worte spricht, gibt er eigentlich eine Selbstbeschreibung.

Wie hier Robespierre, so drückt an anderer Stelle Danton den im ganzen Drama deutlichen und in vielen Interpretationen dargestellten Leitgedanken Büchners aus: "Puppen sind wir von unbekannten Gewalten am Draht gezogen; nichts, nichts wir selbst! Die Schwerter, mit denen Geister kämpfen, man sieht nur die Hände nicht, wie im Mährchen" (41, 32—35). Beide Szenen sind Nachtszenen; beide Sprecher blicken von einem Fenster aus auf die verdunkelte Welt; in beiden Fällen wird die Zeit der Revolution durch ein Gefühl seelischer Spannung und Unsicherheit dargestellt. Doch während Robespierres Unsicherheit von der Zwiespältigkeit seines Gewissens herrührt, ist Dantons Unsicherheit mit der Ungewißheit verbunden, ob der Mensch Herr der Ereignisse ist, oder ob diese ihn beherrschen. In der Gegenüberstellung der beiden Kernsätze werden die gemeinsamen Züge der beiden Szenen deutlich:

ROBESPIERRE. ... ... Warum kann ich den Gedanken nicht los werden? Er deutet mit blutigem Finger immer da, da hin! Ich mag so viel Lappen darum wickeln als ich will, das Blut schlägt immer durch. — *Nach einer Pause*. Ich weiß nicht, was in mir das Andere belügt (28, 24—27).

DANTON. ... ... Unter mir keuchte die Erdkugel in ihrem Schwung, ich hatte sie wie ein wildes Roß gepackt, mit riesigen Gliedern wühlt' ich in ihrer Mähne und preßt' ich ihre Rippen, das Haupt abwärts gebückt, die Haare flatternd über dem Abgrund. So ward ich geschleift (41, 3—7).

In Robespierre, der nicht weiß, welcher Gedanke und welcher Wunsch Motor seiner Taten ist, und in Danton, der die Erde "wie ein wildes Roß" zu meistern meint, aber selbst "geschleift" wird, kommt die allgemeine Ungewißheit zum Ausdruck: Subjekt und Objekt, Handeln und Nichthandeln erscheinen merkwürdig ambivalent und vertauschbar. Dantons Ausweichversuch "ich werde, du wirst, er wird" (11, 39) und Robespierres erklärte Abhängigkeit von anonymen Gedankenkräften — "Die Sünde ist im Gedanken. Ob der Gedanke That wird, ob ihn der Körper nachspielt, das ist Zufall" (29, 1f.) — stellen eine Tendenz zur freiwilligen Entmachtung des Subjekts und damit die Gefahr seiner Aufhebung dar. In beiden Szenen folgt aus der Vertauschbarkeit von Subjekt und Objekt die Sinnlosigkeit der Tat. Dieser Befund folgt aus der mimetisch-statischen Beschreibung der Wirklichkeit durch die Sprache. Aus der Sicht der mimetisch-dynamischen Auseinandersetzung mit der Wirklichkeit, die Robespierre in seiner großen Rede leistet, wird sich dieses Bild wandeln.

Das ambivalente Verhältnis zwischen Subjekt und Objekt kann auch vom Objekt her nachgewiesen werden. Das Objekt der Tat geht deutlicher aus der Robespierreszene hervor als aus der Dantonistenszene. Danton bietet sich geradezu als Objekt an, wenn er Robespierres empörende Rechtschaffenheit (vgl. 26, 31f.) angreift, ihn "Policeysoldat des Himmels" (27, 14f.) nennt und ihn dann an die Proskriptionslisten erinnert: "Du darfst es [das Laster] nicht proscibiren, um's Himmelswillen nicht, das wäre undankbar, du bist ihm zu viel schuldig, durch den Contrast nämlich" (27, 28ff.). Kaum ist Danton gegangen, ist Robespierres Entschluß gefaßt:

> ROBESPIERRE *allein.* Geh nur! Er will die Rosse der Revolution am Bordel halten machen, wie ein Kutscher seine dressirten Gäule; sie werden Kraft genug haben, ihn zum Revolutionsplatz zu schleifen (28, 1—4).

Danton erscheint hier eindeutig als der Geschleifte, als passives Opfer. Im schon zitierten Traumbild von der Erdkugel dagegen (vgl. 41, 3—7) ist durchaus offengelassen, ob Danton Handelnder oder Erleidender ist. Wer oder was in dieser Szene Subjekt oder Objekt ist, läßt sich nicht mehr zweifelsfrei feststellen. Danton, der sich dem Handeln Robespierres als williges Objekt stellte, erscheint nun seinem Zugriff entzogen, denn Tatobjekt und Tatabsicht verschwimmen gleichsam in der Ambivalenz der Skrupel und Scheinbegründungen Robespierres:

> ROBESPIERRE. . . . . . . Ist's denn so nothwendig? Ja, ja! die Republik! Er muß weg. Es ist lächerlich wie meine Gedanken einander beaufsichtigen. Er muß weg. Wer in einer Masse, die vorwärts drängt, stehen bleibt, leistet so gut Widerstand als trät' er ihr entgegen; er wird zertreten (28, 10—14).

Robespierres Berufung auf die Republik und den Fortschritt, während er gleichzeitig die Herrschaft über seine Gedanken verloren hat, ist logisch nicht mehr schlüssig.

Die Ambivalenz, die darin zum Ausdruck kommt, zeigt, daß sich einmal seine zögernd gewonnene Erkenntnis auch auf sein eigenes Schicksal beziehen läßt, zum anderen, daß er selbst — wie Danton — die Fähigkeit zu handeln möglicherweise schon verloren hat und Opfer der Handlungen anderer werden könnte. Ähnlich wie Danton steht er unter dem Gesetz der Revolution, die unaufhaltsam ihre Kinder zu verschlingen droht. Robespierres Erkenntnis rechtfertigt lediglich von seiner Rollenfunktion als revolutionärer Führer her die geplante Beseitigung Dantons; die politische Auffassung Dantons ist damit nicht widerlegt. Der einzige Unterschied zwischen ihm und Danton ist die Macht, die allein in seinen Händen liegt oder deren ausführendes Organ er noch ist. Krapp hat durchaus recht, wenn er sagt, daß Danton die politischen Anschauungen Robespierres mit keinem Wort widerlege.[15] Hier läßt sich hinzufügen, daß umgekehrt dasselbe gilt, denn auch Robespierre kommt gegen die Passivität Dantons nicht an, genausowenig wie Danton seine passive Haltung auf den agierenden Robespierre zu übertragen vermag. Damit ist auch vom Handelnden her bestätigt, daß Handeln und Erleiden im revolutionären Kampf ambivalent und vertauschbar geworden sind.

Das Argument des Fortschritts, auf das Robespierre hier anspielt, erscheint aufgrund der ambivalenten Zeitauffassung der Jakobiner ebenfalls als nicht stichhaltig. Das blinde Vorwärtsdrängen der Volksmasse kann keine Rechtfertigung sein für das Zertretenwerden desjenigen, der "stehen bleibt" und sich passiv verhält; es kann allenfalls die Ursache dieses Todes sein. Die Passivität Dantons darf deshalb nicht eindeutig als die alleinige Ursache seines Untergangs bezeichnet werden. Robespierres Ausruf "Ja, ja! die Republik!" kann schon eher als Rechtfertigung gelten, sofern man darin eine Anspielung auf das Staatswohl sieht. Dieser Ausruf bleibt aber im Grunde die exklamatorische Chiffre einer Erklärung, die mit Robespierres Hinweis auf das Vorwärtsdrängen der Volksmasse nur vage angedeutet wird, denn die Auffassung, der bloße Gang der Ereignisse sei schon Fortschritt, will nicht einleuchten.

Die widerstreitenden Gedanken Robespierres, die "einander beaufsichtigen", deuten auf jeden Fall darauf hin, daß Robespierres Gewissen — entgegen seinen Behauptungen — eben nicht rein ist (vgl. 27, 1). Auch für ihn gilt das Epigramm vom Gewissen als Spiegel, "vor dem ein Affe sich quält" (27, 2f.). Psychologisch sind sich Danton und Robespierre in dieser Beziehung nicht ganz unähnlich. Das unreine Gewissen Robespierres läßt nur ein sehr unscharfes Bild des Tatobjekts entstehen, und indem sich das zur Handlung aufgerufene Subjekt Danton durch die Flucht in die Anonymität jeder Verpflichtung zum Handeln zu entziehen sucht, wird er auch als mögliches Objekt nicht mehr greifbar. So gesehen, tragen beide Individuen durch ihr ambivalentes Verhalten dazu bei, daß der anonyme Gang der Ereignisse ungehemmt weiterschreitet.

Es wurde schon darauf hingewiesen, daß sich eigentlich kein Objekt des Handelns aus der Dantonistenszene ableiten lasse. Man will die Revolution beenden, aber das Programm Camilles schließt mit der etwas seltsamen Forderung: "Der göttliche Epikur und die Venus mit dem schönen Hintern

---

15 Krapp, a.o.O., S. 125.

müssen statt der Heiligen Marat und Chalier die Thürsteher der Republik
werden" (11, 35ff.). Diese Forderung wiederholt das Versprechen der Gegenfaktion, dem Volke ein epikuräisches Leben zu bescheren. Sie scheint deshalb
eher geeignet, die Revolution zu perpetuieren, als sie zu beenden.

Gerade aus der Sicht des Epikuräismus erscheint die Forderung nach einer
neuen Staatsform, die vielleicht dem gesuchten Objekt des Handelns am
nächsten kommt, als unvereinbar mit der zuerst erwähnten Forderung. Camille
sagt zu Anfang: "Die Staatsform muß ein durchsichtiges Gewand seyn, das sich
dicht an den Leib des Volkes schmiegt. Jedes Schwellen der Adern, jedes
Spannen der Muskeln, jedes Zucken der Sehnen muß sich darin abdrücken" (11,
20ff.). Wenn damit die dem Volke in seiner Gesamtheit gemäße Staatsform
gemeint ist, so wäre nichts dagegen einzuwenden. Camille geht es aber gar nicht
um den Staat, sondern er will die Gelüste einzelner gesetzmäßig sanktionieren.
Der obszön-lüsterne Unterton seiner Worte deutet das an; er läßt auf jeden Fall
Zweifel an der politischen Ernsthaftigkeit des Redners aufkommen. Selbstver-
ständlich hat die Gestalt des Staates allen Bereichen des Lebens zu entsprechen;
sie muß den angenehmen wie den unangenehmen Seiten des Lebens gerecht
werden. Schon allein deswegen scheint es unberechtigt, wenn ein Programm den
Anspruch erhebt, lediglich das angenehme Leben im Sinne des Epikuräertums
fördern zu wollen. Genau das will Camille aber. Seine Rede gleitet ab in eine
Beschreibung des nämlichen Chaos, das die Revolution kennzeichnet. Nicht um
die Gestalt des Staates und ihre freie Verwirklichung geht es ihm, sondern um
das ungebundene Ausleben der Begierden des Leibes:

> CAMILLE. ... ... Die Gestalt mag nun schön oder häßlich seyn, sie hat
> einmal das Recht zu seyn wie sie ist, wir sind nicht berechtigt ihr ein Röcklein
> nach Belieben zuzuschneiden. Wir werden den Leuten, welche über die
> nackten Schultern der allerliebsten Sünderin Frankreich den Nonnenschleier
> werfen wollen, auf die Finger schlagen.
> Wir wollen nackte Götter, Bachantinnen, olympische Spiele und von
> melodischen Lippen: ach, die gliederlösende, böse Liebe! (11, 23−31).

Der uneingeschränkte Epikuräismus für alle scheint als staatserhaltendes
Prinzip undenkbar. Der "göttliche Epicur" und die "Venus mit dem schönen
Hintern" (11, 35) als zu verwirklichende Staatsideale stellen keinen Aktionsplan
dar, sondern eher eine demagogische und deshalb nicht realisierbare Vertröstung,
die genausowenig wie das pragmatische Töten der Jakobiner das Volk aus
Hunger und Not erlösen kann. Diese innere Widersprüchlichkeit in der Rede
Camilles und ihr rhetorisches Pathos scheinen ungeeignet, das Objekt des
Handelns aus seiner zunehmenden subjektiven Verschwommenheit herauszu-
lösen und zu definieren.

Ergaben sich in der bisherigen Untersuchung Subjekt und Objekt als
ambivalent und letztlich nicht greifbar, so zeigt sich eine ähnliche Entwicklung

zur aperspektivischen Darstellung bei der Analyse von Ort und Zeit: Beide erweisen sich als unbestimmbar und unmeßbar. Wir bleiben wieder beim Beispiel der Dantonisten- und der Robespierreszene und werden gelegentlich andere Dramenstellen hinzuziehen. Es wurde schon darauf hingewiesen, daß der Ort der ersten Szene des ersten Aktes ein Spielzimmer ist. Dieser Ort ist mehr im metaphorischen als im realen Sinne zu verstehen, denn das Drama als Spiel beginnt selbst an einem Ort, der handlungsmäßig die Aktivität des Spielens verdeutlicht. Daß dies nicht zufällig ist, zeigt die thematische Wiederaufnahme des Szenenanfangs in einem Satz gegen Ende der Rede Camilles, der gleichzeitig eine wesentliche Aussage über den Ort enthält:

CAMILLE. . . . . . . Wir wollen den Römern nicht verwehren sich in die Ecke zu setzen und Rüben zu kochen aber sie sollen uns keine Gladiatorspiele mehr geben wollen (11, 32ff.).

Dieser Satz nimmt einmal das hohle Römerpathos des Souffleurs Simon in der folgenden Szene vorweg, zum anderen spiegelt das Wort "Gladiatorspiele" den Begriff der "Guillotinenromantik" (10, 26), der die Kritik Philippeaus und Héraults an der Hoffnung der Jakobiner auslöste, diese könnten die Welt durch die Guillotine verbessern. Von diesen republikanischen Volksbelustigungen will Camille nichts wissen. Die Römer — gemeint sind die Republikaner — sollten sich "in die Ecke" setzen und sich ihre frugalen Mahlzeiten bereiten, die einem in den Zustand solcher Primitivität zurückgeführten Staat entsprächen. Durch diese Wendung weist Camille den Jakobinern einen Ort zu, der in der Vergangenheit liegt, die Simon in der Persiflage vergegenwärtigt.

Die Faktion der Dantonisten dagegen sieht ihr Ideal in der Zukunft. Den Weg dorthin will der programmatische Dialog zwischen Hérault und Camille weisen. Aber auf die Frage Dantons, wer denn "all die schönen Dinge ins Werk setzen" wolle, erwidert Philippeau: "Wir und die ehrlichen Leute." Darauf Danton: "Das *und* dazwischen ist ein langes Wort, es hält uns ein wenig weit auseinander, die Strecke ist lang, die Ehrlichkeit verliert den Athem eh wir zusammen kommen" (12, 5—9). Aus diesen Worten ist neben einem gewissen Zweifel Dantons am vorgeblichen engen Kontakt seiner Partei mit dem Volke vor allem ein Hinweis auf die Länge des Weges zu entnehmen, der bis zur Verwirklichung des Programms zu begehen sei: ". . . die Strecke ist lang." Daß das objektive Ziel des Programms, wie schon angedeutet, keineswegs offenbar ist, heißt dies nichts anderes, als daß der lange Weg ein Weg ohne Ziel ist: Der Ort des Zieles, aber auch derjenige des Ausgangspunktes bleibt unbestimmbar. Eben diesen Ort beschreibt Danton als weder hier noch dort befindlich, nämlich zwischen Tür und Angel. Danton ist der einzige, dem trotzdem der klare Blick in die Zukunft nicht verschlossen bleibt:

DANTON *zu Julie.* Ich muß fort, sie reiben mich mit ihrer Politik noch auf. *Im Hinausgehn.* Zwischen Thür und Angel will ich euch prophezeien: die Statue der Freiheit ist noch nicht gegossen, der Ofen glüht, wir Alle können uns noch die Finger dabey verbrennen (12, 19—23).

Ist für die Dantonisten der Ort ein Weg ohne Ziel, so kann er für die Jakobiner nach dem Monolog Robespierres als metaphorischer Ort bezeichnet werden. Robespierres Ausspruch, Danton wolle "die Rosse der Revolution am Bordel halten machen" (28, 1f.), aber auch Robespierres Vorausdeutung der Meinung des Volkes nach der beschlossenen Beseitigung Dantons — "Sie werden sagen seine gigantische Gestalt hätte zuviel Schatten auf mich geworfen, ich hätte ihn deßwegen aus der Sonne gehen heißen" (28, 6—9) — bedient sich der Ortsmetapher. Darin kann eine gewisse Scheu Robespierres gesehen werden, die ihm am meisten widerstrebende Libertinage Dantons und seinen eigenen Neid unverblümt beim Namen zu nennen.

Aufschlußreicher aber scheint die darin ausgesprochene Auflösung des Ortes in die Bewegung. Aus der Sicht Robespierres sind es die Dantonisten, die der Fortführung der Revolution Einhalt gebieten wollen: Danton und seine Parteigänger möchten sie "halten machen" (28, 2). Für die Jakobiner dagegen ist die revolutionäre Bewegung das "Schiff der Revolution," das nicht auf den "Schlammbänken dießer Leute" stranden dürfe (28, 15ff.). Wieder verwendet Robespierre eine Ortsmetapher, um die Gegenpartei zu beschreiben und die Weiterführung der Revolution durch die eigene Partei zu unterstreichen. Während sich Danton in Julies Schoß "unter der Erde" sieht und die Nacht des Grabes für ihn identisch ist mit einem Ort der Ruhe (vgl. 9, 30ff.), so sagt Robespierre: "Die Nacht schnarcht über der Erde und wälzt sich im wüsten Traum" (28, 28f.). Auch hier steht das Bild der Ruhe dem Bild der Bewegung gegenüber. Die Nacht ist für Robespierre Sinnbild unheimlicher, die Erde verändernder Kräfte. Die Nacht hat sich gleichsam aus ihrer abstrakten Dinghaftigkeit herausgehoben und sich zum konkret handelnden Subjekt verselbständigt: Der Ort erscheint in die Bewegung aufgelöst. Da aber Robespierre jegliche Veränderung dem Zufall zuschreibt (vgl. 29, 2), so bleibt ihr Ansatzpunkt und Ort unbestimmbar "über der Erde," verborgen in dieser metaphorischen Umschreibung.

Dem metaphorischen Ort entspricht im Monolog Robespierres die unbestimmbare psychische Zeit. Schon die Auffassung Robespierres, das Wachen sei bloß "ein hellerer Traum," und seine Frage "sind wir nicht Nachtwandler, ist nicht unser Handeln, wie das im Traum, nur deutlicher, bestimmter, durchgeführter?" (28, 35ff.) deutet durch das Verschwimmen der Sphären die mangelnde Greifbarkeit und Differenzierung der Gedanken und Handlungen an. "In einer Stunde," so heißt es (28, 38), konzipiere der Geist eine so große Vielfalt von Handlungen, daß diese selbst im Verlauf von Jahren nicht in praktisches Tun umzusetzen seien. Die genau angegebene Zeit von einer Stunde wird dadurch völlig nebensächlich, denn ihr Inhalt ist nicht faßbar. Zeitlich verstanden, entwickelt sich die Revolution zwar in die Zukunft, aber das Ausmaß ihres Fortschreitens ist am psychischen Zeitbegriff nicht meßbar. Es überrascht deshalb nicht, wenn bei den Dantonisten der Eindruck entsteht, man wolle sie in eine rückläufige zeitliche Entwicklung hineindrängen:

HERAULT. Sie möchten uns zu Antediluvianern machen. St. Just säh' es nicht ungern, wenn wir auf allen Vieren kröchen, damit uns der Advokat von Arras nach der Mechanik des Genfer Uhrmachers Fallhütchen, Schulbänke und einen Herrgott erfände (10, 33—37).

Diese rhetorisch übertriebene Zeitauffassung ist freilich auch psychisch begründet, doch bleibt die drohende Rückentwicklung eines Teils der Menschheit in eine halbtierische Vorzeit ein reales Schreckgespenst. Das Programm der Dantonisten vermag dieser Gefahr nur wenig entgegenzusetzen. Danton und seine Freunde zeigen sich außerstande, die Zeit zu nutzen, weil ihnen das Gefühl für die Gegenwart fehlt. Sie sind weder in der Lage, das Programm in die Tat umzusetzen, noch vermögen sie die Handlungen ihrer Gegner richtig zu beurteilen. Galt für die Jakobiner die Ambivalenz der psychischen Zeit, so erscheint den Dantonisten die Zeit ohne Inhalt:

DANTON. ... ... Nach einer Stunde werden sechzig Minuten verflossen seyn. Nicht wahr mein Junge?

CAMILLE. Was soll das hier? das versteht sich von selbst.

DANTON. Oh, es versteht sich Alles von selbst ... (12, 1—5).

Der Nachklang dieses Gedankens findet sich in den ersten Sätzen des zweiten Aktes. Camilles Aufforderung — "Rasch Danton wir haben keine Zeit zu verlieren" — kann Danton nur mit der resignierenden Feststellung beantworten: "Aber die Zeit verliert uns" (31, 9f.). Die Zeitlosigkeit, die hier aus der Auflösung der Perspektive folgt, wird sich in der wirkungsgeschichtlichen Analyse der Zitate als eine der drei Zeitschichten des Dramas *Dantons Tod* erweisen.

3. DIE AUFLÖSUNG DER PERSPEKTIVE

Der bisherige Gang der Untersuchung sollte zeigen, daß die Beschreibung der Wirklichkeit sowohl Subjekt und Objekt als auch Raum und Zeit ambivalent werden läßt. Subjekt und Objekt erscheinen vertauschbar; Handeln und Erleiden, Ursache und Wirkung, Programm und Verwirklichung sind logisch nicht mehr klar zu unterscheiden. Raum und Zeit erscheinen unbestimmbar; beide Dimensionen zeigen Auflösungstendenzen; die mehrfach gebrochene Perspektive entwickelt sich zur Aperspektive jenseits und außerhalb räumlicher und zeitlicher Bezüge. Die mimetisch-statische Haltung beschreibt die Wirklichkeit, ohne sich mit ihr auseinanderzusetzen. Ihre Aussage war Selbstbeschreibung dieser Wirklichkeit, nicht Stellungnahme zu ihr.

In diesem Abschnitt soll verdeutlicht werden, wie Büchner die bisher nur als Tendenz evident gewordene Auflösung der Perspektive als vollzogen darstellt, indem er von der Widersprüchlichkeit der Zeit zur Frage nach ihrem Verhältnis zur geschichtlichen Wirklichkeit gelangt. Damit tritt die Betrachtung des zweiten Aktes von *Dantons Tod* in den Mittelpunkt. Wir beginnen mit einer Analyse der bürgerlichen Vorstellung vom Fortschritt der menschlichen Gesellschaft, gehen dann über zu einer Darstellung der Widersprüchlichkeiten, die daraus auf der Seite der Dantonisten entstehen, und schließen mit einer Untersuchung des Zeitproblems am Beispiel der philosophischen Gottesbeweise.

Das jeder Revolution immanente Problem des Fortschritts wurde schon zu Beginn des Kapitels erläutert. Es erscheint wieder in der Vorstellung Camilles, daß keine Zeit zu verlieren sei (vgl. 31, 9). Camille denkt dabei an die unverzügliche Verwirklichung des von ihm entwickelten Programms, dessen Ziel sich als unrealisierbar ergab. Dantons Gegenrede kann deshalb diese Vorstellung als Illusion entlarven, indem sie einen ersten Widerspruch in der Zeit am Beispiel der Langeweile und der Wiederholung gleicher Tätigkeiten darstellt:

DANTON. . . . . . Das ist sehr langweilig immer das Hemd zuerst und dann die Hosen drüber zu ziehen und des Abends in's Bett und Morgens wieder heraus zu kriechen und einen Fuß immer so vor den andern zu setzen, da ist gar kein Absehens wie es anders werden soll. Das ist sehr traurig und daß Millionen es schon so gemacht haben und daß Millionen es wieder so machen werden und, daß wir noch obendrein aus zwei Hälften bestehen, die beyde das Nämliche thun, so daß Alles doppelt geschieht. Das ist sehr traurig (31, 11—19).

So verstanden, muß das Fortschreiten der Zeit als Illusion aufgefaßt werden: Die Zeit, ihres Inhalts beraubt, scheint stillzustehen. Was Danton unter den "zwei Hälften" versteht, ist nicht ganz deutlich. Vielleicht meint er, daß der Mensch einerseits sein Tun für sinnvoll halten möchte, andererseits aber weiß, daß es sinnlos bleiben muß, weil das Fortschreiten der Zeit eine Einbildung ist.

Diese beiden Verhaltensweisen wären dann vergleichbar mit dem Satz Robespierres: "Ich weiß nicht, was in mir das Andere belügt" (28, 27). Auch hier scheint diese Haltung im ambivalenten Verhältnis des Menschen zu sich selbst begründet zu sein. Doch während Danton das gleichartige Tun der beiden "Hälften" zu erkennen glaubt, bleibt diese Erkenntnis für Robespierre durch die Zwiespältigkeit seines Denkens noch verborgen. Ähnlich verhält es sich mit dem Problem des Fortschritts. Danton ist sich der Widersprüchlichkeit seines Fortschrittsgedankens sehr wohl bewußt; er durchschaut sie. Seine Freunde dagegen, die Jakobiner und das Volk, erkennen diese Paradoxie nicht. Die Erkenntnis der Langeweile und der Wiederholung des Gleichen im angeführten Zitat enthält deshalb schon im Kern die ganze Widersprüchlichkeit des Fortschrittsgedankens. Büchner verdeutlicht diese dann in der Promenadenszene (II, 2) als den Widerspruch zwischen dem sittlichen Niedergang der Gesellschaft und dem aufklärerisch-bürgerlichen Fortschrittspathos.

Die mimetisch-statische Sprache dieser Szene läßt das Gesagte als eine Selbstbeschreibung des Bürgertums erscheinen. Die ersten drei Teilszenen sind nach dem gleichen Schema aufgebaut: Dreimal schlägt das bürgerliche Pathos ins Anzügliche und Obszöne um, bekräftigt durch die obszönen und blasphemischen Bemerkungen Dantons. In der letzten Teilszene manifestiert sich dann im Fortschrittspathos eine Weltsicht, die sich ihrer gefährdeten Lage und ihrer inneren Widersprüchlichkeit nicht mehr bewußt ist.

Bürgerliche Wertvorstellungen liegen der pathetischen Bekanntmachung des Bürgers zugrunde, wenn er sagt: "Meine gute Cornelia hat mich mit einem Knäblein erfreut" (34, 6f.). Aber schon in Simons lapidarem Kommentar "Hat der Republik einen Sohn geboren" (34, 8) liegt eine deutliche Ernüchterung. Diese verstärkt sich in den Erwägungen über die Namensgebung. "Nützliches" und "Rechtliches" (34, 22) — typisch bürgerliche Wertbegriffe — spielen dabei eine Rolle. Hier offenbart sich das Bemühen, einem bestimmten Verhältnis zur Zeit Ausdruck zu verleihen.

Gerade dieses Bemühen erscheint aber fragwürdig, wenn Simon das wahre Verhältnis der Bürgerwelt zur Zeit entlarvt: "Ich sage dir, die Brust deiner Cornelia, wird wie das Euter der römischen Wölfin, nein, das geht nicht, Romulus war ein Tyrann; das geht nicht" (34, 28ff.). Der Umschlag ins Anzügliche deutet das Mißverhältnis des Bürgertums zur Zeit an, denn sein Ideal ist eine Zeit in der Vergangenheit. Geradezu obszön endet die zweite Teilszene, nämlich mit dem Soldatenlied und der unvermittelten Darstellung sexueller Gelüste durch Danton (vgl. 35, 30—36). Das Mißverhältnis zur Zeit kommt hier durch den Streit um die bürgerlich-ehrbare Kleidung zum Ausdruck, den der Bettler mit einem "ein Lumpen thut's auch" (35, 7) ausklingen läßt.

In der dritten Teilszene schließlich stehen sich das romantisierende Naturpathos aus der Vergangenheit und die moralische Desillusionierung der Gegenwart antithetisch gegenüber. Auch dieses Mißverhältnis zwischen Natur und

Moral ist eigentlich Ausdruck eines gestörten Verhältnisses zur Zeit. Während Madame von Natur und Tugend schwärmt, wird ihre Tochter Eugenie vom jungen Herrn über die tatsächlichen sittlichen Verhältnisse aufgeklärt:

> MADAME. Der Duft einer Blume, dieße natürlichen Freuden, dießer reine Genuß der Natur!
> *Zu ihrer Tochter.* Sieh, Eugenie, nur die Tugend hat Augen dafür (36, 1ff.).
> . . . .
> JUNGER HERR. Der alte Herr geht neben bey, er sieht das Knöspchen schwellen und führt es in die Sonne spazieren und meint er sei der Gewitterregen, der es habe wachsen machen (36, 11ff.).

In diesem Dialog stehen Moral und obszöne Anspielung noch deutlicher als in den Vorszenen mit der Zeit in Zusammenhang. Daß Blumenduft und Naturgenuß kein Monopol der Tugend sind, scheint gewiß. Im Satz der Madame handelt es sich einfach um einen überholten Tugendbegriff. Im zweiten Zitatteil dagegen ist der obszöne Gehalt ursächlich durch ein Spielen mit der Zeit bedingt, denn nicht der alte Herr war zu einem bestimmten Zeitpunkt der "Gewitterregen," der das Knöspchen schwellen ließ, sondern ein anderer. Dantons Reaktion auf dieses gezierte Gerede ist blasphemisch. Er meint, "der Himmel müsse bersten und die Erde müsse sich wälzen vor Lachen" (36, 19ff.).

In der vierten Zeilszene wird das Mißverhältnis der Gesellschaft zur Moral und zur Zeit unter dem Gesichtspunkt des Fortschritts zusammenfassend beleuchtet. Das Unernste und Affektierte dieser Unterhaltung zweier Herren wird einmal dadurch deutlich, daß sie um die Welt des Theaters kreist und vom chaotischen Geschehen in der gesellschaftlichen Wirklichkeit keine Notiz nimmt; zum anderen wird das bürgerliche Fortschrittsideal durch den Kontrast zwischen dem pathetischen Gerede von der hohen Bestimmung der Menschheit und dem Umstand ironisiert, daß sie eher mit Riesenschritten einer Katastrophe entgegeneilt:

> ERSTER HERR. Ich versichre Sie, eine außerordentliche Entdeckung! Alle technischen Künste bekommen dadurch eine andere Physiognomie. Die Menschheit eilt mit Riesenschritten ihrer hohen Bestimmung entgegen (36, 22ff.).

Das revolutionäre Chaos und der augenscheinliche Niedergang der Sitten sprechen eine andere Sprache. Das Mißverhältnis zur Zeit, das diese beiden Bürger kennzeichnet, läßt den Weg in die Zukunft mindestens so unsicher erscheinen, wie dies angesichts der Pfütze im Verlauf der Szene zum Ausdruck kommt (36, 29—37). Die Idee des Fortschritts erweist sich als Illusion. Darin liegt eine Bestätigung der Zeitauffassung Dantons als einer inhaltlosen Langeweile und einer sinnlosen Wiederholung des Gleichen. Der Fortschritt, von dem hier die Rede ist, stellt bestenfalls ein Treten auf der Stelle dar. Die Zeit steht still; es scheint keinen Fortschritt zu geben. Die mimetisch-statische Selbstdarstellung des Bürgertums zeigt, daß die Gesetzmäßigkeit der Moral nicht aus sich selbst, sondern aus deren Verhältnis zum Phänomen der Zeit zu begreifen ist. Die bürgerliche Fortschrittsidee führt sich deshalb selbst ad absurdum.

Auch der Programmrede St. Justs vor dem Convent (II, 7) liegt die Vorstellung von einer notwendigen Entwicklung der Menschheit zugrunde. Im Gegensatz zu den Dantonisten, die den Fortschritt moralisch begründen wollen, geht St. Just von der Gesetzmäßigkeit der Natur aus. Der Stillstand der Zeit, der die bürgerliche Fortschrittsidee charakterisierte, erscheint hier in die Bewegung aufgelöst. Indem sich St. Justs Darstellung eng an die ununterbrochene Ereignisfolge in der Natur anlehnt, entsteht der Eindruck der Zeitraffung. Erwies sich die Zeit in der Unterhaltung der beiden Herren als im Zeichen eines Pathos der Unwahrhaftigkeit stehend, denn das Reden vom Fortschritt enthüllte die Überzeugung von seinem Fehlen, so steht die Zeit in der Rede St. Justs unter dem Gesichtspunkt eines Pathos der Zwangsläufigkeit:

ST. JUST. Es scheint in dießer Versammlung einige empfindliche Ohren zu geben, die das Wort *Blut* nicht wohl vertragen können. Einige allgemeine Betrachtungen mögen sie überzeugen, daß wir nicht grausamer sind als die Natur und als die Zeit. Die Natur folgt ruhig und unwiderstehlich ihren Gesetzen, der Mensch wird vernichtet, wo er mit ihnen in Conflict kommt. Eine Veränderung in den Bestandtheilen der Luft, ein Auflodern des tellurischen Feuers, ein Schwanken in dem Gleichgewicht einer Wassermasse und eine Seuche, ein vulkanischer Ausbruch, eine Überschwemmung begraben Tausende. Was ist das Resultat? Eine unbedeutende, im großen Ganzen kaum bemerkbare Veränderung der physischen Natur, die fast spurlos vorübergegangen seyn würde, wenn nicht Leichen auf ihrem Wege lägen (45, 16—29).

In der Behauptung St. Justs, die Jakobiner wollten nicht grausamer sein als die Natur und als die Zeit, kommt seine ganze demagogische Heuchelei zum Ausdruck; denn indem St. Just "die moralische Natur in ihren Revolutionen" (45, 30) mit den Umwälzungen der "physischen Vulkane oder Wasserfluthen" (45, 37) gleichsetzt, erscheint der Bereich der Sitte auf der gleichen Ebene wie der Bereich der unkontrollierbaren, rücksichtslosen und amoralischen Natur. Da diese Auffassung als Freibrief für jegliche Grausamkeit in der sozialen Sphäre anzusehen ist, deren Ausmaß die Grausamkeit der Natur bei weitem übertrifft, gilt im Gegensatz zur Behauptung St. Justs, daß die Jakobiner nicht nur ebenso grausam wie die Natur, sondern grausamer als diese sind. In den Augen St. Justs muß folglich eine langsame Entwicklung der Gesellschaft als widersinnig gelten, während eine raschere Entwicklung selbst den millionenfachen Tod zu rechtfertigen scheint:

Die Schritte der Menschheit sind langsam, man kann sie nur nach Jahrhunderten zählen, hinter jedem erheben sich die Gräber von Generationen. Das
Gelangen zu den einfachsten Erfindungen und Grundsätzen hat Millionen das
Leben gekostet, die auf dem Wege starben. Ist es denn nicht einfach, daß zu
einer Zeit, wo der Gang der Geschichte rascher ist, auch mehr Menschen
außer Athem kommen? (46, 1—8).

Die berechtigte Frage, weshalb denn eigentlich der Gang der Geschichte jetzt
"rascher" sei, legt sich St. Just wohlweislich nicht vor. Obwohl er selbst sagt, daß
"weder ein Einzelner, noch eine geringere oder größere Klasse von Individuen"
(46, 12f.) Vorrechte besitzen dürfe, setzt er eben diese für seine Faktion als
naturgegeben voraus und macht die Jakobiner zu Vollstreckern der Naturgesetz-
lichkeit. Er und Robespierre sind deshalb als "Fanatiker der Humanität"[16]
bezeichnet worden. St. Just fährt fort:

Jedes Glied dießes in der Wirklichkeit angewandten Satzes hat seine Menschen
getödtet. Der 14. Juli, der 10. August, der 31. May sind seine Interpunctionszeichen. Er hatte vier Jahre Zeit nöthig um in der Körperwelt durchgeführt zu
werden, und unter gewöhnlichen Umständen hätte er ein Jahrhundert dazu
gebraucht und wäre mit Generationen interpunctirt worden. Ist es da so zu
verwundern, daß der Strom der Revolution bey jedem Absatz, bey jeder
neuen Krümmung seine Leichen ausstößt? (46, 13—21).

Ein tieferer Sinn hinter dieser Zeitraffung von einem Jahrhundert auf vier
Jahre ist nicht zu erkennen. Da St. Just keine Begründung dafür gibt, muß sich
das quantitativ gemessene Fortschreiten der Zeit ad absurdum führen. Diese
Sätze bleiben demagogische und rhetorisch verbrämte Versuche, die Guillotinierungen zu entschuldigen. In diesem Bemühen scheut sich St. Just nicht, auf die
mythische Verwandtschaft zwischen Tötung und Verjüngung anzuspielen, wenn
er sagt: "Die Revolution ist wie die Töchter des Pelias; sie zerstückt die
Menschheit um sie zu verjüngen" (46, 29f.). Während aber Medea absichtlich
vergaß, die Zauberkräuter beizumischen, als die Peliastöchter ihren auf Medeas
Anraten zerstückelten und vergeblich auf seine Verjüngung wartenden Vater
kochten, bleibt St. Just nur die Hoffnung, daß sich die Menschheit aus dem
"Blutkessel" der Revolution (46, 31) verjüngt erheben werde.

Im Gegensatz zur mythischen Medea kennen die rational-pragmatischen
Jakobiner keine Zaubermittel, um sich gegenüber den blinden Naturgesetzen
behaupten zu können. Auch diese Rede St. Justs bestätigt im Grunde den Satz
Dantons: "Wir haben nicht die Revolution, sondern die Revolution hat uns
gemacht" (32, 18f.). St. Just und seine Genossen sind also tatsächlich grausamer
als die Natur und als die Zeit mit ihren "Interpunctionszeichen;" denn während

---

16 Hermann Boeschenstein, *Deutsche Gefühlskultur*, Bd. II (Bern, 1966), S. 147.

Natur und Zeit "ruhig und unwiderstehlich" (45, 20) ihrer Gesetzmäßigkeit folgen, schaffen sich jene ihre eigenen Gesetze des Handelns. Wird der Zeitablauf in der von St. Just geforderten Weise beschleunigt, so werden in Wahrheit mehr Menschen getötet als durch das ruhige, stetige Fortschreiten von Natur und Zeit. Die Scheinbegründung St. Justs gipfelt in der Aufforderung an den Convent, "dießen erhabenen Augenblick" (46, 37) mit den Jakobinern zu teilen. Die vermeintliche Erhabenheit dieses Augenblicks aber steht in scharfem Gegensatz zur Grausamkeit jener vier Jahre, welche seine Parteigänger verschuldet haben. Darin kommt die innere Paradoxie der Zeit zum Ausdruck.

Wenn sich die Zeit gleichzeitig im Stillstand und in der Bewegung befindet, wenn sie tötet und verjüngt, Fortschritt und Wiederholung des Gleichen, Erhabenheit und Grausamkeit zugleich bedeutet, dann liegt die Überlegung nahe, daß sich diese Widersprüchlichkeiten unter dem Gesichtspunkt der Ewigkeit aufheben. Der Begriff der Ewigkeit schließt die Aufhebung der Perspektive ein, denn die stillstehende Zeit (Augenblick) und die datierbare Bewegung der Zeit (Zeitverlauf) erscheinen in ihr als in die Unendlichkeit gedehnte, datenlose Zeit. Diese Zeit vermag auch den Raum nicht mehr als 'Zeitraum' zu bestimmen. Es erhebt sich die Frage, ob deshalb aus der aperspektivischen Zeit das zeit- und raumlose Nichts folgt, oder ob die Ewigkeit immerhin noch als Zeitbegriff zu erfassen ist. Im letzten Falle wäre dann die aperspektivische Wahrung aller Zeitarten und damit sogar die Zeitlosigkeit als ein Aspekt des Ganzen der Zeit gegeben, nicht deren Aufhebung im Nichts.

Der Philosoph Payne möchte die Nichtexistenz Gottes beweisen. Seine Gedanken sind hier nur insofern wichtig, als sie im Zusammenhang mit dem Phänomen der Zeit stehen. Die Frage nach dem philosophischen Standpunkt Paynes soll deshalb unberücksichtigt bleiben. Es wird von folgender Überlegung ausgegangen: Gerade weil jeder der vier Gottesbeweise Paynes – Gott als Schöpfer am Anfang der Zeit, Gott als Ursache, Gott als Inbegriff der Vollkommenheit und als Inbegriff der Moral – eine Paradoxie darstellt, also für sich genommen eine Nichtlösung ausdrückt, sagen alle Paradoxien zusammen möglicherweise eine Wahrheit aus, die es zu finden gilt. Payne beginnt sein eigentliches Argument mit der zeitbezogenen Behauptung, daß Gott die Welt nicht geschaffen haben könne, "denn entweder ist die Schöpfung ewig wie Gott, oder sie hat einen Anfang." Er fährt dann fort: "Ist Letzteres der Fall so muß Gott sie zu einem bestimmten Zeitpunkt geschaffen haben, Gott muß also nach dem er eine *Ewigkeit* geruht einmal thätig geworden seyn, muß also einmal eine *Veränderung* in sich erlitten haben, die den Begriff *Zeit* auf ihn anwenden läßt, was beides gegen das Wesen Gottes streitet" (47, 13–20).

So gesehen, läßt erst eine Veränderung der Ewigkeit die Zeit entstehen. Ist dieser Anfang der Zeit nicht feststellbar, so gäbe es keine Zeit – oder das, was man Zeit nennt, müßte etwas anderes sein. Man könnte der Beantwortung dieser Frage dadurch näherkommen, daß man zwischen quantitativ meßbarer Zeit und qualitativ ermeßbarer Zeit unterscheidet. Payne versucht diese Unterscheidung nicht. Seine Anwendung des Begriffs der Zeit auf Gott muß in seinem Argument im Widerspruch zum Wesen Gottes stehen, weil Payne dieses mit der Schöpfung als Anfang der Zeit verbindet, also die Zeit quantitativ versteht.

Diese Zeitauffassung scheint der hier nur angedeuteten materialistisch-atheistischen Grundhaltung Paynes zu entsprechen. Es wäre möglich, den sogenannten Anfang der Zeit selbst als Teil der Ewigkeit aufzufassen, als eine neue qualitative Manifestation der Zeit — in ähnlicher Weise etwa, wie nach Payne die Schöpfung für Spinoza ein Attribut Gottes ist (vgl. 47, 30). Da Payne zu diesem Analogieschluß nicht kommt, wäre festzuhalten, daß der Thomas Payne Büchners noch ganz in der quantitativen Zeitauffassung verhaftet ist. Vielleicht muß deshalb der Gottesbeweis aus der Schöpfung, die als Anfang der Zeit erscheint, eine Paradoxie bleiben. Für Payne scheint es außerdem undenkbar, daß es eine "himmlische Majestät" geben könne, "wenn der liebe Herrgott in jedem von uns Zahnweh kriegen, den Tripper haben, lebendig begraben werden oder wenigstens die sehr unangenehmen Vorstellungen davon haben kann" (47, 33—37). Payne kann sich vor allem nicht vorstellen, daß dahinter ein genauer Zeitplan zu vermuten sei.

Merciers Einwand — "Aber eine Ursache muß doch da seyn" (47, 38) — leitet über zu einem zweiten Widerspruch in der Zeit, der bereits in Paynes Gewißheit zum Ausdruck kommt, "daß die Welt oder unser Ich wenigstens vorhanden ist" (47, 21f.). Das Vorhandensein des Menschen scheint die Frage nach der Ursache seines ersten Auftretens zu erübrigen. Deshalb verbindet Payne die Frage nach der Ursache mit der Paradoxie der Vollkommenheit Gottes: "Wie wollen Sie denn aus einer unvollkommnen Wirkung auf eine vollkommne Ursache schließen?" (48, 5f.). Merciers Frage weist in dieselbe Richtung: "Kann eine vollkommne Ursache eine vollkommne Wirkung haben d.h. kann etwas Vollkommnes, was Vollkommnes schaffen?" (48, 11ff.). Dies ist die gleiche Paradoxie, die Kierkegaard beschäftigte und die darin besteht, daß Gott sich in begrenzten menschlichen Erscheinungen manifestieren müsse, die seiner unbegrenzten Vollkommenheit nicht entsprechen können. Daraus entwickelt Payne sein überzeugendstes Argument:

> PAYNE. . . . . Man kann das Böse leugnen, aber nicht den Schmerz; nur der Verstand kann Gott beweisen, das Gefühl empört sich dagegen. Merke dir es, Anaxagoras, warum leide ich? Das ist der Fels des Atheismus. Das leiseste Zucken des Schmerzes und rege es sich nur in einem Atom, macht einen Riß in der Schöpfung von oben bis unten (48, 34—39).

Aus dem Vorhandensein des Ichs und des Schmerzes, der das Merkmal der Unvollkommenheit ist, glaubt Payne die Nichtexistenz Gottes bewiesen zu haben. Der vierte Widerspruch, die Paradoxie der Moral — "Erst beweist ihr Gott aus der Moral und dann die Moral aus Gott" (49, 2f.) — klingt zunächst wie eine

Ergänzung zur dritten Paradoxie. Sie geht aber insofern über diese hinaus, als sie zugleich eine unbeabsichtigte Selbstkritik Paynes darstellt. Wendet man den Satz von der Moral auf seine Hauptthese an, so könnte man Zweifel erheben, ob es sinnvoll ist, das Vorhandensein der Zeit aus dem Anfang der Schöpfung und zugleich das Nichtvorhandensein der Zeit aus einem Ewigkeitszustand abzuleiten. Aber Payne will sich weder auf die eine noch die andere Lösung festlegen. Soviel scheint gewiß: Das Vorhandensein der Zeit erscheint in Abhängigkeit von der Ablehnung oder Annahme der These Paynes, daß es keinen Gott gibt. Trotz der Reduktion der Attribute Gottes auf das Nichts bleibt die Paradoxie der Existenz Gottes bestehen (vgl. 49, 14–18). Das gleiche gilt für die Widersprüchlichkeiten der Zeit.

Büchners Darstellungsweise ist eine Vergegenwärtigung paradoxaler Nichtlösungen. Beide Denkmöglichkeiten — das Vorhandensein und das Nichtvorhandensein der Zeit — stellt Büchner in *Dantons Tod* dar, ohne daß ersichtlich ist, welche Auffassung er selbst teilt. Die mimetisch-statische Sprache, die sich weder für die eine noch für die andere Möglichkeit zu entscheiden braucht, enthält immer beide Lösungen und vergegenwärtigt damit aperspektivisch die ganze ungelöste Zeitproblematik wie auch die ungelösten Gottesbeweise, anstatt eine Lösung zu erzwingen, wo es keine geben kann. Krapp hat dies am Beispiel der Tragik Dantons sehr treffend herausgearbeitet, indem er sagt: "Dantons Tragödie ist nicht darin begründet, daß seine revolutionäre Idee zurückbleibt hinter der geschichtsnotwendigen Konsequenz der Idee Robespierres, sondern darin, daß er sie überhaupt nicht vertritt."[17] Diese resignative Haltung Dantons hängt eng zusammen mit der Art der dramatischen Mimesis Büchners. Seine realistische Darstellungsweise ist dadurch gekennzeichnet, daß er die sich widersprechenden Standpunkte der beiden Kontrahenten weder als falsch noch als richtig erscheinen läßt. Büchner vergegenwärtigt beide als mögliche Handlungs- und Denkmodelle, jedoch ohne sie zu bewerten. Dies ist diejenige mimetische Haltung, die wir als integralen Realismus bezeichnen.

17 Krapp, a.o.O., S. 127.

4. NAIVER UND INTEGRALER REALISMUS

Es wurde davon ausgegangen, daß die Sprache durch den Vorgang des Beschreibens eine mimetisch-statische Wiedergabe der Wirklichkeit leistet. Büchner stellt diesen Aspekt der Wirklichkeit dar, indem er die historischen Ereignisse und philosophischen Ideen unverändert und gleichsam ohne Kommentar wiedergibt, so wie er sie in seinen Quellenwerken vorfand. Wir haben gesehen, daß seine Darstellung dabei eine deutliche Tendenz zur Entzeitlichung und Enträumlichung aufweist, eingeleitet durch eine schrittweise Auflösung der Perspektive. Diese Tendenz deutet an, daß andere Aussagen sich nicht ausschließlich auf die geschichtliche Lage nach der Französischen Revolution beziehen werden, die das Drama darstellt. Es wäre falsch, in alledem nur eine Wiederholung der Widersprüchlichkeiten und Ausweglosigkeiten zu sehen, als welche jene Jahre dem Historiker erscheinen mögen. Auch stellt Büchner nicht unbedingt eine Sinnentleerung der Wirklichkeit dar, selbst wenn er keine klaren Lösungen der genannten Widersprüche sieht. Indem er diese Nichtlösungen bis in alle Einzelheiten dialogisch abhandelt, kann er mehr leisten als der Historiker oder der Dramatiker, der sich für die Richtigkeit einer Interpretation entschieden hat. Das wird deutlich, wenn Büchner die Selbstaufhebung des Gottesbegriffs im Nichts (Payne) oder das Nichtvorhandensein der Zeit (Danton) dramatisch zwingend zu beweisen scheint. Bei näherer Untersuchung erweisen sich diese Lösungen als Scheinlösungen, denn kurz vor dem antizipierten quod-erat-demonstrandum bleiben sie den letzten, schlüssigen Beweis schuldig. Andere mögliche Lösungen dieser Probleme schwingen stets unterschwellig mit, die sich aber nie einer bestimmten, möglicherweise für Büchners eigene Haltung — etwa seinen "Nihilismus" — typischen Lösung unterordnen lassen. In gewissem Sinne spiegelt sich hierin das für *Dantons Tod* charakteristische Formprinzip der parataktischen Beiordnung im Inhaltlichen wider. Eine zweifelsfreie Wahrheitsaussage liegt auf dieser Stufe noch nicht vor, denn eine Integrierung des Sinngehalts des Dramas wird durch die Beschreibung der Wirklichkeit allein noch nicht geleistet. Erst eine Analyse der mimetisch-dynamischen Auseinandersetzung mit der Wirklichkeit wird verbindliche Aussagen über die historische Wahrheit des ganzen Dramas gestatten.

Diese Beobachtungen erlauben nun eine Abgrenzung des integralen Realismus gegenüber dem Realismusbegriff der historischen Betrachtungsweise. Man kann diejenige Betrachtungsweise als naiv bezeichnen, die sich auf eine Sprachleistung im Drama, beispielsweise die mimetisch-statische beschränkt und alle anderen Leistungen der Sprache dieser einen unterordnet. Ein solcher methodisch enger Ansatz kann zwar begrenzt zu recht aufschlußreichen Ergebnissen führen, doch sollte dann nicht vergessen werden, daß damit nicht das ganze Panorama der historischen, sozialen und politischen Umstände der Zeit erfaßt werden kann. Der eigentliche Nachteil einer solchen Methode besteht aber darin, daß sie weder dem Dichter eine kritische, möglicherweise den Ergebnissen der Historiographie widersprechende Auseinandersetzung mit den Quellentexten zugesteht, noch diesen eine eigene Wirkungsgeschichte. Eine Methode, die historisch relativierend vorgeht, geht ihres Bewußtseins vom eigenen historischen Standpunkt verlustig. Dieses Phänomen hat Gadamer in dem Satz zusammengefaßt: "Die Naivität des sogenannten Historismus besteht darin, daß er sich einer solchen Reflexion entzieht und im Vertrauen auf die Methodik seines Verfahrens seine eigene Geschichtlichkeit vergißt."[18] Die historische Betrachtungsweise glaubt genau zu wissen, was der Dichter eigentlich darzustellen habe, nämlich die ihr zugänglichen und für sie verbindlichen Tatsachen, deren chronologische Reihenfolge die Geschichtsschreibung festgelegt hat. Dies bedeutet, daß sie, mit allein der Chronologie und den Fakten als Maßstab, den zeitlosen Aussagen des Textes nur selten, wenn überhaupt gerecht werden kann. Widersprüche und Nichtlösungen im Drama müssen sich dem Zugriff der historischen Betrachtungsweise weitgehend entziehen, denn sie vermag nur aus ihrer historischen Perspektive heraus in der entsprechenden Zeitschicht im Drama Lösungen festzustellen und sie zu bewerten. Daher wird paradoxerweise oft gerade ein historisches Drama von der historischen Betrachtungsweise verkannt — insofern nämlich, als die mit ihr verbundene Verengerung des Gesichtskreises wichtige Einzelheiten außer Acht läßt. Entscheidende Aspekte der historischen Wahrheit, die als Ganzes ja nicht nur auf den Tatsachen beruht, sondern sich auch im Ungesagten, in Widersprüchen und Nichtlösungen manifestieren kann, bleiben ihr unzugänglich.

Hier deutet sich am konkreten Beispiel die Gefahr an, die Gadamer mit dem Satz charakterisiert: "Der Text, der historisch verstanden wird, wird aus dem Anspruch, Wahres zu sagen, förmlich herausgedrängt."[19] Genau dieser Anspruch ist es, den historisch ausgerichtete Arbeiten bürgerlicher wie marxistischer Prägung aufgrund ihrer Gemeinsamkeiten in dieser Hinsicht eigentlich nicht erfüllen können. Versteht man dagegen die Aufgabe einer Textinterpretation darin, daß sie dem Werk eine Gelegenheit zu geben hat, "Wahres" sagen zu können, so läßt sich daraus ein Einwand ableiten, der für die Mehrzahl der historisch, zeitgeschichtlich oder gesellschaftskritisch begründeten Arbeiten über *Dantons Tod* gilt. Die meisten dieser Untersuchungen behandeln nämlich das Drama als einen historischen Text, der sich nur in seiner ästhetischen Form, nicht aber in seinem Inhalt von Werken der Geschichtsschreibung unterscheidet. Entweder verstehen seine Interpreten die Wahrheitsaussage des Dramas unter dem Gesichtspunkt der "Wirklichkeitstreue,"[20] oder sie deuten die Realismusauffassung Büchners als "vormarxistischen"[21] beziehungsweise als "plebejisch-

---

18 Gadamer, a.o.O., S. 283.
19 ibid., S. 287.
20 So z.B. bei Viëtor, *Georg Büchner: Politik, Dichtung, Wissenschaft*, a.a.O., S. 118 et passim.
21 Dymschitz, a.o.O., S. 108.

demokratischen Realismus."[22] In jedem Falle liegt eine enge Bindung an bestimmte soziologische und ideologische Grundauffassungen vor. Indem die historische Betrachtungsweise Büchners verstreute Äußerungen zur Ästhetik in ihrem Sinne umdeutet, unterschiebt sie ihnen eine ähnliche naive Wirklichkeitsauffassung wie diejenige, mit der sie selbst an das Drama herantritt.[23]

Die Frage, ob Büchners Vorstellung von der darzustellenden Wirklichkeit naiv genannt werden darf, ist zu verneinen. Sie ist vor allem deshalb nicht naiv, weil sie durch seine Absicht gekennzeichnet ist, sich mit der Aussage historischer Quellentexte und seiner eigenen gesellschaftlichen Wirklichkeit auseinanderzusetzen. Die folgende Behauptung Viëtors könnte deshalb mißverstanden werden: "Büchner ist voller Ehrfurcht, man könnte sagen: er ist fromm dem Wirklichen gegenüber."[24] Wenn damit gemeint ist, daß Büchners Ehrfurcht vor der Wahrheit größer war als sein angeblich blindes Vertrauen in die Geschichtsschreibung, dann wäre Viëtor beizupflichten. Folgt aber seine Behauptung aus der stillschweigenden Annahme, daß sich Büchner ausschließlich der mimetisch-statischen Darstellungsweise bediente und sich niemals — auch nicht bei der Übernahme von Quellentexten — mimetisch-dynamisch mit der Wirklichkeit auseinandersetzte und seine Zitate entsprechend veränderte, so müßte dieser Auffassung widersprochen werden.

·

22 Mayer, a.o.O., S. 150.
23 So spricht beispielsweise Theodor W. Adorno in seinem Aufsatz "Erpreßte Versöhnung; zu Georg Lukács' 'Wider den mißverstandenen Realismus'," *Der Monat,* XI, cxxii (November 1958), S. 46, von Lukács' "Neo-Naivität."
Ähnlich weist Richard Brinkmann, *Wirklichkeit und Illusion* (Tübingen, 1957), darauf hin, daß "der übliche Begriff des Realismus im Sinne einer 'getreuen' Aufnahme der tatsächlichen Wirklichkeit in die Dichtung" einer "naiven Gegenstandsvorstellung" entspreche (S. 309).
24 Viëtor, a.o.O., S. 118.

DRITTES KAPITEL
VERÄNDERUNG DER HISTORISCHEN WIRKLICHKEIT: ZITATE UND ZEITSCHICHTEN IN "DANTONS TOD"

1. ZITAT UND WIRKUNGSGESCHICHTE

Literatur nährt sich von Literatur. Ein Versuch, diese Erkenntnis an einem bestimmten Text konkret nachzuweisen, hält sich an die mehr oder weniger wörtliche Übernahme von Wörtern, Wortfeldern, Sätzen und ganzen Satzfolgen aus den mutmaßlichen Quellentexten in den neuen Textzusammenhang. Als Ergebnisse erscheinen dabei die einwandfrei feststellbaren Entsprechungen zwischen Quellentext und neuem Kontext sowie alle dazwischenliegenden Grade der sprachlichen Veränderung durch den Zitierenden.

Der Zweck einer Quellenstudie wird gewöhnlich dann als erfüllt betrachtet, wenn die vorher nur vermutete Herkunft der einzelnen Zitate bewiesen ist. Dieses Ziel, das die Bemühungen der Quellenforschung in den meisten Fällen beendet, ist der Ausgangspunkt unserer Untersuchung des Zitatproblems in *Dantons Tod*.

Wir bezeichnen ein Zitat als ein Textelement, dessen Herkunft aus anderen Texten an seiner Sprache erkennbar ist. Eine bloße Sinnentsprechung ist noch kein Zitat. Die mehr oder weniger wörtliche Übereinstimmung eines echten, seiner Herkunft nach bekannten Zitats mit seiner Quelle bleibt beim Sinnzitat ein Mutmaßen über seine Herkunft. Hier berührt sich das Suchen nach literarischen Einflüssen mit dem Analysieren des konkret nachweisbaren Zitats.[1]

Die vorliegende Darstellung des Zitatproblems in *Dantons Tod* hält sich fast ausschließlich an das echte Zitat; sie ist analytisch, nicht spekulativ. Daß vieles Konjektur bleiben muß, hängt mit der Natur der Sache zusammen. Außerdem werden wir uns nicht davon abhalten lassen, gelegentlich auch eine Reihe von Zitaten zu betrachten, die mit dem Text des Dramas nur wirkungsgeschichtlich und nicht im Hinblick auf eine bestimmte, nachweisbare Quelle zusammenhängen. Wir stützen uns vor allem auf die von Karl Viëtor und Richard Thieberger mit positivistischer Akribie zusammengetragenen Aufstellungen der

---

1 Zwei neuere Beiträge beschäftigen sich mit möglichen literarischen Einflüssen auf *Dantons Tod*: Peter Michelsen, "Büchner und Wieland," *Archiv für das Studium der neueren Sprachen und Literaturen*, CXVII (1960), S. 135—137, versucht den Nachweis zu führen, daß Büchner Wielands *Agathon* sowie den *Agathodämon* gekannt habe. Es wird zu zeigen sein, daß die fragliche Briefstelle vom "Perillusstier" (*BW*, 379) nicht auf Wieland, sondern auf Schiller zurückgeht.

Auch dem Quellenhinweis von Elisabeth Frenzel, "Mussets 'Lorenzaccio' — ein mögliches Vorbild für 'Dantons Tod'," *Euphorion*, LVIII (1964), S. 59—68, wird ein sehr viel glaubhafter nachweisbares Zitat aus Feuerbachs *Todesgedanken* gegenüberzustellen sein.

Mutmaßungen über mögliche Einflüsse enthält auch der zweite Teil der wichtigen Quellenstudie von Adolf Beck, "Unbekannte französische Quellen für 'Dantons Tod' von Georg Büchner," *Jahrbuch des Freien Deutschen Hochstifts* (1963), S. 489—538 (besonders S. 527ff.).

seither bekannten Quellenzitate.[2] Einige neuere Quellenfunde durch Adolf Beck[3] und andere werden dabei gelegentlich hinzugezogen. Das wesentlich Neue unseres Vorgehens liegt darin, daß hier zum ersten Mal in der Büchner-Forschung nicht nur die historiographischen Quellenzitate und Selbstzitate, sondern auch eine möglichst große Anzahl von Zitaten zusammenhängend behandelt werden, die nicht historiographischer Art sind. Diese stammen vor allem aus philosophischen, literarischen, volksliedhaften und biblischen Textzusammenhängen.

Es genügt deshalb nicht mehr, ein Zitat lediglich dadurch zu definieren, daß es sich in seinem neuen Textzusammenhang durch seine Sprache hervorhebt. Diese Definition ist daher zu präzisieren. Wir gehen dabei wieder davon aus, daß die Sprache nicht nur die historische Wirklichkeit beschreiben, sondern diese auch verändern kann. Diese Veränderung manifestiert sich auf zweifache Weise, nämlich einmal in der Veränderung der sprachlichen Aussage eines Zitats, zum anderen in der daraus resultierenden Veränderung der Aussage der entsprechen-

---

[2] Karl Viëtor, "Die Quellen von Büchners Drama 'Dantons Tod'," *Euphorion*, XXXIV (1933), S. 357—379 (im Folgenden zitiert als Q*V*), eine Zusammenstellung der aus folgenden Werken stammenden Zitate: Thiers, M.A., *Histoire de la Révolution Française* (Paris, 1823—27); Mignet, A.F., *Histoire de la Révolution Française*, 2. Ausgabe (Paris, 1824); Mercier, Louis Sébastien, *Le nouveau Paris*, 6 Bde. (Paris, [1799]; Riouffe, Honoré, *Mémoires sur les Prisons*, Bd. I (Paris, 1823); Strahlheim, Karl, *Unsere Zeit oder geschichtliche Übersicht der merkwürdigsten Ereignisse von 1789 bis 1830 . . .* (Stuttgart, 1826—30), letzteres Werk zitiert als *UZ*, alle anderen Quellenwerke unter den Namen der jeweiligen Verfasser.

Die gleichen Quellen und Zitate sind mit geringen Abweichungen und einigen Ergänzungen angeführt bei: Richard Thieberger, *Georges Büchner: La mort de Danton; publiée avec le texte des sources et des corrections manuscrites de l'auteur* (Paris, 1953), im Folgenden zitiert als Q*T*.

Die neueste Quellenuntersuchung — in der Form zweier 'vorläufiger Mitteilungen' — stammt von Thomas Mayer: "Zur Revision der Quellen für 'Dantons Tod' von Georg Büchner (I)," *Studi Germanici*, VII (1969), S. 287—336; "dto. (II)," ibid. IX (1971), S. 223—233.

Mayer behandelt alle in dieser und der folgenden Anmerkung genannten Quellen und kann eine Reihe neuer Funde anführen. Er hat sich zum Ziel gesetzt, eine weitere, bisher noch nicht ermittelte Hauptquelle nachzuweisen. In teilweiser Ergänzung der in der vorliegenden Arbeit verwendeten Zitate, die vor allem in den Zitatensammlungen von Viëtor, Thieberger und Beck angeführt sind, nennt Mayer eine Vielzahl von historiographischen Parallelzitaten und eine Fülle von Konjekturen, die hier nicht mit einzubeziehen sind. Sollte Mayers Suche nach dem möglichen "missing link" einer neuen Hauptquelle von Erfolg gekrönt werden, so steht zu erwarten, daß sich das Verhältnis zwischen Zitaten und Dramentext noch weiter zugunsten der nachgewiesenen Zitate verschieben wird (vgl. Anmerkung 25 in diesem Kapitel).

[3] Adolf Beck, a.o.O., S. 498ff. (im Folgenden zitiert als Q*B*), weist unter anderem folgendes Werk als historisches Quellenmaterial nach: *Collection des Mémoires rélatifs à la Révolution Française* (Paris/Bruxelles, 1825), darin besonders: "Causes Secrètes de la journée du 9 au 10 thermidor an II" (zitiert als *Causes*). Dieses Werk wurde nach den Erinnerungen Vilates zusammengestellt.

Eine vollständige Inhaltsangabe findet sich bei: Richard Thieberger, "Situation de la Büchner-Forschung (I)," *Etudes Germaniques*, XXIII (1968), S. 258.

den Szene und damit des ganzen Dramas. Während die beschreibende Darstellung der historischen Wirklichkeit aus einer einfachen oder mehrfachen Perspektive oder aus einer aperspektivischen Sicht heraus erfolgen kann, also eine mimetisch-statische Erfassung der Wirklichkeit bewirkt, ist die wirklichkeitsverändernde Darstellung der Wirklichkeit der mittelbare Ausdruck einer mimetisch-dynamischen Auseinandersetzung mit ihr. Beide mimetischen Haltungen finden in *Dantons Tod* ihren Ausdruck. Während die mimetisch-statische Haltung die Wirklichkeit weitgehend so beläßt, wie sie der Betrachter wahrnimmt, erscheint die Wirklichkeit durch die mimetisch-dynamische Darstellungsweise als verändert. Die Sprache gestaltet die Wirklichkeit, die sie vorher nur beschrieb. Höllerer spricht in diesem Zusammenhang zu Recht von der "Veränderung eines statischen Textes in einen 'zeigenden' Text." Er gibt das folgende Beispiel (wir stellen Quelle und Dramentext gegenüber):

Seit zwei Tagen kennt das Tribunal Danton; morgen hofft er im Schoße des Ruhms zu entschlummern (*QT,* 48; *QT,* 375).	Jezt kennt ihr Danton — noch wenige Stunden, und er wird in den Armen des Ruhmes entschlummern (54, 19f.).

Höllerer bemerkt dazu: "Schon diese 'geringfügigen' Änderungen bewirken das Air in Büchners Sätzen, das über historisches Konstatieren dahingeht." Das ist durchaus richtig gesehen. Allerdings erklärt der Hinweis, die Sprache nehme hier "Energien" auf, " 'die im Wort nicht mehr zu fassen sind,' " die tatsächliche Sprachleistung noch nicht.[4]

Die Sprachleistung des Zitats im modernen Roman ist von Herman Meyer feinfühlig untersucht worden.[5] Vergleichbare Untersuchungen zum Zitatproblem im Geschichtsdrama fehlen. Eine Feststellung Werner R. Lehmanns wird deshalb zum eigentlichen Ansatzpunkt unserer Analyse. Er sagt: "Was das literarische Zitat als Strukturelement bedeutet und leistet, wird bei Büchner im Hinblick auf das Drama gründlich zu erörtern sein."[6] Dies betrachten wir als unsere Aufgabe.

Dazu sind zunächst einige methodische und begriffliche Erläuterungen notwendig. Grundsätzlich betrachten wir das Zitatproblem, wie schon zuvor das Realismusproblem in *Dantons Tod,* im Zusammenhang mit dem Problem der Zeit, die als ein wesentliches Strukturmerkmal des Geschichtsdramas bezeichnet wurde. Wenn Meyer den "Reiz des Zitats in einer eigenartigen Spannung zwischen Assimilation und Dissimilation" sieht, so sind das ästhetische Kate-

---

4 Walter Höllerer, "Büchner: 'Dantons Tod'," in: *Das deutsche Drama vom Barock bis zur Gegenwart,* Bd. II, 2. Aufl., hrsg. von Benno von Wiese (Düsseldorf, 1960), S. 65—88 (die zitierten Beispiele und Sätze auf S. 85f.).
5 Herman Meyer, *Das Zitat in der Erzählkunst* (Stuttgart, 1961).
6 Werner R. Lehmann, *Textkritische Noten: Prolegomena zur Hamburger Büchner-Ausgabe* (Hamburg, 1967), S. 10 (im Folgenden zitiert als *Noten*).

gorien.[7] Hier dagegen wird die Spannung nicht nur ästhetisch, sondern vor allem als eine Spannung zwischen verschiedenen Zeitschichten verstanden. Wir sprechen in diesem Zusammenhang von einer *temporischen Spannung*. Dieser Spannungsbegriff ist dreistufig zu verstehen und folgt aus unserer Definition der drei Arten der Gleichzeitigkeit; er unterscheidet sich damit grundsätzlich vom Begriff der *dramatischen Spannung*, auf den Peter Pütz die Funktion der Zeit im Drama zurückführt. In der vorliegenden Untersuchung geht es um mehr als um eine bloße "Aufhebung der Zeit" am Ende eines Dramas.[8]

Die historische Betrachtungsweise sieht den Dramentext und die darin aufgenommenen Zitate in ihrem Verhältnis zu den tatsächlichen historischen Ereignissen; sie bewertet das Geschichtliche, wie es im Drama erscheint, durch einen Vergleich des tatsächlichen Ganges der Historie mit seiner dramatischen Darstellung. Dramentext und Zitate sind für sie nur insofern von Wichtigkeit, als darin die Geschichte in gleichzeitiger Entsprechung zum Drama wiedererscheint. Diese Auffassung ist durchaus berechtigt, aber sie gilt in Wahrheit nur für die historiographischen Zitate, auf die man bisher das Hauptaugenmerk richtete. In der überwiegenden Mehrzahl aller Bemerkungen zum Zitatproblem in *Dantons Tod* in der Büchner-Forschung kommt deshalb diese vorherrschende Betrachtungsweise zum Ausdruck. Durch sie wird jedoch nur eine Zeitschicht des Dramas, nämlich die stoffliche Schicht der historischen Ereignisse erfaßt, während die dreischichtige Zeitstruktur unberücksichtigt bleibt.

In ganz ähnlicher Weise wird aus diesem Grunde die sprachliche Veränderung der Zitate übersehen, die ebenfalls für dieses Drama typisch ist und die auch das Verhältnis der Zeitschichten zueinander als verändert erscheinen läßt. Die Erklärung dafür mag darin liegen, daß die historische Betrachtungsweise nur zwischen Wirklichkeitstreue und poetischer Wahrheit unterscheiden kann. Die Wahrheitsaussage des Dramas, die erst aus der Berücksichtigung aller drei Zeitschichten zu folgern wäre, sieht die tatsachenbezogene Betrachtung eigentlich nicht. Einige Beispiele bestätigen die Auffassung, daß die historische Wahrheit nicht aus dem Vergleich zwischen Quelle und Drama, zwischen

---

[7] Meyer sagt dazu: "Es verbindet sich eng mit seiner neuen Umgebung, aber zugleich hebt es sich von ihr ab und läßt so eine andere Welt in die eigene Welt des Romans hineinleuchten" (a.o.O., S. 12).
Nach unserer Auffassung ist diese "andere Welt" im historischen Drama nicht die Welt des ästhetischen Scheins; auch genügt dort nicht die Erkenntnis, daß die Zitate "in übergreifende Zusammenhänge gestalthafter Art hineingestellt werden und in diesen eine wesentliche Aufgabe erfüllen" (a.o.O., S. 11). Im Typus des büchnerschen Geschichtsdramas sind auch die gestalthaften Zusammenhänge temporisch bestimmt.
[8] vgl. Peter Pütz, *Die Zeit im Drama. Zur Technik dramatischer Spannung* (Göttingen, 1970), S. 225—229.

historischen Tatsachen und ihrer dichterischen Darstellung folgen kann.[9] Wir lassen die Widersprüchlichkeiten in diesen Beispielen vorerst auf sich beruhen.

Die drei Zeitschichten in *Dantons Tod* wurden als die Schicht der historischen Ereignisse, die Schicht der historisch wirksamen Ideen und als die Schicht zeitloser Aussagen bezeichnet. Die Zitatarten in diesem Drama entsprechen nicht nur diesen drei Zeitschichten, man darf auch annehmen, daß die Zitate diese selbst darstellen. Es kann deshalb unterschieden werden zwischen ereignisbezogenen, ideenbezogenen und zeitlosen Zitaten.

Die ereignis- und ideenbezogenen Zitate stammen aus der engeren und weiteren Zeitgenossenschaft Büchners. Es ist aufschlußreich, daß die Hauptquellenwerke der ereignisbezogenen oder historiographischen Zitate für Büchner unmittelbar zeitgenössisch waren: Das Geschichtswerk von Thiers erschien 1823–27 und das Kompendium *Unsere Zeit* von 1826–30. Die ideenbezogenen Zitate dagegen finden sich in einem weiteren Zeitraum verteilt in Hegels *Phänomenologie des Geistes* (1807) und in Werken der Dichtung Tiecks (1826), Schillers (1780–83) und Goethes (1808–31) sowie Shakespeares (1603). Eine zeitliche Sonderstellung nehmen die *Todesgedanken* Ludwig Feuerbachs ein (1830). Vielleicht hängt damit auch die Anzahl der Zitate aus dieser bisher unbekannten philosophischen Quelle zusammen.

Der zeitliche Horizont weitet sich von wenigen Jahren (ereignisbezogene Zitate) auf Jahrzehnte und fast schon Jahrhunderte aus (ideenbezogene Zitate). Zusammen mit der Erweiterung des zeitlichen Horizonts — und das ist bedeutsam — findet eine graduelle Abnahme des Tatsachengehalts statt. Ob und

---

[9] So will beispielsweise McGlashan untersuchen, "inwieweit Büchner von der vorgezeichneten Gestalt des geschichtlichen Danton abweicht" (a.o.O., S. 54). Ähnlich historisch verfahren drei andere Interpreten, doch gelangen sie zu recht widersprüchlichen Ergebnissen.

Bei Claude David, "Danton von Büchner aus gesehen," in: Wolfgang Martens (Hrsg.), *Georg Büchner; Wege der Forschung*, Bd. LIII (Darmstadt, 1965), S. 323–333, heißt es: "es sind dieselben Gegensätze, die Thiers dem historischen Danton verleiht. Danton wirkt unbeteiligt, gelangweilt, untätig . . ." (S. 331).

Ronald Peacock, "Eine Bemerkung zu den Dramen Georg Büchners." ibid., S. 360–372, sagt dagegen von Danton: ". . . er ist dem Drama aufgepfropft und stellt allenfalls eine Karikatur des historischen Danton dar. Es ist Büchners privater Danton" (S. 363).

Roy C. Cowen, "Grabbe's 'Napoleon,' Büchner's 'Danton,' and the Masses," *Symposium*, XXI (1967), S. 316–323, geht noch weiter, wenn er sagt: "If we accept the real and implied conflicts between Robespierre and Danton as the most 'dramatic' moments of the play, then we must admit that the drama is essentially ahistorical" (S. 321).

Einerseits wird der historischen Quelle eine uneingeschränkte Autorität eingeräumt — etwa bei Eva Friedrich, wo es heißt: "Büchners Menschen gehen zugrunde an Thiers Ereignissen" (a.o.O., S. 15) — andererseits ist mindestens seit Bergemanns Ausgabe bekannt, daß Büchner sich über einzelne Fakten in den Quellen sehr wohl hinwegsetzt und "gegen die historische Wahrheit verstößt, wenn er den in seine zweite Frau Verliebten [Danton] noch zur Zeit dieser Ehe zu Grisetten gehen läßt," wenn er Louise Gély in Julie umbenennt und sie im Widerspruch zur Quelle dem Gatten in den Tod vorausschickt (*BW*, 640f.). Schon König kennt allerdings den historischen Namen Julies (a.o.O., S. 14). Trotzdem sagt Peacock emphatisch: "Auf jeden Fall änderte er [Büchner] die Fakten nicht . . ." (a.o.O., S. 368).

in welchem Umfang damit auch eine Veränderung der dramatischen Wirkung und der temporischen Leistung des Zitats verknüpft ist, bleibt festzustellen.

Im Falle der Zitate, die das Element der Zeitlosigkeit in das Drama einführen und die als dritte Hauptgruppe zu behandeln sind, erstreckt sich der zeitliche Horizont bis in mythische und alttestamentarische Zeiten und ist nach Jahrhunderten und Jahrtausenden zu bemessen. Als zeitlose Zitate bezeichnen wir Textteile, die aus der volksliedhaften und biblischen Überlieferung stammen. Weder der genaue zeitliche Ursprung noch der Ort der Quelle läßt sich hier außer bei einer Reihe von Bibelzitaten mit Sicherheit feststellen. Die Liedzitate weisen mit Ausnahme des Schinderhannesliedes, das um 1800 entstanden ist, auf einen unbestimmten Ursprung, der Jahrhunderte zurückliegen mag.[10]

Unsere Bemerkungen zur historischen Betrachtungsweise und zu ihren modifizierten Anwendungen auf das Zitatproblem in *Dantons Tod* schließen mit der Feststellung, daß die sprachliche Leistung der nach Herkunft und Inhalt als ereignisbezogene, ideenbezogene oder zeitlose Zitate bezeichneten Textelemente unter dem Gesichtspunkt der in ihnen und durch sie wirksamen temporischen Spannung erfolgen muß. In dieser Erkenntnis liegt ein erster Hinweis auf den noch zu definierenden Begriff der Wirkungsgeschichte.

Zuvor ist aber zu untersuchen, ob auch die ästhetische Betrachtungsweise im Hinblick auf das büchnersche Geschichtsdrama zu modifizieren ist. Die rein ästhetische Betrachtung eines Geschichtsdramas tendiert dahin, seinen historischen Stoff und seine eigene Geschichtlichkeit zu ignorieren. Es wäre deshalb im Sinne unseres Themas nicht ganz angebracht, die Zitate in *Dantons Tod* etwa nur auf ihre ästhetische Funktion im Werkganzen zu untersuchen. Ob das im Falle irgendeines Geschichtsdramas überhaupt sinnvoll sein kann, sei dahingestellt. Wenn Werner R. Lehmann im Zusammenhang mit seiner Edition der Werke Büchners darauf hinweist, daß es nicht genügt, "sich dem Büchnerschen Text nur ästhetisch betrachtend und deutend zuzuwenden,"[11] so gilt das auch für unsere Fragestellung.

Die ästhetische Betrachtungsweise belegt die sprachlichen Veränderungen der Zitate mit den Begriffen der stilistischen Umformung oder der Stilisierung. Da hier keine Stilanalyse unternommen werden soll, müssen wir uns gegen dieses ästhetische Verständnis der wirklichkeitsverändernden Sprache abgrenzen. Es soll deshalb eine Kritik des Begriffs der Stilisierung am Beispiel des schon zitierten Werkes von Helmut Krapp versucht werden, der dreimal von Büchners

---

[10] Der Einwand scheint berechtigt, daß das Sammeln von Volksliedern noch zu Büchners Zeit betrieben wurde, so von den Brüdern Stöber, mit denen Büchner befreundet war. Wichtig ist jedoch nicht der Zeitpunkt der Aufzeichnung, sondern die zeitliche Unbestimmbarkeit ihrer Herkunft.

[11] Werner R. Lehmann, "Prolegomena zu einer historisch-kritischen Büchner-Ausgabe," in: *Festschrift für Christian Wegner* (Hamburg, 1963), S. 192 (im Folgenden zitiert als *Prolegomena*).

Technik der "Stilisierung" spricht.[12] Krapp vergleicht die gleiche Zitatstelle wie
Höllerer von den "Armen des Ruhmes," in denen Danton entschlummert (vgl.
54, 19f.). Zwar erkennt Krapp sehr wohl die Unterschiede in der "Dimension der
Zeit," doch kommt er zu folgendem Schluß: "Die Repliken hier wie dort sind
bei gleichem Inhalt verschieden in ihrer sprachlichen Qualität. Vielleicht läßt sich
dies Phänomen bezeichnen als die feine Differenz von Aussage- und Ausdruckscharakter der Sprache."[13] Der Begriff der sprachlichen Qualität ist nicht ohne
weiteres gleichzusetzen mit dem der Sprachleistung, obwohl beide, ästhetisch
verstanden, in einem engen Zusammenhang stehen. Hierin kommt vielmehr der
Unterschied zum Ausdruck zwischen der rein ästhetischen Fragestellung, die auf
das Wie der Darstellung gerichtet ist, und der Frage nach dem Was, die auf das
Erkennen der temporischen Veränderungen abzielt. Für uns besteht der
Unterschied nicht zwischen dem Aussage- und Ausdruckscharakter der Sprache,
sondern zwischen der ästhetischen und der temporischen Sprachleistung. Damit
bewegen wir uns über den ästhetischen Bereich hinaus, jedoch nicht, indem wir
ihn ignorieren, sondern indem wir ihn in unsere integrierende Betrachtungsweise
einbeziehen. Diese steht deshalb nicht im Widerspruch zur ästhetischen
Betrachtung, sondern sie will etwas anderes, Ergänzendes nachweisen.

Auch die sprachlichen Veränderungen eines anderen Zitats sind durch den
Begriff der "Stilisierung" nur unzureichend beschrieben. Krapp stellt gegenüber:

Schwangere Weiber starben aus Mangel an Hülfe. *"So viel Mühe weniger für den Scharfrichter,"* sagte Billaud-Varennes, wenn man nicht um die Erlaubnis bat, einen Arzt in das Gefängnis holen zu lassen (*QT,* 49; *QV,* 375–376).

SCHLIESSER. In St. Pelagie liegen Gefangne im Sterben, sie verlangen einen Arzt.

BILLAUD. Das ist unnöthig, *so viel Mühe weniger für den Scharfrichter.*

SCHLIESSER. Es sind schwangere Weiber dabey.

BILLAUD. Desto besser, da brauchen ihre Kinder keinen Sarg (57, 16–21).[14]

Daß die Sprache des veränderten Zitats "notwendig einer anderen Ausdrucks-
qualität"[15] angehört, ist nicht zu bestreiten. Sehr viel wichtiger aber scheint die
temporische Veränderung des beschreibenden Quellentextes, der über das
Geschehene in der Vergangenheit berichtet ("starben," "sagte"), in eine Aussage

---

12 Krapp, a.o.O., S. 52, 54 und 75.
13 ibid., S. 54–55.
14 Die Hervorhebungen in Quellen- und Dramenzitaten in diesem Kapitel geschehen zur
Verdeutlichung der Entsprechungen zwischen Quelle und Drama. Hervorhebungen der
Autoren werden beibehalten und durch Angabe des Autors in eckigen Klammern
ausgewiesen.
15 Krapp, a.o.O., S. 53.

in der Gegenwart ("liegen," "verlangen"). Hier wird Vergangenes gegenwärtig. Die historischen Ereignisse werden im Drama durch die Sprache in die Gleichzeitigkeit mit den Passagen gehoben, die Büchner selbst hinzudichtet. Diese Vergegenwärtigung der Vergangenheit kann als Versuch Büchners verstanden werden, die geschichtliche Vergangenheit zu deuten. Es liegt daher weder eine Trivialerkenntnis noch eine unkritische Behauptung in den Worten Fritz Werners: "Büchners Wendung zum historischen Stoff ist zugleich die Hinkehr zu seiner eigenen Gegenwart."[16] Das historische Bewußtsein mißversteht aber die Formulierung als eine Aufforderung festzustellen, "wie es eigentlich gewesen."[17] Dies bedeutet, daß der Text des Dramas von vornherein historiographisch gewertet wird, bevor seine eigene Aussage zu Wort gekommen ist. Das ästhetische Bewußtsein dagegen hält diesen Satz für irrelevant, denn es geht ihm einzig und allein darum, evident zu machen, auf welche Weise der Dichter seiner Auffassung Ausdruck verleiht. Das Beispiel Krapps und auch die Bemerkungen von Walter Jens zeigen, daß wir in unserer Fragestellung anders vorgehen müssen.[18]

Es wäre verfehlt, einfach einem Kompromiß das Wort zu reden, etwa durch ein historisches oder ästhetisches Vorgehen 'von Fall zu Fall.' Wir gehen vielmehr davon aus, daß ein Text, der historiographische und nichthistoriographische Zitate aus der Vergangenheit in die Gegenwart hebt, eine integrierende Betrachtungsweise zu fordern scheint, die beiden Aspekten gerecht wird. So wie Büchners Zitatübernahmen *seine* wirkungsgeschichtliche Auseinandersetzung mit den Quellentexten darstellen, so erfolgt unsere Deutung dieses Phänomens von *unserem* wirkungsgeschichtlichen Standpunkt aus. Die wirkungsgeschichtliche Sichtweise fragt nach der Leistung der Strukturelemente eines Textes und hebt die Absolutheitsansprüche des historischen und des ästhetischen Bewußtseins auf, indem es diese integriert.

Die wirkungsgeschichtliche Betrachtungsweise vermeidet damit sowohl die Naivität des autonom gewordenen historischen Bewußtseins als auch die zur Werkimmanenz tendierende Enge des autonom gewordenen ästhetischen Bewußtseins: "Es ist *das wirkungsgeschichtliche Bewußtsein,* worin sich beide in ihrer wahren Grundlage zusammenfinden."[19] Diese Auffassung liegt unserer

---

16 Werner, a.o.O., S. 169.

17 Ranke, a.o.O., S. vii.

18 Auf den Zusammenhang zwischen temporischer Leistung und dramatischer Wirkung des Zitats geht Walter Jens nicht ein. Er sagt in seinem Vortrag "Poesie und Medizin; Gedenkrede für Georg Büchner," *Neue Rundschau,* LXXV (1964), S. 266–277: "Büchner — das wurde von Viëtor bis zu Höllerer, Krapp und Baumann immer wieder gezeigt — hatte einen genialen Sinn für die Ergiebigkeit des Zitats und die Strahlkraft leicht veränderter, im fremden Kontext plötzlich auftauchender 'Geflügelter Worte' " (S. 276). Es wird zu untersuchen sein, worauf diese "Strahlkraft" zurückzuführen ist.

19 Gadamer, a.o.O., S. 323 (Hervorh. von Gadamer).

Untersuchung des Zitatproblems in *Dantons Tod* zugrunde, wie auch schon das zu Anfang aufgestellte Prinzip der temporischen Spannung wirkungsgeschichtlich zu verstehen ist.

Die erste, vorläufige Definition des Zitats lautete: Ein Zitat ist ein Textelement, dessen Herkunft aus anderen Texten an seiner Sprache erkennbar ist. Die zweite, genauere Definition lautet: Ein Zitat ist ein wirkungsgeschichtlich zu verstehendes Textelement, dessen sprachliche Leistung im Text des Dramas in einer noch zu klärenden Weise mit der temporischen Spannung zwischen altem und neuem Text zusammenhängt. Konkret meinen wir hiermit das Verhältnis zwischen dem abnehmenden historischen Tatsachengehalt (vom ereignisbezogenen über das ideenbezogene zum zeitlosen Zitat) und dem sich erweiternden zeitlichen Horizont (vom historiographischen über das philosophische, literarische und volksliedhafte bis zum biblischen Zitat).

Das Zitatproblem in *Dantons Tod* ist mit der bloßen Feststellung der Zitatquellen ebensowenig gelöst wie durch den Vergleich von Quellentext und Zitatwortlaut und der Bezeichnung des Vorgangs der Zitatübernahme als sogenannter *Textmontage*. Werner R. Lehmann weist mehrfach auf die in dieser Hinsicht von der Büchner-Forschung noch zu leistende Arbeit hin.[20] Gerade das Problem der Wirkungsgeschichte ist bisher nur vereinzelt berücksichtigt worden. Es scheint deshalb angebracht, die "Verkennung dieser wirkungs- und werkgeschichtlichen Zusammenhänge"[21] zu vermeiden.

Die ausschließliche Verwendung des Begriffs der Textmontage kann zu dieser Verkennung führen. Weitaus die meisten Zitate in *Dantons Tod* sind nämlich nicht — wie Fertigteile in der Technik — 'montiert,' das heißt ohne Veränderung ihres Wortlauts in den neuen Textzusammenhang übernommen, sondern sie sind vorher sprachlich verändert worden. Eine echte Textmontage wie die folgende stellt in *Dantons Tod* durchaus eine Ausnahme dar:

"Hören Sie die Klingel nicht?" fragte der Präsident (*QT*, 48; *UZ*, 111).

HERRMANN *schellt. Hören Sie die Klingel nicht?* (54, 6).

Auch die unveränderte Übernahme eines Wortes oder eines Begriffs kann als Textmontage bezeichnet werden, so beispielsweise der metaphorische Ausdruck "Schiff der Revolution" in diesem Zitat:

Das *Schiff der Revolution* kann durch ein Blutmeer sicher in den Hafen laufen (*QT*, 40; *UZ*, 234).	Wir werden das *Schiff der Revolution* nicht auf den seichten Schlammbänken dießer Leute stranden lassen, wir müssen die Hand abhauen, die es zu halten wagt und wenn er es mit den Zähnen packte! (28, 15—18).

20   vgl. Lehmann, *Noten*, S. 8 und 9.
21   vgl. Lehmann, *Prolegomena*, S. 206.

Eine Reihe von ähnlichen Beispielen ließe sich anführen. Wieviel gerade die Montage eines einzigen Wortes für das Verstehen der Aussage in wirkungsgeschichtlicher Sicht bedeuten kann, hat Werner R. Lehmann am Beispiel des Wortes "Mahomet" — "Er ist ein impotenter Mahomet" (59, 29) — überzeugend gezeigt.[22] Die überwiegende Mehrzahl der Zitate aber weist mannigfaltige sprachliche Veränderungen auf. Büchner paßt die Zitate in den Text des Dramas ein: Er adaptiert sie. Jede Übersetzung ist schon eine solche Adaption, eine Anpassung an den Text des Dramas. Dieser Aspekt ist wichtiger als bisher berücksichtigt, sind doch Büchners historiographische Hauptquellen meist französischsprachige Texte. Der Adaptionsvorgang schließt die stilistische Umformung ebenso ein wie die inhaltliche Umgestaltung, die Verwendung einzelner Zitate an anderen Stellen (gelegentlich für andere Personen als im Quellenwerk) und die Veränderung der temporischen Spannung durch die Sprache. Wir stellen den Vorgang der *Zitatadaption* auch deshalb dem schon erwähnten Vorgang der *Zitatmontage* gegenüber, weil unter Adaption sowohl der Vorgang des (sprachlichen) Anpassens als auch die vollzogene Anpassung des Zitats und seine Eingliederung in den Dramentext zu verstehen ist. Unter Montage oder gar unter einer "Manipulation mit den Quellen"[23] kann vieles verstanden werden, jedoch nicht die für Büchners Zitattechnik typische Veränderung und Eingliederung der Zitate.

Die stilistische Umformung zeigt sich beispielsweise, in Verbindung mit dem Problem der Übersetzung, in dem Satz "on vous *parle* du despotisme des comités..." (*QT*, 43; *Thiers*, 205ff.), den Büchner mit "man *schreit* über den Despotismus der Ausschüsse ..." (44, 27f.) wiedergibt. Eine andere Art der stilistischen Umformung zeigt folgende Stelle:

Nein; es ist weit bequemer, die Maske des Patriotismus anzunehmen, um durch unverschämte *Parodien das erhabene Drama der Revolution* zu entstellen, um die Sache der Freiheit durch eine heuchlerische Mäßigung oder *durch studierte Ausschweifungen bloßzustellen* (*QT*, 37; *UZ*, 45).

Sie [gemeint ist eine der Faktionen] *parodirte das erhabne Drama der Revolution* um dieselbe *durch studirte Ausschweifungen bloß zu stellen* (18, 8—10).

Hier ändert Büchner eine längere, beschreibende Aussage in einen knappen Satz um, wobei er gleichzeitig eine inhaltliche Umgestaltung vornimmt, indem er das allgemeine "es ist weit bequemer" auf eine der Faktionen bezieht und indem er den Hinweis auf die Freiheit einfach wegläßt.

---

[22] Werner R. Lehmann, "Robespierre — 'ein impotenter Mahomet'? ," *Euphorion*, LVII (1963), S. 210—217.
[23] Jens, a.o.O., S. 277.

Den Ausspruch Barrères "Schlagt zu, *nur die Toten kommen nicht wieder!*" (*QT,* 40; *UZ,* 234) wiederholt im Drama Robespierre in Gegenwart Barrères, doch an Camille gewandt: "Also auch du Camille? Weg mit ihnen! Rasch! *nur die Todten kommen nicht wieder.* Hast du die Anklage bereit?" (30, 21–23). Ein Beispiel für die Änderung der temporischen Spannung schließlich ist der Satz Dantons "... ich gebe den meinigen nicht *vier* Monate" (*QT,* 51; *UZ,* 124), den Büchner mit "... ich lasse ihm keine *sechs* Monate Frist" (70, 6) wiedergibt. Alle diese Beispiele erläutern den Begriff der Zitatadaption.

Zitatmontage und Zitatadaption bezeichnen Stufen der Integrierung eines Quellenzitats in den Text des Dramas. Bei beiden hebt sich das Zitat deutlich von seinem Kontext ab. Es gibt Grenzfälle bei der Übernahme von Quellenzitaten, die einen so hohen Grad der Integrierung aufweisen, daß sie nur nach genauer Textanalyse als Zitate erkennbar und sprachlich vom Drama zu unterscheiden sind. Wir bezeichnen solche Zitate als *Textintegrate* und den für sie typischen Vorgang der Übernahme als *Zitatintegration.* Ein Beispiel mag das verdeutlichen:

Liegt es nicht in der Natur der Dinge, daß eine so neue und so viel umfassende *Revolution,* als die unsrige, heftige Convulsionen und starke Bewegungen nach sich ziehe ...? (*QT,* 44; *UZ,* 84).	Ist es da so zu verwundern, daß der Strom der *Revolution* bey jedem Absatz, bey jeder neuen Krümmung seine Leichen ausstößt? (46, 19–21).

Dieser Satz ist ein Textintegrat, denn der Duktus des Fragesatzes, der auch in der Quelle dreiteilig gegliedert ist, und das wörtliche Zitat "Revolution" stellen eine eindeutige Beziehung zwischen Zitat und Quelle her. Diese Eindeutigkeit läßt sich manchmal nicht ganz erreichen. Gerade darin liegt aber der besondere Reiz der Zitatintegrationen für den Forscher, denn im Gegensatz zur Zitatmontage und zur Zitatadaption, wo der Grad der Übereinstimmung zwischen Quelle und Zitat ohne Schwierigkeiten am Dramentext abgelesen werden kann, ist der Nachweis eines Textintegrats weitaus diffiziler. Hier liegt die Grenze zwischen dem gerade noch nachweisbaren Zitatcharakter, wobei manchmal — wie in unserem Beispiel — ein Wortzitat den Ausschlag gibt, und der bloßen Sinnentsprechung, die in den Bereich der Einfluß- und Rezeptionsforschung gehört und das Zitatproblem im engeren Sinne nur am Rande berührt. Beides sind wirkungsgeschichtliche Fragestellungen, doch beschränken wir uns bewußt auf die Problematik derjenigen Zitate, deren sprachliche Entsprechungen im Gegensatz zur inhaltlichen Beeinflussung durch Quellentexte konkret am einzelnen Wort im Dramentext nachgewiesen werden können. Diese Abgrenzung wird besonders wichtig bei einer Reihe von bisher unbekannten Zitaten aus philosophischen und literarischen Texten, die noch zu untersuchen sind.

Wir verstehen die Leistung eines Zitats als eine sprachliche und eine temporische. Die römisch-griechische Antike begriff die Leistung eines Zitats vor allem als Ausdruck der Autorität des Quellentextes oder des Autors. Noch die Wirkung des *Encomium Moriae* (1509) beruht auf dem Spielen mit dem Auktorialen, das Erasmus zu höchster Meisterschaft entwickelt. Hier wirkt weniger die wirkungsgeschichtliche Auseinandersetzung mit den Quellen als vielmehr der reine Inhalt der Zitate. Erasmus macht kein Geheimnis aus seinen Quellen und ihren Autoren; er führt sie namentlich an (Livius, Seneca, Plinius usw.). Dies ist bei Büchner nicht mehr der Fall und vielleicht auch aufgrund des unterschiedlichen Werkcharakters nicht möglich. Es ist zu prüfen, worauf die Wirkung und Leistung der Zitate in *Dantons Tod* primär beruhen.[24]

Die ersten Leser des Dramas erkannten nur "einige der bekannten heroice Dicta" und hielten daraufhin das Werk für ein "dramatisiertes Kapitel des Thiers" (*BW*, 535); man verstand *Dantons Tod* einseitig historiographisch. Andere Zitate und ihre Autoren hat wohl auch Gutzkow nicht bemerkt; trotzdem bedeutete ihm das Drama "mehr als Ferkelhaftes" (*BW*, 535). Daraus ist zu schließen, daß sich die sprachliche Leistung, die dieses Drama trotz der Vielzahl der weder von den Lesern noch von Gutzkow erkannten Zitate aus anderen Quellen manifestiert, sehr wohl unabhängig vom Erkennen der Zitate vollziehen kann. Das Werturteil der zeitgenössischen Leser, das auf einer einzigen erkannten Quelle gründete, erscheint durch diese Begrenzung als Fehlurteil. Das bloße Erkennen der Herkunft eines Zitats ist etwas grundsätzlich anderes als eine Analyse seiner sprachlichen Leistung und seiner dramatischen Wirkung.

Damit sind sowohl die Notwendigkeit der positivistischen Quellenforschung bestätigt als auch ihre Grenzen definiert. Die Frage nach der Herkunft des Zitats richtet sich auf den geschichtlichen Ort und die geschichtliche Zeit des Quellentextes; das Finden der Quelle und das Feststellen des Zitatwortlauts gibt keine Auskunft über Funktion und Leistung des Zitats im neuen Textzusammenhang. Erst die Frage nach der Leistung des Zitats ist eine wirkungsgeschichtliche.

---

[24] vgl. Jacob Grimm und Wilhelm Grimm, *Deutsches Wörterbuch*, Bd. XV (Leipzig, 1956), Sp. 1664 und Sp. 1666. Die Tätigkeit des Zitierens wird dort erläutert als "(kraft seiner autorität oder macht) herbeirufen; (einen autor, eine textstelle) anführen. aus lat. citare" und als " 'einen von einem andern formulierten gedanken wortgetreu wiedergeben' ... 'einen autor (bes. einen klassiker) als zeugen herbeirufen,' dann auch 'ein buch, eine stelle daraus, als zeugen herbeirufen'." Für Grimm hängt die Leistung eines Zitats hauptsächlich von der Autorität des Quellentextes ab. Ob die Wirkung eines Zitats grundsätzlich nur dann zustandekommt, wenn seine Autorität bekannt und das Zitat als solches erkannt ist, kann in Frage gestellt werden.

2. DIE SCHICHT DER HISTORISCHEN EREIGNISSE

a. Das historiographische Zitat

Der weitaus größte Teil der nachgewiesenen Zitate in *Dantons Tod* stammt aus historiographischen Texten.[25] Es ist hier nicht möglich, alle diese Zitate zu analysieren. Wir werden uns deshalb im Sinne unseres Themas darauf beschränken, die durch die Leistung der Sprache hervorgerufenen Veränderungen der temporischen Spannung bei einer Reihe von historiographischen Zitaten aufzuzeigen. Als Frage formuliert, lautet unsere Aufgabe: Wo und wie verändert Büchner die temporischen Spannungsverhältnisse in historiographischen Zitaten, und was bedeuten diese Änderungen für das Drama?

Wir beginnen mit der Szene im Jakobinerklub (I, 3), in der einige Veränderungen in sehr aufschlußreicher Weise vorausdeuten, was Büchner in späteren Szenen — allem Anschein nach mit Bedacht — in den Zitaten und durch sie verändert. Die einleitende Rede eines Lyoners setzt ein mit einem Wortfeldzitat nach *Thiers*, das sich durch die Wortzitate "Lyon" (16, 21), "Ronsin" (16, 23) und "Gaillard" (17, 2) und die Paraphrasierung des Selbstmordes Gaillards durch den "Dolch des Cato" (17, 3) als ein Thiers-Zitat ausweist. Wir können gegenüberstellen:

Les jacobins de *Lyon* écrivirent à ceux de Paris que l'aristocratie revelait la tête, que bientôt ils n'y pourraient plus tenir, et que si on ne leur donnait des forces et des encouragements, ils seraient réduits à se donner la mort comme le *patriote Gaillard,* qui s'était *poignardé* lors de la première arrestation de *Ronsin* (QT, 36; QV, 360).	EIN LYONER. Die Brüder von *Lyon* senden uns um in eure Brust ihren bittern Unmuth auszuschütten. Wir wissen nicht ob der Karren, auf dem *Ronsin* zur Guillotine fuhr, der Todtenwagen der Freiheit war, aber wir wissen, daß *seit jenem Tage* die Mörder Chaliers wieder so fest auf den Boden treten, als ob es kein Grab für sie gäbe (16, 21—26) . . . . so bleibt uns, wie dem *Patrioten Gaillard* nur der *Dolch des Cato* (17, 2f.).

[25] Eine Zählung der Zeilen mit historiographischen Zitaten unter Zugrundelegung der Edition Werner R. Lehmanns ergab ca. 320. Auf etwa 120 weitere Zeilen verteilt, finden sich die bisher bekannten nichthistoriographischen Quellenzitate. Für etwa 60 Zeilen ließen sich neue nichthistoriographische Zitate ermitteln. Da die Gesamtzeilenzahl ca. 2500 beträgt, folgt daraus, daß jetzt ein Fünftel (bisher: ein Sechstel) des Dramentextes aus Zitatmontagen, Zitatadaptionen und Zitatintegraten besteht. Das Verhältnis zwischen historiographischen und nichthistoriographischen Zitaten hat sich durch die neuen Funde von drei zu eins auf zwei zu eins verschoben. Selbst ohne Rücksicht auf dieses Ergebnis entsprach auch vorher die Behauptung Höllerers und anderer nicht den Tatsachen, daß "ein Sechstel des Gesamttextes aus oft wörtlichen Zitaten der französischen Revolutionsreden besteht" (a.o.O., S. 65), denn die nichthistoriographischen Zitate sind dabei nicht einbezogen worden.

Die Einfügung der Zeitbestimmung "seit jenem Tage," die in der Quelle selbst andeutungsweise nicht vorhanden ist, bedeutet eine Festlegung eines Zeitpunktes in der Vergangenheit, der als Ansatzpunkt zu betrachten ist für das temporische Spannungsgefüge, das Büchner im Verlauf der Szene aufbaut. Der historische Chalier wurde am 7. Februar 1793 hingerichtet. Die Sitzung des Jakobinerklubs findet ein Jahr später statt. Das geht aber in dieser Eindeutigkeit aus dem Drama nicht hervor, denn der Lyoner spricht nur von der Haltung der Mörder Chaliers "seit jenem Tage" und erwähnt dann die Daten "des 10. August, des September und des 31. May" (17, 1f.) in einer dem Ablauf des Jahres widersprechenden Reihenfolge, während Legendre — ebenfalls ohne Nennung der Jahreszahl — gewisse Leute in Paris anführt, die *"seit einigen Tagen die Köpfe fest auf den Schultern"* (17, 10f.) tragen. Auch diese temporische Aussage ist in der entsprechenden Quelle (vgl. *QT,* 36) nicht enthalten. Wir dürfen daraus schließen, daß Büchner die temporische Spannung zwischen den Zeitbestimmungen "seit jenem Tage" und "seit einigen Tagen" einmal überhaupt erst herstellt, indem er die Zitate verändert, und zum anderen die Spannung erhöht, indem er die Jahreszahlen und beim Wort "September" auch den Tag wegläßt. Man kann hier von einer Zeitraffung sprechen, die dramatisch eine Art verspäteter Exposition darstellt.

Was geschieht mit der erhöhten Spannung? Das nächste Zitat gibt darüber Aufschluß. In der Quelle ist als Äusserung von Collot d'Herbois zu finden: "Nous *arracherons* tous *les masques* possible" (*QT,* 36; *QV,* 361). Im Drama steht:

COLLOT D'HERBOIS *unterbricht ihn.* Und ich frage dich Legendre, wessen Stimme solchen Gedanken Athem giebt, daß sie lebendig werden und zu sprechen wagen? *Es ist Zeit die Masken abzureißen.* Hört! die Ursache verklagt ihre Wirkung, der Ruf sein Echo, der Grund seine Folge. Der Wohlfahrtsausschuß versteht mehr Logik, Legendre! Sey ruhig. Die Büsten der Heiligen werden unberührt bleiben, sie werden wie Medusenhäupter die Verräther in Stein verwandlen (17, 19—26).

Collots "Es ist Zeit" stellt den Zeitpunkt dar, an dem die temporische Spannung kulminiert. Er liegt nicht zufällig in der dramatischen Gegenwart. Wir können wieder festhalten, daß die historischen Ereignisse in die Gegenwart des Dramas gehoben werden. In diesem Sinne geschehen Montage, Adaption und Integrierung der historiographischen Zitate sehr wohl zum Zwecke der Wiedererschaffung der historischen Ereignisse, jedoch nicht als deren bloße Wiederholung oder Vergegenwärtigung, sondern in der Absicht, zu ihnen Stellung zu beziehen, sie zu deuten und sie zu verstehen (vgl. Büchners Brief vom 28. Juli 1835; *BW,* 399).

Der Zeitgenosse Collot, der nachgeborene Dichter und wir als Interpreten stehen vereint in dem Bemühen um Deutung und Verstehen des Dramas. Collot sagt einmal: "Die Ursache verklagt ihre Wirkung, der Ruf sein Echo, der Grund seine Folge" (17, 22f.). Dieser Satz, der die Forderung nach einer Aufhebung der Kausallogik stellt, besitzt aber noch eine weitergehende Bedeutung. Auf die Geschichte angewandt, kann man ihn als Forderung nach einer *Aufhebung der Zeit* verstehen. Die in der Vergangenheit liegende geschichtliche Ursache versucht, sich von ihren eigenen Folgen zu dissoziieren und diese rückgängig zu machen. Die scheinbar paradoxe Forderung nach einer Aufhebung der Kausallogik in der Geschichte erscheint hier als Forderung nach einer Aufhebung der Zeit. Damit wird die geforderte Negierung der zeitlichen Aufeinanderfolge von Ursache und Wirkung, von Ruf und Echo sowie von Grund und Folge zur Forderung nach einer Betrachtung der Ereignisse unter dem Gesichtspunkt der Zeitlosigkeit. Im Drama wird diese Forderung, der wir uns unterwerfen, vorerst nur als eine *Tendenz zur Zeitlosigkeit* sichtbar. Noch kann es zufällig sein, wenn Büchner hier durch die sprachliche Veränderung des Zitats dessen temporische Leistung entscheidend beeinflußt.

Die Analyse der Robespierre-Rede bestätigt aber unsere These. Die ersten drei Sätze Robespierres (17, 29–37) stammen aus Büchners Feder, die nächstfolgenden zwei Sätze (17, 38–18, 2) aus *UZ* (vgl. *QT*, 36; *QV*, 361). In ihnen deutet nur die Zusammenziehung von "auf verschiedensten Wegen *gehen sie; aber sie eilen* alle zu demselben Ziele" zu "auf den verschiedensten Wegen *eilen sie* alle dem nämlichen Ziele zu" (18, 1f.) darauf hin, daß Büchner hier wieder eine Zeitraffung vornimmt, bevor er den Quellentext an einer entscheidenden Stelle temporisch ändert. Vorher kommt aber noch ein wichtiger erklärender Einschub Büchners: "Die eine dießer Faktionen ist nicht mehr" (18, 3). Damit sind die Hébertisten gemeint, deren Vorgehen durch einen weiteren Satz Büchners (18, 3–6) und durch eine hier unwesentliche Adaption zweier Sätze aus *UZ* (vgl. *QT*, 36–37; *QV*, 361) erläutert wird (18, 6–10). An diesem Punkt der Rede Robespierres kennt man noch nicht die Begründung, welche die Jakobiner für die Beseitigung der Hébertisten[26] geben werden. Wieder ist die Spannung auf einem Höhepunkt, aber wie verschieden löst sie sich im Drama im Vergleich zur Quelle *(Thiers)*:

Si Hébert *eût* triomphé, la Convention *était* renversée, la république tombait dans le chaos, et la tyrannie *était* satisfaite; . . . . *Vous* n'avez donc rien fait s'il *vous* reste une faction à détruire . . . (*QT*, 36).	Héberts Triumph *hätte* die Republik in ein Chaos verwandelt und der Despotismus *war* befriedigt . . . . *Wir* haben nichts gethan, wenn *wir* noch eine andere Faction zu vernichten haben (18, 10–15).

---

26 Historisches Datum: 24. März 1974.

Die Unterschiede des Wortlauts sind offensichtlich, doch was bedeuten sie? Thieberger hält die Übertragung des "était" in ein "war" für eine schlechte Übersetzung, einen Gallizismus Büchners.[27] Vom Standpunkt der grammatikalischen Logik im Deutschen besteht sein Einwand zu Recht. Man kann sich aber mit gleichem Recht zunächst einmal an die Textüberlieferung halten, indem wir uns kein Konditional denken, wenn ein Indikativ vorliegt. Der Satz von der Aufhebung der Kausallogik (vgl. 17, 22f.) berechtigt uns dazu in besonderem Maße. Die Indikativform ist nämlich auch sinnvoll und muß keineswegs als ein Konditional gelesen werden. Lassen wir den Text in sein Recht treten und ihn aussagen, was er sagen will: "Héberts Triumph hätte die Republik in ein Chaos verwandelt . . . ." Wenn die eine, bereits beseitigte Faktion der Hébertisten an die Macht gekommen wäre und ihrerseits den herrschenden Despotismus der Jakobiner abgelöst hätte, so *wäre* ihr eigener Despotismus befriedigt gewesen (und nicht der Despotismus der Jakobiner). So steht es in der Quelle.

Büchners Nachsatz ". . . und der Despotismus *war* befriedigt" sagt aber in Wahrheit das genaue Gegenteil dessen aus, was in der Quelle steht. "Héberts Triumph hätte die Republik in ein Chaos verwandelt . . ." — so beginnt Robespierre im Drama. Diese Äußerung erscheint völlig berechtigt, zumal er als Führer der Jakobiner spricht. Er hätte entsprechend zur Quelle fortfahren können: ". . . und der Despotismus *wäre* befriedigt." Aber er tut es nicht. Sein ". . . und der Despotismus *war* befriedigt" ist nichts anderes als ein lapsus linguae, aber nicht Büchners, wie Thieberger meint, sondern — Robespierres, das heißt ein von Büchner gewollter. Nicht der Despotismus der Hébertisten war befriedigt nach den Guillotinierungen ihrer Anführer — das wäre widersinnig —, sondern der Despotismus der Jakobiner, Robespierres eigener war es. Seine Worte verraten, daß er selbst sehr wohl weiß, wie despotisch sein Schreckensregiment ist. Das *war* statt des *wäre* bewirkt hier eine Gleichsetzung des beinahe eingetretenen Regiments der Hébertisten mit dem herrschenden Regiment der Jakobiner. Bei beiden handelt es sich um Despotismus. Die Leistung dieses Zitats kommt dadurch zustande, daß Büchner in Abweichung von der Quelle die grammatisch notwendige Konditionalform indikativisch wiedergibt. Da sie das Ergebnis einer temporalen Veränderung ist und die Aussage der Zitatadaption neu faßt, kann von einer temporischen Leistung gesprochen werden, die das so veränderte Zitat vollbringt.

Zwei Beweise lassen sich anführen für die Richtigkeit unserer Deutung. Im Satz "Sie parodirte das erhabne Drama der Revolution um dieselbe durch studirte Ausschweifungen bloß zu stellen" (18, 8—10) stammen Verbalform und

---

27 Thieberger bezeichnet dieses Quellenzitat als "si littéralement traduite de Th[iers], qu'un gallicisme a pu s'y glisser (au 'hâtte' de la première position devait répondre dans la seconde un 'wäre', et non pas le 'war' du texte, qui n'est qu'une mauvaise traduction de 'et la tyrannie *était* satisfaite')" (QT, 54; Hervorh. von Thieberger).

-tempus von Büchner. Die Wendung "war befriedigt" im nächstfolgenden Satz ist, wie gezeigt, ebenfalls von Büchner. Man kann deshalb die beiden Sätze kausal verbinden, indem man etwa sagt: 'Weil die Faktion der Hébertisten das Drama der Revolution parodierte und dabei vernichtet wurde, war der Despotismus der Jakobiner befriedigt.' So verstanden, liegt in den Worten Robespierres im Drama tatsächlich eine Anklage des Grundes gegen seine Folge. Der zweite Beweis besteht darin, daß Robespierre sich im Gegensatz zur Quelle offen zum Komplizen der blutdürstigen Jakobiner aus Lyon erklärt:

Vous n'avez donc rien fait s'il *vous* reste une faction à détruire (*QT*, 36).	*Wir* haben nichts gethan, wenn *wir* noch eine andere Faction zu vernichten haben (18, 14f.).

Entscheidend ist, daß Büchner diese Kausalverknüpfung vorerst nicht vollzieht, sondern daß er zunächst den Despotismus der Hébertisten und Jakobiner in gleicher Weise bewertet, indem er deren zeitliche Aufeinanderfolge durch die Gleichzeitigkeit ersetzt (erster Beweis). Der Wechsel von "vous" zu "wir" enthält dann Robespierres Eingeständnis des despotischen Charakters seiner Regierung und den Blick in die Zukunft, auf die Beseitigung der Faktion der Dantonisten (zweiter Beweis). Auch diese Tat wird ein Ausdruck des Despotismus der ganzen Revolutionsbewegung sein. Darin liegt ein Urteil Büchners über die Französische Revolution; es ist das Ergebnis seiner mimetisch-dynamischen Auseinandersetzung mit den Quellen. Nicht zufällig folgt nun eine Art Quellensynopse aus *Mignet, UZ* (vgl. *QT*, 37f.) und möglicherweise auch aus Hegels *Phänomenologie des Geistes*, die im Zusammenhang mit dem philosophischen Zitat zu analysieren sein wird.

Auch im weiteren Verlauf der Rede Robespierres finden sich temporische Umgestaltungen, die unsere Auffassung bestätigen und Büchners Zitattechnik weiter verdeutlichen:

... man sollte glauben, daß die Herzen der Schuldigen und ihrer Richter, in Schrecken gesetzt durch den reißenden Strom der Beispiele, ganz leise die Gerechtigkeit *abgekühlt haben,* um ihr entrinnen zu können (*QT*, 38; *QV*, 362).	In Schrecken gesezt durch den reißenden Strom der Beispiele *suchen sie* ganz leise die Gerechtigkeit *abzukühlen* (19, 35f.).
Wer *hat* jemals der Welt ein solches Beispiel gegeben? (*QT*, 38).	Wir *werden* der Republik ein großes Beispiel geben (20, 5f.).

In beiden Zitatadaptionen erscheint die Vergangenheit aus den Quellen im Drama als Zukunft. Büchner vergegenwärtigt und projiziert in die Zukunft, was die Quelle UZ berichtend beschreibt. Dieses Vorgehen hat hier keineswegs nur dramatische Gründe, sondern es kommt darin wieder eine Veränderung der temporischen Spannung durch die Sprache zum Ausdruck. Wenn Mayers historische Argumentation in der Behauptung gipfelt, daß Büchner die Ereignisse aus der Sicht des Thermidor beurteile, so mag das vom historischen Standpunkt aus stimmen.[28] Vom Drama her gesehen und im Hinblick auf Büchners Zitattechnik scheint die Einsicht sehr viel wichtiger, daß Büchner hier die Zeitschichten im Drama manipuliert. Was die Quellen nicht sagen können, weil sie zeitgenössisch orientiert sind, kommt in *Dantons Tod* in aller Deutlichkeit zum Ausdruck: Die Jakobiner waren die Despoten, als sie bei der Hinrichtung der Hébertisten frohlockten; sie werden die Despoten sein, wenn Danton hingerichtet werden wird. Der in *Mignet* und in UZ fast gleichlautend überlieferte und von Büchner unverändert montierte Satz "Die Revolution ist der Despotismus der Freiheit gegen die Tyrannei" (18, 32f.) besitzt daher wirkungsgeschichtlich ein anderes Gewicht als in den Quellen. In *Dantons Tod* enthält er nämlich die Einsicht, daß der Despotismus der einen Faktion und die Tyrannei der anderen, die in den Quellen als etwas Verschiedenes dargestellt werden, vom Standpunkt der historischen Wahrheit dasselbe sind. Sie sind es nicht aus der Sicht des Thermidor, denn diese setzt Büchner keineswegs — wie Mayer meint — als Vorverständnis voraus. Dieser originäre Beitrag Büchners zur historischen Wahrheit wird im Drama allein durch die sich selbst entlarvenden Phrasen Robespierres offenbar; er wird nicht historisch, sondern von seiner zeitlosen Bedeutung her begründet; die Wahrheit sagt sich selbst aus.

Als Zwischenergebnis unserer Untersuchung des historiographischen Zitats kann festgehalten werden: Büchner verändert die temporische Spannung zwischen historischer Vergangenheit und dramatischer Gegenwart, indem er die Zitate aus historiographischen Quellen hinsichtlich ihrer Zeitbezogenheit durch die Sprache verändert; wirkungsgeschichtlich liegt darin eine Auseinandersetzung mit der Französischen Revolution, und dramatisch kommen dadurch Aspekte zur Darstellung, die über das in den Quellen Ausgesagte hinausgehen. Die zeitlose Wahrheitsaussage durch das Drama deutet sich an.

Wir haben uns bisher im wesentlichen auf die erste große Rede Robespierres beschränkt (17, 29–20, 7). Es soll nun gezeigt werden, daß die Veränderung der temporischen Spannung in einigen wesentlichen Zitaten und vor allem in der zweiten großen Rede Robespierres (43, 35–45, 15) eine ganz bestimmte Tendenz aufweist: eine Tendenz zur Entzeitlichung.

Die Worte Robespierres, daß die Tugend durch den Schrecken herrschen müsse, bereiten den Dantonisten insgeheim Halsweh (vgl. 24, 21ff.); öffentlich

---

28 vgl. Mayer, *Georg Büchner und seine Zeit*, a.o.O., S. 182–207.

warnt der Dantonist Lacroix vor dem Convent: "Die Hébertisten sind noch nicht todt, das Volk ist materiell elend, das ist ein furchtbarer Hebel" (25, 1f.). Da die Anführer der Hébertisten bis auf wenige Ausnahmen (vgl. *BW*, 650) hingerichtet sind, können die Worte Lacroix' auch bedeuten, daß sich die Dantonisten nun in einer ähnlichen Lage sehen wie die Hébertisten. Diese Möglichkeit wird zur Gewißheit im Rückblick auf die Besorgnis Legendres, der im selbstbewußten Auftreten der Dantonisten ein Anzeichen für ein Erstarken der Opposition sah (vgl. 17, 11ff.). Beide, der Dantonist Lacroix und der Jakobiner Legendre, fürchten das Schicksal der unterlegenen Hébertisten. Die zynische Vertröstung Legendres durch Collot — "Der Wohlfahrtsausschuß versteht mehr Logik, Legendre! Sey ruhig" (17, 23f.) — mag Legendre zur Einsicht verholfen haben, daß hier kein Mehr an Logik, sondern eine demagogische Scheinlogik vorliegt, denn die Beseitigung der Dantonisten erweist sich bald als beschlossen (vgl. 18, 14f.). Die Einsicht Legendres in den herrschenden Terror der Jakobiner, gegen den sich Legendre später selbst wenden wird (vgl. *BW*, 658) bei seiner gleichzeitigen Verurteilung der Hébertisten und Dantonisten, entspricht der Aussage des Dramas: Alle drei Faktionen beschwören das gleiche Unheil herauf, nämlich den Terror oder die Herrschaft der Tugend durch den Schrecken. Diese Aussage besiegelt Büchner durch die Adaption eines Zitats aus *Mignet*. Wir stellen gegenüber:

Citoyens, il est à craindre que la révolution, comme Saturne, ne dévore *successivement* tous ses enfants... (*QT*, 39).	DANTON. Ich weiß wohl, — die Revolution ist wie Saturn, sie frißt ihre eignen Kinder (25, 6f.).

Büchner läßt das "successivement" der Worte des historischen Vergniaud[29] weg und läßt sie Danton aussprechen. Vom Standpunkt der zeitlosen Wahrheitsaussage scheint es völlig belanglos, ob die gegenseitige Vernichtung der Faktionen nacheinander in bestimmter Reihenfolge oder gleichzeitig geschieht. Es ist nur wichtig, daß sie geschieht. Die zeitlose Wahrheitsaussage drückt das aus, indem sie die Vorgänge entzeitlicht. Büchner will über die Zeit urteilen, obwohl er durch die Autorität der historiographischen Quellen immer wieder in sie hineingezogen wird. Was für Vergniaud der Zwang der tatsächlichen Ereignisse war, ist für den Danton Büchners der Zwang der historischen Quellen; beide versuchen, die begrenzte, faktische Gültigkeit in eine erweiterte, zeitlose Wahrheit umzugestalten, indem sie gleichnishaft auf den Mythos des Saturn anspielen — "die Revolution ist *wie* Saturn..." (26, 6). Darin liegt eine Entzeitlichung der zeitgebundenen Ereignisse. Der Tatsachencharakter dieser

---

29 Wurde am 31. Oktober 1793 mit den Girondisten hingerichtet, obwohl er stets eine unabhängige Meinung vertreten und auch seinem Abscheu vor den Septembermorden Ausdruck verliehen hatte.

Ereignisse soll die in ihnen verborgene zeitenthobene Wahrheit durchscheinen lassen. Entzeitlichung und Zeitlosigkeit sind deshalb nicht von vornherein identische Begriffe, denn die zeitlose Wahrheit, wie sie hier zu verstehen ist, hat auch immer eine Bedeutung für eine bestimmte Zeit. Die Zeitlosigkeit ist also nie zeitlos in jenem banalen Sinne einer immer gültigen Wahrheit. Das "Zeit-moment" wird daher in diesem Zitat nicht "ausgeschaltet," wie Adolf Beck vermutet (QB, 491), sondern es wird durch das wirkungsgeschichtliche Moment in die Zeit eingeordnet, das über sie urteilt. Durch die Wahrscheinlichkeit, daß Büchner dieses Zitat auch aus denn *Causes* des Vilate kannte, wird unsere Auffassung bestätigt. Auch im Vergleich mit dieser Quelle ist die gleiche Entzeitlichung festzustellen:

Die Revolution, wie Saturn, hatte *bald* ihre zärtlichsten Kinder gefressen (QB, 501).	DANTON. Ich weiß wohl, – die Revolution ist wie Saturn, sie frißt ihre eignen Kinder (25, 6f.).

Büchner läßt das "bald" weg, weil dadurch eine Ausrichtung auf die Zukunft ausgedrückt wird, die es in der zur Zeitlosigkeit tendierenden Darstellung zu vermeiden gilt. Aus der Sicht der Zeitlosigkeit betrachtet, geht eine Guilloti-nierung nach der anderen vorüber; Welle auf Welle verebbt, doch das Meer der Revolution bleibt; es verschlingt die Wellen wie Saturn seine Kinder. Die temporische Spannung, die in diesem Zitat vom Mythischen über die dramatische Gegenwart bis in unsere Gegenwart reicht, löst sich auf in die Wahrheitsaussage des Dramas.

Doch es soll nicht vorgegriffen werden. Im historiographischen Zitat wird im allgemeinen erst die Tendenz zur Zeitlosigkeit sichtbar, nicht deren Auflösung. Ein Beispiel für die temporische und inhaltliche Verwendung eines Wortes in einem solchen Zitat ist das Wort "September" in der Szene II, 7:

L'homme qui *en septembre* quatre-vingt-douze sauva la France par son énergie, mérite d'être entendu, et doit avoir la faculté de s'expliquer lorsqu' on l'accuse d'avoir trahi la patri (QT, 41; QV, 368).	Der Mann, welcher *im Jahre 1792* Frankreich durch seine Energie rettete, verdient gehört zu werden, er muß sich erklären dürfen wenn man ihn des Hochverraths anklagt (43, 17–20).

Es erscheint auf den ersten Blick unwichtig, daß Büchner die genaue Zeitbestimmung 'im September,' die sich bei *Thiers* findet, nicht in das im übrigen wörtlich übersetzte Satzzitat übernimmt.[30] Es ist der Jakobiner

---

[30] Das Zitat stammt wahrscheinlich aus *Thiers* und nicht aus *UZ*, wo etwas umständlich von "einem Manne" die Rede ist, "welcher im Jahre 1792 das ganze Frankreich in Bewegung setzte durch die energischen Maßregeln, welche er nahm . . ." (QT, 42).

Legendre, der diese Worte spricht und möglicherweise aus Wohlwollen gegenüber den Dantonisten das Schreckenswort "September" nicht nennt.[31] Dies wäre eine historisch begründete Erklärung, die einen entscheidenden Umstand übersieht: das fünfmal wiederholte Wort "September" in der Szene II, 5 zwischen Danton und Julie. Hier steht der Zeitbegriff für ein Geschehen in der Vergangenheit. Das Wort "September" allein genügt schon, um Danton in Gewissenspein zu versetzen. Der Zusammenhang zwischen Dantons Taten damals und seiner Lage heute wird durch diese Wiederholungen überdeutlich. Dantons psychischer Spannungszustand ist die Konkretion der temporischen Spannung zwischen jenen datenmäßig genau festliegenden Ereignisse im September 1792 und dieser weder datierbaren noch historischen Unterhaltung mit Julie, die überdies mit der entzeitlichenden Überschrift "Es ist Nacht" (40, 2) versehen ist. Hier kommt die Spannung zwischen der ereignisreichen historischen Zeit und deren Folgen in einer fiktiven Unzeit zum Ausdruck. Auch hier verklagt der Grund seine Folge (vgl. 17, 22f.). Diese Unzeit ist, historisch gesehen, zeitlos. Dantons Neigung zu Gewissenkonflikten, die das Drama in dieser Szene (II, 5) glaubhaft machen will, ist zeitlich nicht auf den Augenblick seines Gesprächs mit Julie beschränkt. Seine Gewissenspein gilt für den ganzen Zeitraum des Dramas; sie ist zeitlos mit der Person Dantons verbunden.

In der folgenden Szene mit Simon und den Bürgersoldaten (II, 6) wird das Thema der Zeitlosigkeit weiter ausgeführt, jedoch in grotesker und obszöner Brechung. Dem psychischen Spannungszustand Dantons in der vorigen Szene folgt nun die ins Obszöne verkehrte Entspannung und Entzeitlichung am Beispiel der physischen Liebe, die zwar zeitungebunden, aber gerade deshalb zeitbestimmend ist:

SIMON. Wie weit ist's in der Nacht?
ERSTER BÜRGER. Was in der Nacht?
SIMON. Wie weit ist die Nacht?
ERSTER BÜRGER. So weit als zwischen Sonnenuntergang und Sonnenaufgang.
SIMON. Schuft, wieviel Uhr?
ERSTER BÜRGER. Sieh auf dein Zifferblatt; es ist die Zeit, wo die Perpendikel unter den Bettdecken ausschlagen (42, 3–10).

Als sich darauf Simon mit pathosgeladenen Sätzen – "Ich werde vorangehn, Bürger. Der Freiheit eine Gasse!" – an die Spitze seiner Mitbürger stellt und sich mit einem "Sorgt für mein Weib! Eine Eichenkrone werd' ich ihr hinterlassen"

---

31 Gemeint sind hier die Morde an royalistischen und klerikalen Gefangenen zwischen dem 2. und 6. September 1792, als Danton Justizminister war (vgl. *BW*, 672). Der historische Legendre begann nach der Ermordung der Girondisten, zusammen mit Danton ein weniger grausames Vorgehen zu befürworten (vgl. *BW*, 658).

ein vorzeitiges Denkmal setzt, ruft der gleiche Bürger: "Eine Eichelkron? Es sollen ihr ohnehin jeden Tag Eicheln genug in den Schooß fallen" (42, 13–17). Ein anderer Bürger schließlich erhält auf seine Bemerkung, daß über all den Löchern, die in anderer Leute Körper gemacht würden, noch kein einziges in den Hosen der Täter zugegangen sei, die schlagfertige Antwort: "Willst du, daß dir dein Hosenlatz zugienge? Hä, hä, hä" (42, 21–24). Der Zusammenhang zwischen diesen recht handfesten Obszönitäten und den revolutionären Ereignissen ist kein notwendiger, sondern ein zufälliger. Was hier unter dem Mäntelchen der größeren Freiheit ("Der Freiheit eine Gasse!") an die Oberfläche dringt, das ist das an keine Zeitumstände gebundene Bedürfnis nach der Zote, die hier nicht bloß hinter der vorgehaltenen Hand erzählt, sondern von den 'Souffleuren' auf der Bühne der Revolution in Szene gesetzt wird. Nicht dieser geschichtliche Augenblick, diese Sternstunde der Menschheit kommt zur Darstellung, sondern "es ist die Zeit, wo die Perpendikel unter den Bettdecken ausschlagen" — ein Abgleiten der hohen Ideale der geschichtlichen Stunde in die niedrigen, zeitlosen Begierden des Körpers.

Die temporische Spannung, die das Wort "September" in II, 5 herstellte, bleibt aber weiter bestehen, obwohl Büchner das "en septembre" in dem bereits zitierten Satz Legendres (43, 17–20) nicht aus der Quelle in das Drama übernimmt. Hier wird der Zusammenhang deutlich, der in Büchners Zitattechnik zwischen der temporischen Spannung der Zitate im Verhältnis zur Zeitstruktur des Dramas und zu seiner dramatischen Wirkung zu finden ist. Indem Büchner in die Szene II, 7 Legendre in dessen Verteidigung der Verdienste Dantons weder das Wort "September" noch das Wort von den "Septembrisierten" (vgl. 57, 1f.) — das sind die auf Dantons Veranlassung Hingerichteten — in den Mund legt, deutet er an, daß Legendre die Wirkung kennt, die diese Worte auslösen könnten. Sie hätten die Versammlung bereits zu diesem Zeitpunkt gegen Danton eingenommen. Aus diesem Grunde läßt Büchner das Wort "September" hier weg (43, 17); doch gerade durch sein Fehlen ist es dem Leser oder Zuschauer — vorbereitet durch die Szene II, 5 — gegenwärtig. Das Zitat vollbringt seine temporische Leistung und dramatische Wirkung, obwohl dieser Zeitbegriff hier nicht übernommen wurde.

Noch eindringlicher und überzeugender verdeutlicht die Adaption eines Zitats aus *Thiers* gegen Ende der zweiten Rede Robespierres unsere Auffassung. Robespierre gelingt es, die Deputierten mit Ausnahme von Legendre auf seine Seite zu ziehen:

Eh bien! je déclare que si les dangers de Danton devaient devenir les miens, cette considération ne m'arrêterait pas *un instant*. C'est ici qu'il nous faut à tous quelque courage et quelque gran-

So erkläre ich denn, nichts soll mich aufhalten, und sollte auch Dantons Gefahr die meinige werden. Wir haben Alle etwas Muth und etwas Seelengröße nöthig. Nur Verbrecher und

deur d'âme. Les âmes vulgaires ou les   gemeine Seelen fürchten Ihresgleichen
hommes coupables craignent *toujours*   an ihrer Seite fallen zu sehen, weil sie,
de voir tomber leurs semblables, parce   wenn keine Schaar von Mitschuldigen
que, n'ayant plus devant eux une   sie mehr versteckt, sich dem *Licht der*
barrière de coupables, ils restent   *Wahrheit* ausgesezt sehen (45, 3–8).
exposés au *jour de la vérité (QT,* 44;
QV, 370).

    Büchner läßt hier die Zeitbestimmungen "un instant" und "toujours" ganz
weg und verändert den 'Tag der Wahrheit' in das "Licht der Wahrheit." Die
eigentliche Begründung seines Entschlusses, Danton der Guillotine zu überantworten, wird auf diese Weise ohne irgendeinen Bezug auf die Zeit vorgebracht.
Weder fühlt sich Robespierre auch nur 'einen Augenblick' zurückgehalten, noch
fürchten sich Verbrecher und gemeine Seelen 'immer,' das heißt zu jeder Zeit vor
dem Tode von ihresgleichen, noch sehen sich diese dem 'Tag der Wahrheit,' dem
letzten Gericht ausgesetzt. Ohne Hinweis auf das Jetzt und das Immer, auf
Augenblick und Dauer wird lediglich auf das zeitlose "Licht der Wahrheit"
angespielt. Das Ergebnis unserer bisherigen Untersuchung gestattet uns nicht
mehr, darin einen bloßen Zufall zu sehen. Wir wissen, daß auch für Robespierre
dieser 'Tag der Wahrheit' kommen wird. Auch Büchner war sich dessen bewußt.
Aber jener Tag im Monat Thermidor gehört der historischen Dimension an; er
bezieht sich auf die Ereignisse in der Geschichte und ihren Tatsachencharakter.
Das "Licht der Wahrheit" dagegen ist ein ahistorisches Phänomen; sein
Verhältnis zur Zeit ist Ausdruck der Zeitlosigkeit. Es scheint gerechtfertigt,
Büchners Bemühungen um eine Darstellung der Geschichte, "wie sie sich wirklich
begeben" (*BW,* 399), ebenfalls als Suche nach dem "Licht der Wahrheit" zu
verstehen. "Eines Tages wird man die Wahrheit erkennen" (63, 2), läßt er
Danton sagen.
    Wie eingehend sich Büchner mit der Zeitproblematik des Augenblicks
beschäftigte, zeigt folgende Zitatmontage aus der Quelle *UZ:*

Alle geheimen Feinde der Tyrannei,   Alle geheimen Feinde der Tyrannei,
welche in Europa und auf dem ganzen   welche in Europa und auf dem ganzen
Erdkreise den Dolch des Brutus unter   Erdkreise den Dolch des Brutus unter
ihren Gewändern tragen, fordern wir   ihren Gewändern tragen, fordern wir
auf, *diesen erhabenen Augenblick mit*   auf *dießen erhabenen Augenblick mit*
uns zu teilen (QT, 44; *QV,* 370).   *uns zu theilen* (46, 35–38).

    Wir führen dieses Beispiel einer Textmontage hier an, um darauf hinzuweisen,
daß Büchner die temporische Spannung nur dort einer Adaption unterzieht, wo
es seine entzeitlichende Zitattechnik erfordert, die sich immer deutlicher als
typisch für *Dantons Tod* abzeichnet. Man kann fragen, was diese Teilung des
Augenblicks bedeutet, zu der Robespierre aufruft. Die Vermutung liegt nahe, er

wolle die Deputierten an die Erhabenheit des gegenwärtigen Augenblicks erinnern, da er die Beseitigung der Dantonisten gerechtfertigt glaubt. Robespierres Hinweis gilt aber auch jenem zukünftigen Augenblick, der Dantons Kopf von seinem Körper trennen wird. Dieser Augenblick liegt gleichzeitig in der Gegenwart und in der Zukunft; er ist zeitlos geworden. Der Augenblick des Todes wird keine Zeiterstreckung mehr besitzen. Vom Ereignisstrom der Geschichte her gesehen, ist er der inhaltlose Schlußpunkt des Lebens einer historischen Persönlichkeit, nicht aber aus der Sicht des Menschen, der den Schmerz des Todes erleidet. Der Schmerz besitzt eine andere Dimension als die historische. Nicht zufällig wird sich die entscheidende Stelle über den Schmerz (vgl. 48, 33–39) als ein philosophisches Zitat erweisen, das einer anderen Zeitschicht angehört.[32]

Die Tendenz zur Entzeitlichung, die Büchner einer großen Anzahl von historiographischen Zitaten verleiht, läßt sich durch das ganze Drama hindurch verfolgen und damit als ein wesentliches Merkmal seiner Zitattechnik bezeichnen. Diese Tendenz soll abschließend noch einmal in aller Deutlichkeit am Beispiel dreier Zitate gezeigt werden, die inhaltlich eng mit dem Tode Dantons verknüpft sind. Das erste Beispiel ist ein Zitat, das wir bereits zu Beginn dieses Kapitels kommentierten. Es erscheint nun in neuem Licht:

Seit zwei Tagen kennt das Tribunal Danton; *morgen* hofft er im Schoße des Ruhms zu entschlummern (*QT*, 48; *QV*, 375).

DANTON. *Jezt* kennt ihr Danton; *noch wenige Stunden* und er wird in den Armen des Ruhmes entschlummern (54, 19f.).

Krapp sprach hier von einer Veränderung der "sprachlichen Qualität,"[33] Höllerer von der "Veränderung eines statischen Textes in einen 'zeigenden' Text."[34] Unsere Analyse der temporischen Spannung hat dagegen ergeben, daß die für das historiographische Zitat in *Dantons Tod* typische Tendenz zur Entzeitlichung die sprachlich veränderten temporischen Spannungsverhältnisse ausdrückt. Die ästhetischen Kategorien Krapps und Höllerers erfassen deshalb die temporische Leistung des Zitats nur unzureichend oder gar nicht. Es ist wohl zutreffend, wenn Krapp in der Quelle ein Festhalten an der "Dimension der Zeit"[35] sieht und wenn Höllerer die "Unwichtigkeit der Zeit in diesem Augenblick, da sich Danton aus den Bedingungen des Hier und Jetzt löst,"[36] hervorhebt. Diese Beobachtungen bleiben aber unscharf. Erst das Prinzip der temporischen Spannung vermag die Tendenz zur Entzeitlichung und Zeit-

---

32 vgl. S. 110f. der vorliegenden Arbeit.
33 vgl. Krapp, a.o.O., S. 55.
34 Höllerer, a.o.O., S. 85.
35 Krapp, a.o.O., S. 54.
36 Höllerer, a.o.O., S. 85.

losigkeit, auf die es hier ankommt, konkret zu verdeutlichen. Während die Zeit von "seit zwei Tagen" bis "morgen" drei Tage beträgt, erscheint die Zeit zwischen "jetzt" und "noch wenige Stunden" auf eben diese wenigen Stunden verkürzt. Die temporische Spannung nimmt quantitativ ab, indem sie qualitativ wächst, um im sich abzeichnenden Augenblick des Todes zugleich ihren Höhepunkt und ihre Aufhebung zu erfahren.

Diese Aufhebung der Zeit ist vollzogen in dem Wort Héraults: "Da ist's Zeit" (74, 11). Das hic et nunc des Todes ist aber nicht auf diesen Augenblick beschränkt. In gewissem Sinne ist auch das ganze Drama dieser Augenblick. In dieser Erkenntnis liegt gleichzeitig eine Erklärung für die Passivität Dantons und für das häufige Vorkommen des Wortes 'Zeit' im Drama, was bisher in keiner Interpretation ausführlich gewürdigt worden ist. Fünfundzwanzigmal findet sich das Wort 'Zeit' in diesem Drama. Es kommt allein vor, in Verbindung mit Adjektiven, in Wortzusammensetzungen und vor allem in Wendungen wie "noch ist's Zeit" (38, 12). "das ist eine böse Zeit" (39, 1), "es ist die Zeit" (42, 9) und "es ist endlich Zeit" (55, 11). Es wäre außerordentlich reizvoll, das Wort 'Zeit' als heuristischen Ansatz einer Interpretation zu verwenden. Wir müssen uns das hier versagen, wollen aber auf zwei aufschlußreiche Kompositionsmerkmale hinweisen, die das Konvergieren der temporischen Spannung im Augenblick des Todes und Büchners Zitattechnik in einem notwendigen Zusammenhang erscheinen lassen.

Das erste Merkmal besteht darin, daß sich das erste und das vorletzte Auftreten des Wortes 'Zeit' im Drama auf Dantons Nichthandeln und sein Verhältnis zur Zeit als Zeitvertreib beziehen. So antwortet Hérault auf Camilles Frage (I, 1), ob Danton handeln würde, wenn es darauf ankäme: "Ja, aber bloß zum *Zeitvertreib*, wie man Schach spielt" (12, 27). Danton sagt gegen Ende des Dramas (IV, 3) über seinen Körper: "Wir haben uns schon mehr miteinander *die Zeit vertrieben*" (66, 25f.). Zwischen diesen beiden Dramenzitaten liegen zweiundzwanzig Erwähnungen des Wortes 'Zeit,' viele davon in adaptierten Quellenzitaten, die außerdem — wie ausführlich gezeigt werden konnte — immer wieder Veränderungen der temporischen Spannung aufweisen. Man kann also sagen, daß die Zitate kurz vor dem Tode Dantons und am Ende des Dramas ihren Zweck erfüllt und ihre temporische Leistung vollbracht haben. Genau das zeigt Büchner auf ebenso drastische wie dramatische Weise durch ein geringfügig verändertes historiographisches Zitat. Darin liegt das zweite Kompositionsmerkmal, das wir nachweisen wollten. In den Quellen findet sich der Satz eines anonymen Alten, der zu den Jakobinern gesagt haben soll: "Ich sterbe an dem Tage, an welchem das Volk seinen Verstand verloren hat; Ihr werdet sterben müssen, wenn es ihn wieder bekommt" (QT, 51; QV, 378). Im Drama wendet sich Lacroix mit diesen Worten an das Volk: "Ihr tödtet *uns* an dem Tage, wo ihr den Verstand verloren habt; ihr werdet *sie* tödten, wo ihr ihn wiederbekommt" (73, 32—34). Es ist bedeutsam für unsere Darstellung des Zitatproblems in *Dantons Tod*, daß Büchner hier zeigt, wie dieses Zitat seine Wirkung verfehlt, weil das Volk es bereits kennt: "Das war schon einmal da, wie langweilig!" (73, 35).

Wir kommen daraus zu folgendem Schluß über die Zitattechnik in *Dantons Tod*. Büchner ist sich der temporischen Leistung und der dramatischen Wirkung des Zitats deutlich bewußt; nur so ist erklärlich, weshalb er, gleichsam nach der vollbrachten eigenen Leistung, die Leistung des Zitats ironisch beleuchten konnte, die selbst wieder seine eigene Leistung ist.

Nach der fünfundzwanzigsten und letzten Erwähnung des Wortes 'Zeit' in Héraults "Da ist's Zeit" (74,11) folgt das letzte historiographische Zitat des Dramas. Wieder nimmt Büchner eine temporische Veränderung vor:

Tu veux donc être plus cruel que la mort! Va, tu n'empêcheras pas que *dans un moment* nos têtes s'embrassent dans le fond du panier (*QT,* 52; *QV,* 378).	DANTON *zum Henker.* Willst du grausamer seyn als der Tod? Kannst du verhindern, daß unsere Köpfe sich auf dem Boden des Korbes küssen? (74, 13–15).

Im Quellentext erscheint der Augenblick des Todes, da sich die Köpfe auf dem Boden des Korbes küssen werden, noch in der Zukunft; "dans un moment" wird dieser Satz seine Erfüllung finden. Im Drama dagegen ist das Forschreiten der Zeit schon mit Héraults "Da ist's Zeit" (74, 11) zum Stillstand gekommen. Der Augenblick des Todes ist der Beginn der Zeitlosigkeit; ein Hinweis auf das, was sich dann ereignen wird, erübrigt sich also. Deshalb läßt Büchner die Zeitbestimmung "dans un moment" weg. Diese temporische Veränderung bestätigt noch einmal alles, was wir bisher über Büchners Zitattechnik und das historiographische Zitat gesagt haben.

b. Das Selbstzitat

Unter Selbstzitaten verstehen wir hier solche Zitate, die Büchner aus seinen Quellenwerken zunächst in seine Briefe und dann von dort in das Drama *Dantons Tod* übernommen hat. Die Briefe nehmen auf diese Weise eine Mittlerrolle wahr zwischen ereignisbezogenen, ideenbezogenen und zeitlosen Quellenzitaten einerseits und dem Drama andererseits. Eine Erweiterung dieser Fragestellung auf *Leonce und Lena, Woyzeck* und die Novelle *Lenz* soll hier unterbleiben, da es um den grundsätzlichen Nachweis geht, daß die temporische Spannung zwischen Quellentext und Dramentext auch durch die synchronisierende Wirkung anderer Texte Büchners — in unserem Falle der Briefe — verändert werden kann.

Beim Selbstzitat ist zu unterscheiden zwischen seiner ursprünglichen temporischen Leistung, die Quellentext und Brieftext verbindet und die ereignisbezogen, ideenbezogen oder zeitlos sein kann, und seiner synchronisierenden

Leistung, wenn es gleichsam zum zweiten Male aus den Briefen in den Dramentext verpflanzt wird. Das Selbstzitat darf deshalb nicht grundsätzlich als gleichzeitig mit dem Drama betrachtet werden, denn erst durch seine Übernahme in die Briefe wird es in die Gleichzeitigkeit mit dem Drama gehoben. So gesehen, nimmt das Selbstzitat eine Sonderstellung unter den angeführten Zitatarten ein. Diese besteht darin, daß die ideenbezogenen und zeitlosen Zitate, die in den Briefen synchronisiert wurden, in einem gleichzeitigen Spannungsverhältnis zum Drama stehen, zugleich aber bei ihrer Übernahme in das Drama wieder in ihre ursprünglichen Spannungsverhältnisse eintreten: Die temporische Spannung der Selbstzitate ist eine doppelte, in zwei verschiedenen Zeitschichten wurzelnde.

Zwei Schlußfolgerungen können daraus gezogen werden: Einmal ist diese Erkenntnis ein Beweis für die inhaltliche Verknüpfung, die zwischen den Briefen und dem Drama besteht und die uns die Berechtigung gibt, bei einer Interpretation den ganzen Werkkosmos Büchners einzubeziehen; zum anderen nimmt die temporische Integrierung der Selbstzitate den integralen Realismus vorweg, der am Beispiel der drei zeitbezogenen Zitatarten für das Drama als Ganzes nachzuweisen ist.

Wir beginnen mit einem historiographischen Zitat. In der von Adolf Beck gefundenen Quelle der *Causes* des Vilate findet sich der Satz: "Welch seltsame *Gleichförmigkeit in der Natur*" (QB, 523). Büchners mimetisch-dynamische Auseinandersetzung mit dieser Quelle drückt sich zunächst in einer Erweiterung des Begriffes der Natur auf die Natur des Menschen aus. In seinem schon zitierten Brief an die Braut heißt es deshalb: "Ich finde in der *Menschennatur* eine entsetzliche *Gleichheit,* in den menschlichen Verhältnissen eine unabwendbare Gewalt, allen und keinem verliehen" (BW, 374). Beck stellt zwar den Zusammenhang her zwischen den Worten Vilates und der vom Thema der Gewalt handelnden Rede St. Justs (45, 16—46, 39), doch führt er nicht den Satz an, den Büchner als ein zum zweiten Male adaptiertes Selbstzitat aus seinem Brief in das Drama übernimmt: "Wir schließen schnell und einfach: da Alle unter *gleichen* Verhältnissen geschaffen werden, so sind *Alle gleich,* die Unterschiede abgerechnet, welche die *Natur* selbst gemacht hat" (46, 8—10). Damit ist die zweistufige Adaptierung des Zitats erwiesen.

St. Just spricht dann von der tötenden Gewalt "dießes in der Wirklichkeit angewandten Satzes" (46, 13f.). Man kann sagen, daß auch Büchner den Satz des Vilate auf dem Umweg über einen Brief in der dramatischen Wirklichkeit anwendet, der dann dort seine Wirkung nicht verfehlt. Büchners wirkungsgeschichtliche Auseinandersetzung mit dem Gedanken der Gleichheit in der Menschennatur wird hier durch die Zwischenstufe des Briefes verdeutlicht.

Das zweite Beispiel ist ein literarisches Zitat, an dem die Integrierung eines ideenbezogenen Aussageelements in die dramatische Wirklichkeit sichtbar wird. Bergemann und auch Peter Michelsen haben Vermutungen angestellt über die genaue textliche Herkunft des mythischen Bildes vom "glühenden Bauch des

Perillusstiers." Diesen Quellenmutmaßungen kann nun eine überzeugendere Quelle entgegengestellt werden.[37] Es handelt sich um eine Stelle in Schillers *Die Räuber.* Selbst der Ton des Briefes scheint die anklagenden Worte Mohrs nachzuempfinden:

MOHR. ... ... Euer *banges Sterbegewinsel* — euer schwarzgewürgtes Gesicht — eure fürchterlich klaffenden Wunden sind ja nur Glieder einer unzerbrechlichen Kette des Schiksals, und hängen zulezt an meinen Feyerabenden, an den Launen meiner Ammen und Hofmeister, am Temperament meines Vaters, am Blut meiner Mutter — *von Schauer geschüttelt.* Warum hat mein *Perillus* einen Ochsen aus mir gemacht, daß die Menschheit *in meinem glühenden Bauche* bratet? [38]

... ... — ach, wir *armen schreienden Musikanten!* das *Stöhnen auf unsrer Folter,* wäre es nur da, damit es durch die Wolkenritzen dringend und weiter, weiter klingend wie ein *melodischer Hauch in himmlischen Ohren* stirbt? Wären wir das Opfer *im glühenden Bauch des Perillusstiers,* dessen Todesschrei wie das Aufjauchzen des in den Flammen sich aufzehrenden Gottstiers klingt? (*BW,* 379).

Entscheidend ist, daß in den bisher angegebenen möglichen Quellen zwar vom Perillus, aber nicht von seinem "glühenden Bauch" die Rede ist. Dieses Wortzitat aus Schillers Drama, die Sinnentsprechung zwischen "banges Sterbegewinsel" und den "armen schreienden Musikanten," vielleicht auch noch die Sinnentsprechung zwischen dem "Sterbegewinsel," dem "Stöhnen auf unsrer Folter" und dem "Hauch in himmlischen Ohren" lassen dieses Zitat als gesichert erscheinen. In *Dantons Tod* kommt das Wort "Perillusstier" zwar nicht mehr vor, doch beweist die Wortfolge "Hauch in himmlischen Ohren" und das Wortzitat "Musicanten" die Herkunft dieses Zitats aus dem Brief. Die Dramenstelle lautet:

Aber wir sind die *armen Musicanten* und *unsere Körper die Instrumente.* Sind die häßlichen Töne, welche auf ihnen herausgepfuscht werden nur da um höher und höher dringend und endlich leise verhallend wie ein wollüstiger *Hauch in himmlischen Ohren* zu sterben? (71, 35—39).

[37] Bergemann sagt in seinen Anmerkungen: Büchner "scheint d. Sage vom griech. Erzgießer Perilaos u.s. Auftraggeber, d. Tyrannen Phalaris von Agrigent, mit der ägyptischen Phönixsage zusammengeworfen zu haben" (*BW,* 666). Michelsen dagegen weist auf die Urquelle bei Lukian und auf vage Anklänge bei Wieland (a.o.O., S. 135—137) — vgl. auch Anmerkung 1 (Kap. III der vorliegenden Arbeit).
[38] Friedrich Schiller, *Schillers Werke; Nationalausgabe,* Bd. III, hrsg. von Herbert Stubenrauch (Weimar, 1953), IV, v; S. 109. Es wird deutlich, daß Büchners Brief neben dem glühenden Bauch des Perillus auch das Fragezeichen am Ende der Stelle als Entsprechung zum Schillertext aufweist.

Das Bild vom Körper als Instrument erscheint später noch zweimal in den Sätzen: "So ein armseeliges Instrument zu seyn, auf dem eine Saite immer nur einen Ton angiebt" (32, 4—6); "Morgen bist du eine zerbrochne Fiedel, die Melodie ist ausgespielt" (66, 27f.). Die Vermutung liegt nahe, Büchner habe das musikalische Bild vom leise verhallenden Ton selbst hinzugefügt. Es wird sich aber zeigen, daß hier und an anderen Stellen (61, 7—17; 67, 3—7) eine zweite, bisher unbekannte Quelle zu berücksichtigen ist.[39] Es kann festgehalten werden: Auch das ideenbezogene Zitat wird — wie das aus der historischen Vergangenheit stammende Zitat im ersten Beispiel — aus seiner wirkungsgeschichtlichen Vergangenheit in die Gleichzeitigkeit mit dem Drama versetzt. Durch diese erneute Vergegenwärtigung erreicht Büchner eine Erweiterung des wirkungsgeschichtlichen Fundaments seines Dramas. Ohne die Zwischenstufe der Briefe hätte er die Quellenzitate nur als Zitatmontagen oder -adaptionen übernehmen können. Indem er ereignisbezogene und ideenbezogene Zitate zuerst in seinen Briefen in die Gleichzeitigkeit mit dem Drama hebt, können sie dann dort als Zitatintegrate in Erscheinung treten. Büchner vollzieht damit eine stoffgeschichtliche Rezeption von Textaussagen, die nicht in einem historischen Zusammenhang mit dem Stoff des Dramas stehen. Die fremde Textautorität, die solche Zitate in das Drama mitbringen, verwandelt sich in ihre sprachliche und temporische Leistung. Der Gewinn an stilistischer Aussagekraft und die Ausweitung des wirkungsgeschichtlichen Horizonts wird durch den graduell abnehmenden Tatsachengehalt erkauft; je weiter aber der faktische, historiographische Bezug in den Hintergrund tritt, desto größer ist die sprachliche und temporische Leistung des Zitats.

Dieses Ergebnis gewinnt erhöhte Beweiskraft durch unser drittes Beispiel, das die Adaption (im Brief) und die Integrierung (im Drama) eines zeitlosen Zitats zeigt. Dieses Beispiel ist eine bisher nicht als Zitat erkannte Bibelstelle, die einen Zentralgedanken im Werkkosmos Büchners enthält. Wir stellen die Quelle und den schon zitierten Brief gegenüber:

---

[39] Gemeint sind Feuerbachs *Todesgedanken* (vgl. S. 118—120 der vorliegenden Arbeit). Es besteht trotzdem die Möglichkeit, daß Büchner das Musikalische des Vergleichs ebenfalls bei Schiller vorfand, und zwar in Schillers "Anthologie auf das Jahr 1782," *Schillers Werke; Nationalausgabe*, Bd. I, hrsg. von Julius Petersen und Friedrich Beißner (Weimar, 1943), wo die 10. Strophe des Gedichts "Rousseau" lautet (S. 62):

Ja! im acht und zehnten Jubeljare,
Seit das Weib den Himmelsohn gebare,
(Kroniker vergeßt es nie)
Hier erfanden schlauere *Perille*
Ein noch *musikalischer* Gebrülle
Als dort aus dem ehrnen Ochsen schrie.

Der Hinweis darauf geht hervor aus den "Erläuterungen" zu: *Die Räuber, Schillers Werke; Nationalausgabe*, Bd. III, a.o.O., S. 430 (Hervorh. im Gedicht von L.F.H.).

Höret, ihr Kinder Israel, des Herrn Wort! denn der Herr hat Ursache, zu schelten, die im Lande wohnen; denn es ist keine Treue, keine Liebe, keine Erkenntnis Gottes im Lande; sondern Gotteslästern, *Lügen, Morden, Stehlen und Ehebrechen* hat überhandgenommen, und eine Blutschuld kommt nach der andern (Hosea 4, 1—2).

Das *Muß* ist eins von den Verdammungsworten, womit der Mensch getauft worden. Der Ausspruch: es muß ja Ärgernis kommen, aber wehe dem, durch den es kommt — ist schauderhaft. Was ist das, was in uns *lügt, mordet, stiehlt?* Ich mag dem Gedanken nicht weiter nachgehen (*BW*, 374; Hervorhebung des "Muß" durch Büchner).[40]

Wieder erweist sich eine Briefstelle als ein adaptiertes Zitat. Die Substantive "Lügen, Morden, Stehlen" erscheinen verbalisiert in der gleichen Reihenfolge als "lügt, mordet, stiehlt." Das "Gotteslästern" paßt nicht in den Kontext und fällt deshalb weg, und auf das "Ehebrechen" mag Büchner aus Rücksicht auf die Braut nicht eingegangen sein. Im Drama dagegen erübrigt sich diese Rücksichtnahme; außerdem ändert Büchner die Reihenfolge, vermutlich aus Gründen des dramatischeren Sprachduktus. Dafür sind aber nun alle vier Substantive der Quelle wiedergegeben, und das Zitat ist damit als gesichert nachgewiesen:

JULIE. Du hast das Vaterland gerettet.

DANTON. Ja das hab' ich. Das war Nothwehr, wir mußten. Der Mann am Kreuze hat sich's bequem gemacht: es muß ja Aergerniß kommen, doch wehe dem, durch welchen Aergerniß kommt.
Es muß, das war dieß Muß. Wer will der Hand fluchen, auf die der Fluch des Muß gefallen? Wer hat das *Muß* gesprochen, wer?
Was ist das, was in uns hurt, lügt, stiehlt und mordet? ... (41, 24—31).

Durch die Integrierung des zeitlosen Zitats auf dem Umweg über den Brieftext erreicht Büchner eine zusätzliche Erweiterung des wirkungsgeschichtlichen Fundaments, die über das vom ideenbezogenen Zitat Geleistete noch hinausgeht. Die temporische Spannung, die sich bei den *Causes* über elf Jahre, im Falle von Schillers Drama *Die Räuber* (1780) über Jahrzehnte und im Falle des Zitats aus *Hosea* über mindestens zwei Jahrtausende erstreckt, ist damit eindeutig in gegenseitiger Abhängigkeit zur sprachlichen Leistung und zur dramatischen Wirkung des Zitats in *Dantons Tod* dargestellt: Je weiter sich der wirkungsgeschichtliche Horizont zwischen Quelle und Drama spannt, und je

---

[40] Bergemann weist auch den Satz vom "Aergerniß," das da kommen muß, als Bibelzitat nach (vgl. *BW*, 644) — vgl. dazu auch Anmerkung 88 (Kap. III der vorliegenden Arbeit).

weiter der Tatsachencharakter der Zitate im Verhältnis zur Französischen Revolution in den Hintergrund tritt, desto allgemeingültiger, das heißt desto wahrer ist die Aussage des Zitats im Kontext des Dramas.

Die sprachliche und temporische Leistung des ereignisbezogenen Zitats ist geringer als diejenige des ideenbezogenen Zitats, und beide stehen in dieser Hinsicht dem zeitlosen Zitat nach. Jetzt wird auch von dieser Seite her deutlich, weshalb Büchner in vielen historiographischen Zitaten Änderungen der temporischen Spannung vornimmt, wie wir nachweisen konnten. Es geht Büchner um die Erhöhung der Leistung des Zitats.

Auch die Synchronisierung ideenbezogener und zeitloser Zitate in den Briefen und ihre Übernahme als Selbstzitate bedeutet eine Erhöhung der Zitatleistung. Außerdem ist damit bewiesen, daß die Briefe Büchners in unserer Untersuchung zum Werkkosmos Büchners hinzuzurechnen sind. Die Zitatadaption in den Briefen und die Integrierung dieser Zitate in den Dramentext zeigt aber auch, daß der bloße Nachweis der Herkunft ein Zitat als solches nicht hinreichend definiert. Die Bewertung des Zitats im Vergleich zu seinem neuen Kontext wird erst durch das Prinzip der sprachlichen und temporischen Leistung möglich. Nach der exemplarischen Behandlung der Zitattechnik Büchners am Beispiel des Selbstzitats bleibt zu zeigen, worin die sprachliche und temporische Leistung der ideenbezogenen und zeitlosen Zitate im einzelnen besteht.

3. DIE SCHICHT DER HISTORISCH WIRKSAMEN IDEEN

a. Das philosophische Zitat

War das ereignisbezogene Zitat mit Ausnahme des Selbstzitats *historiographisch,* so ist das ideenbezogene Zitat *ideographisch* zu nennen: Ideen, in philosophischen und literarischen Texten aufgezeichnet und von dort übernommen, setzen ihre sprachliche und temporische Leistung in *Dantons Tod* fort. Es steht zu erwarten, daß wir hierbei häufiger auf sprachlich stark veränderte Zitate (Textintegrate) stoßen werden, denn es gehört zur Eigenart der Idee, bei ihrer Übermittlung nicht auf den Wortlaut angewiesen zu sein. Trotzdem halten wir unsere Abgrenzung gegenüber reinen Sinnzitaten oder bloßen Sinnentsprechungen zwischen Quelle und Drama weiter aufrecht. Wir berücksichtigen nur solche Zitatintegrate, in denen mindestens ein Wortzitat enthalten ist, das den Sinnzusammenhang bestätigt.

Die Büchner-Forschung kennt weder den Unterschied zwischen historiographischen und ideographischen Zitaten, noch hat sie das philosophische Zitat in *Dantons Tod* in seiner eigentümlichen Bedeutung und Funktion erkannt, die hier sprachlich und temporisch erfaßt werden soll. Die Adaption und Integrierung beider Zitatarten ist Ausdruck der wirkungsgeschichtlichen Auseinandersetzung Büchners mit den Quellen, jedoch tritt das Prinzip der Wirkungsgeschichte erst bei den philosophischen und literarischen Zitaten in seiner vollen Bedeutung hervor. Am Beispiel der philosophischen Quellen soll gezeigt werden, worin die sprachliche und temporische Leistung des ideenbezogenen Zitats besteht und wie sie sich im Drama manifestiert. Wir beschränken uns dabei auf Hegels *Phänomenologie des Geistes* und Feuerbachs *Todesgedanken.*[41]

Ein Hinweis auf dieses Werk Hegels als einer möglichen Quelle für *Dantons Tod* findet sich nur bei Klaus Ziegler.[42] Textbeispiele gibt er allerdings nicht. Seine Bemerkung bezieht sich auf einen Abschnitt in der ersten Rede Robespierres vor dem Jakobinerklub, die wir bereits als eine Synopse der Quellen *Mignet, UZ* und *Phän* bezeichneten.[43] Wir stellen zunächst *UZ* und den Dramentext gegenüber:

---

[41] Hinweise auf die Fichterezeption Büchners gibt Werner R. Lehmann in seinen *Prolegomena* (besonders S. 199—203) und in seiner Miszelle "Robespierre — 'ein impotenter Mahomet'? ," a.o.O., S. 210—217. Endgültiges wird sich aber erst sagen lassen nach der Herausgabe der philosophischen Schriften Büchners im entsprechenden Band der neuen Büchner-Ausgabe.
[42] Ziegler sieht die Gestalten Robespierres und St. Justs "in erstaunlicher Analogie zu jenen Partien der Hegelschen *Phänomenologie des Geistes* (1807)," in: "Das deutsche Drama in der Neuzeit," a.o.O., Sp. 2268. Wir zitieren hier nach: Friedrich Hegel, *Phänomenologie des Geistes,* 4. Aufl. der Jubiläumsausgabe, Bd. II, hrsg. von Hermann Glockner (Stuttgart, 1964), im Folgenden zitiert als *Phän.*
[43] vgl. S. 86 der vorliegenden Arbeit.

Ist die Triebfeder der Volksregierung im Frieden die Tugend, so ist die Triebfeder der Volksregierung in einer Revolution zugleich die Tugend und der Schrecken: die Tugend, weil ohne sie der Schrecken verderblich, der Schrecken, weil ohne denselben die Tugend ohnmächtig ist. Der Schrecken ist nichts anders, als die schnelle, strenge und unbeugsame Gerechtigkeit; es ist also ein Ausfluß der Tugend, es ist also weniger ein besonderes Prinzip, als die Folge des allgemeinen Prinzips der Demokratie, angewendet auf die dringendsten Bedürfnisse des Vaterlandes. Man sagt, der Schrecken sei eine Triebfeder der despotischen Regierung. Die unsrige gliche also dem Despotismus? Freilich, aber so wie das Schwert in den Händen eines Freiheitshelden dem Säbel gleicht, womit der Satellit der Tyrannei *bewaffnet* ist. Regiere der Despot seine tierähnlichen Untertanen durch den Schrecken; er hat recht als Despot. Beherrscht durch den Schrecken die Feinde der Freiheit, und ihr habt als Stifter der Republik nicht minder recht. Die Revolutionsregierung ist der Despotismus der Freiheit gegen die Tyrannei (*QT*, 37–38; *QV*, 361–362).

Wir haben nichts gethan, wenn wir noch eine andere Faction zu vernichten haben. Sie ist das Gegentheil der vorhergehenden. Sie treibt uns zur Schwäche, ihr Feldgeschrei heißt: Erbarmen! Sie will dem Volk seine *Waffen* und die *Kraft*, welche die *Waffen* führt, entreißen um es nackt und entnervt den Königen zu überantworten. Die *Waffe* der Republik ist der Schrecken, die *Kraft* der Republik ist die Tugend. Die Tugend, weil ohne sie der Schrecken verderblich, der Schrecken, weil ohne ihn die Tugend ohnmächtig ist. Der Schrecken ist ein Ausfluß der Tugend, er ist nichts anders als die schnelle, strenge und unbeugsame Gerechtigkeit. Sie sagen der Schrecken sey die *Waffe* einer despotischen Regierung, die unsrige gliche also dem Despotismus. Freilich, aber so wie das Schwert in den Händen eines Freiheitshelden dem Säbel gleicht, womit der Satellit der Tyrannen *bewaffnet* ist. Regire der Despot seine thierähnlichen Unterthanen durch den Schrecken, er hat Recht als Despot, zerschmettert durch den Schrecken die Feinde der Freiheit und ihr habt als Stifter der Republik nicht minder Recht. Die Revolutionsregirung ist der Despotismus der Freiheit gegen die Tyrannei (18, 14–33).

Zwei Gründe lassen zunächst das Suchen nach einer weiteren Quelle überflüssig erscheinen; erstens kann mit gewisser Berechtigung behauptet werden, daß die Quelle *UZ* an dieser Stelle (besonders: 18, 20–32) einer bei Thieberger angeführten Passage bei *Mignet* folge (vgl. *QT*, 37), also schon zwei Quellen zu berücksichtigen wären; zweitens scheint der Umfang der wörtlichen Übernahmen aus *UZ* eine dritte Quelle auszuschließen. Bei genauerer Analyse erweisen sich jedoch diese Begründungen als nicht ganz stichhaltig. Drei Sätze in der angegebenen Dramenstelle – von "Sie ist das Gegentheil der vorhergehenden . . ." bis ". . . um es nackt und entnervt den Königen zu überantworten" (18, 16–19) — stammen weder aus *UZ* noch aus *Mignet;* außerdem geht die zweimalige Gleichsetzung des Schreckens mit der *"Waffe* der Republik" (18, 20) beziehungsweise der *"Waffe* einer despotischen Regierung" (18, 25f.) nicht aus diesen Quellen hervor. Die Wörter "Waffe" und "Waffen," die im Drama in diesem Abschnitt insgesamt viermal vorkommen, erscheinen in der französischen Quelle überhaupt nicht und in der deutschen Quelle nur als das Partizip "bewaffnet." Sie finden sich zusammen mit den zentralen Wortzitaten "Tugend" und "Schrecken" im Kapitel "Die Tugend und der Weltlauf" in der *Phänomenologie des Geistes,* wo Hegel sich mit der Französischen Revolution auseinandersetzt und über das "Allgemeine" Folgendes sagt:

Von der *Tugend* soll es nun seine wahrhafte Wirklichkeit erhalten durch das Aufheben der Individualität . . . . . . Denn insofern sie *Individualität* [Hegel] ist, ist sie das *Thun* [Hegel] des *Kampfes,* den sie mit dem Weltlaufe eingeht; ihr Zweck und wahres Wesen aber ist die Besiegung der Wirklichkeit des Weltlaufs; die dadurch bewirkte Existenz des Guten ist hiermit das Aufhören ihres *Thuns* [Hegel], oder des *Bewußtseyns* [Hegel] der Individualität. — Wie dieser *Kampf* selbst bestanden werde, was die *Tugend* in ihm erfährt, ob durch die Aufopferung, welche sie über sich nimmt, der Weltlauf unterliege, die *Tugend* aber siege, — dieß muß sich aus der Natur der lebendigen *Waffen* [Hegel] entscheiden, welche die *Kämpfer* führen. Denn die *Waffen* sind nichts anderes, als das *Wesen* [Hegel] der *Kämpfer* selbst, das nur für sie beide gegenseitig hervortritt. Ihre *Waffen* haben sich schon aus dem ergeben, was an sich in diesem *Kampfe* vorhanden ist (*Phän,* 294–295).

Das "Feldgeschrei" der einen Faktion (18, 17) entspricht dem "Kampf," den beide — Hegel wie Büchner — hier beschreiben. Der Zusammenhang zwischen "Waffen" und "Kraft" — "Sie will dem Volk seine *Waffen* und die *Kraft,* welche die *Waffen* führt, entreißen . . ." (18, 17f.) — geht auch aus einem Satz Hegels hervor, der in der Quelle *Phän* im gleichen Kapitel vor der unten behandelten Stelle vom Gewissen als "Spiegel" (27, 2) steht. Er lautet:

Indem dieß Allgemeine dem Bewußtseyn der Tugend, wie dem Weltlaufe auf gleiche Weise zu Gebote steht, so ist nicht abzusehen, ob so ausgerüstet, die Tugend das Laster besiegen werde. Die *Waffen* sind dieselben; sie sind diese Fähigkeiten und *Kräfte* (*Phän,* 296).

Wenn Robespierre die Gegenfaktion beschuldigt, sie wolle dem Volk "seine *Waffen* und die *Kraft*" entreißen, so spricht er die Befürchtung seiner Faktion aus, die Dantonisten könnten dies — wie Hegel als Möglichkeit einräumt — tatsächlich erreichen. Möglicherweise hat Büchner diese Stelle gekannt; die wiederholte Gegenüberstellung von "Waffen" und "Kraft," die weder bei *Mignet* noch in *UZ* vorkommt, bekräftigt diese Vermutung. Dies würde bedeuten, daß der fragliche Satz im Drama – "Sie will dem Volk seine *Waffen* und die *Kraft*, welche die *Waffen* führt, entreißen um es nackt und entnervt den Königen zu überantworten" (18, 17ff.) – der bisher nirgends als Zitat nachgewiesen werden konnte, auf Hegel zurückgeht.

Trotz der angedeuteten Übereinstimmung kann grundsätzlich angezweifelt werden, ob Hegel überhaupt als primäre Quelle für Büchner in Frage kommt. Das schließt nicht aus, daß die Quelle *Phän* als Sekundärquelle zu betrachten wäre; beispielsweise könnte *UZ* darauf zurückgehen, woraus Büchner nachweislich schöpfte. Ließe sich dieser Zusammenhang herstellen, so wären die wirkungsgeschichtlichen Beziehungen zwischen Hegel und Büchner bewiesen, auch wenn für Büchner Hegels *Phänomenologie des Geistes* und die *Philosophie der Geschichte* als echte Quellen ausscheiden. Da sich weder dieser Beweis noch der Gegenbeweis mit den vorhandenen Mitteln antreten läßt, darf nur auf den wirkungsgeschichtlichen Zusammenhang hingewiesen werden, in den sich *Dantons Tod* selbst stellt – möglicherweise ohne das bewußte Zutun des Dichters. Da wir den Dramentext als verbindlich anerkennen und nicht von Büchners Rezeption der idealistischen Philosophie ausgehen, die ohnehin noch nicht untersucht worden ist (auch Fichte war beispielsweise ein Vertreter dieser Schule), kann es sich hier um einen Fall handeln, in dem die wirkungsgeschichtliche Evidenz des Textes schwerer wiegt als der vorerst nicht zwingende Quellen- oder Rezeptionsnachweis. Im Hinblick auf die möglichen Hegelquellen ist deshalb äußerste Behutsamkeit und Vorsicht am Platze.

Es scheint nach den beiden Stellen aus der Quelle *Phän* durchaus möglich, daß Büchner auch das Bild des Schreckens als Waffe der siegreichen Faktion von Hegel übernommen hat. Was ist dieser Schrecken konkret? Die Antwort darauf geht ebenfalls aus dieser Quelle hervor, diesmal aus dem Kapitel "Die absolute Freiheit und der Schrecken." Auch dort spricht Hegel über die Französische Revolution. Der Schrecken des Todes, heißt es dort, sei der Ausdruck der absoluten Freiheit, die sich die siegende Faktion anmaße, indem sie das Amt der Regierung ausübt. Hegel macht deutlich, daß es in dieser geschichtlichen Situation keine rechtmäßigen Regierungen geben könne. Jede Regierung sei im Grunde eine Faktion unter mehreren, deren Despotismus sich in nichts unterscheide. Büchner teilt diese Auffassung, wie wir am Beispiel einer temporischen Veränderung in der gleichen Rede Robespierres, wenige Sätze vor der oben zitierten Passage (vgl. 18, 11), zeigen konnten. Auch dort ergab sich eine Gleichsetzung der Schreckensregimente der einzelnen Faktionen.[44] Aus der folgenden Stelle bei Hegel geht das gleiche hervor:

> Die Regierung ist selbst nichts anderes als der sich festsetzende Punkt oder die Individualität des allgemeinen Willens. Sie, ein Wollen und Vollbringen, das

---

[44] vgl. S. 85 der vorliegenden Arbeit.

aus einem Punkte ausgeht, will und vollbringt zugleich eine bestimmte Anordnung und Handlung. Sie schließt damit einer Seits die übrigen Individuen aus ihrer That aus, anderer Seits konstituirt sie sich dadurch als eine solche, die ein bestimmter Willen und dadurch dem allgemeinen Willen entgegengesetzt ist; sie kann daher schlechterdings nicht anders, denn als eine Faktion [Hegel] sich darstellen. Die *siegende* [Hegel] nur heißt Regierung, und eben darin, daß sie *Faktion* ist, liegt unmittelbar die Nothwendigkeit ihres Untergangs; und daß sie Regierung ist, dieß macht sie umgekehrt zur *Faktion* und schuldig (*Phän*, 454–455).

Nicht nur die jakobinische Revolutionsregierung ist der "Despotismus der Freiheit gegen die Tyrannei" (18, 32f.), sondern jede Faktion würde sich als Regierung dieser Handlungsweise schuldig machen. Hegel vertritt diese Auffassung, und Büchner gibt ihr — wie schon gezeigt wurde — durch das "war" in dem Satze Ausdruck: "Héberts Triumph hätte die Republik in ein Chaos verwandelt und der Despotismus *war* befriedigt" (18, 10f.).

Zwei weitere Stellen bestätigen die Möglichkeit einer wirkungsgeschichtlichen Beziehung zu den beiden Kapiteln der *Phänomenologie des Geistes*. An der ersten Stelle spricht Hegel von den "pomphaften Reden vom Besten der Menschheit und der Unterdrückung derselben" und kritisiert die phrasenhafte Leere solcher Schönrederei. Damit ist eine inhaltliche Beziehung hergestellt zu einer zentralen Aussage des Dramas:

Diese Leerheit der mit dem Weltlaufe kämpfenden Rednerei würde sich sogleich aufdecken, wenn gesagt werden sollte, was ihre *Redensarten* bedeuten; — sie werden daher *als bekannt vorausgesetzt* [Hegel]. Die Forderung, dieß Bekannte zu sagen, würde entweder durch einen neuen Schwall von *Redensarten* erfüllt, oder ... die Unvermögenheit, *es in der That* [Hegel] zu sagen, würde eingestanden (*Phän*, 299–300).

Geht einmal euren *Phrasen* nach, bis zu dem Punkt wo sie verkörpert werden. Blickt um euch, das Alles habt ihr gesprochen, es ist eine mimische Uebersetzung eurer Worte (52, 4–7).

Ob diese Stelle ein Zitat ist, kann angezweifelt werden; sie scheint aber die wirkungsgeschichtliche Auseinandersetzung Büchners mit der Quelle zusammenzufassen, denn die Forderung Hegels, jemand solle die Phrasen auf ihre wahre Bedeutung hin untersuchen, und seine Vorhersage, daß jedes Erkennen einer Phrase neue Phrasen zur Verteidigung der ersten auslösen würde, erhält durch die zitierte Aufforderung Merciers neuen Sinn. Büchner weiß, daß es nicht genügt, phrasenhaftes Reden — Hegel nennt es "Rednerei" — als solches zu erkennen und zu brandmarken. Deshalb fordert Mercier, man solle den Phrasen nachgehen "bis zu dem Punkt wo sie verkörpert werden." Die Menschen sollen entlarvt werden und mit ihnen die Phrasen, die sie verkörpern – nicht bloß die Phrasen allein. Damit ginge Büchner über das von Hegel Geforderte hinaus. Man würde aber vielleicht zu weit gehen, wenn man aufgrund der begrifflichen Ähnlichkeit zwischen "Phrasen" und "Redensarten," wie Hegel dieses Wort verwendet, hier doch von einer Zitatadaption spräche.

Eine zweite Stelle findet sich im gleichen Kapitel der Quelle *Phän.* Sie bezieht sich auf die Unterredung Robespierres mit Danton und lautet in der Gegenüberstellung:

Zwar hat die Tugend ihren Glauben an die ursprüngliche Einheit ihres Zwecks und des Wesens des Weltlaufs in den Hinterhalt gelegt, welcher dem Feinde während des Kampfes in den Rücken fallen und *an sich* [Hegel] ihn vollbringen soll; so daß hierdurch in der That für den Ritter der Tugend sein eigenes *Thun* [Hegel] und Kämpfen eigentlich eine *Spiegelfechterei* ist, die er nicht für *ernst* nehmen *kann* [Hegel], weil er seine wahrhafte Stärke darin setzt, daß das Gute *an und für sich selbst* [Hegel] sey, d.h. sich selbst vollbringe, – eine *Spiegelfechterei,* die er auch nicht zum *Ernste* werden lassen *darf* [Hegel] (*Phän,* 296).	ROBESPIERRE. Mein Gewissen ist rein. DANTON. Das Gewissen ist ein *Spiegel* vor dem ein Affe sich quält; jeder puzt sich wie er kann, und geht auf seine eigne Art auf seinen *Spaß* dabey aus. Das ist der Mühe werth sich darüber in den Haaren zu liegen. Jeder mag sich wehren, wenn ein Andrer ihm den *Spaß* verdirbt ... (27, 1–6).

Diese Gegenüberstellung verdeutlicht, daß der "Ritter der Tugend" – Hegel wie Büchner meinen an dieser Stelle Robespierre – seinen Kampf um die Tugend weder ernst nehmen kann noch darf, weil sein Tugendideal die Einheit von Zweck und Geschichtsauffassung nur heuchele. Robespierre wird deshalb Danton als seinem Feind "in den Rücken fallen" (Hegel). Das erscheint als Ergebnis dieser Unterredung. Robespierre begeht eine "Spiegelfechterei" (Hegel); sein Gewissen ist "ein Spiegel vor dem ein Affe sich quält" (Büchner). Danton durchschaut die Phrasenhaftigkeit der Behauptung Robespierres, dessen Gewissen keineswegs rein ist. Wenn Robespierre diese "Spiegelfechterei . . . nicht für *ernst* nehmen kann, . . . eine Spiegelfechterei, die er auch nicht zum *Ernste* werden lassen darf" (Hegel), dann – so könnte Büchner gefolgert haben – kann er sich den Spiegel des Gewissens nur zum Spaß vorhalten. Dies setzt natürlich voraus, daß sich Robespierre der Hohlheit seiner Behauptung bewußt ist. Da er es nicht ist — wenigstens noch nicht hier[45] — kann Dantons Satz, er möge "seinen *Spaß* dabey" haben, als Aufforderung verstanden werden, sich der Dantonisten durch die Guillotine zu entledigen: "Jeder mag sich wehren, wenn ein Andrer [beispielsweise Danton] ihm [Robespierre] den Spaß verdirbt" (Büchner). Der geheuchelte Ernst in der Quelle würde dann in Büchners Zitatadaption als Spaß erscheinen und dadurch entlarvt werden. Der vierfache Hinweis im Quellentext auf das "Kämpfen" für dieses falsch verstandene Tugendideal mag Büchner zur 'Erfindung' eines Zitats angeregt haben, das diese Stelle bei Hegel sprachlich und dramatisch kondensiert: Robespierre als "Policeysoldat des Himmels" (27, 14f.).

Die behandelten Quellenzitate aus der *Phänomenologie des Geistes* deuten an, daß möglicherweise doch von Büchners Hegelrezeption gesprochen werden kann, die bisher noch keine Darstellung gefunden hat. Eine Bemerkung wie diejenige Adolf Becks zum Wortzitat "Weltgeist" (45, 35) aus dem Werke Hegels — auch in der hier untersuchten Quelle *Phän* kommt es mehrfach vor — wäre dann neu zu deuten.[46] Es bliebe auch zu untersuchen, ob Büchner, vielleicht auf dem Umweg über eine der vielen Vorlesungsmitschriften, von einer Stelle in Hegels *Philosophie der Geschichte* Kenntnis besaß. Auch dort ist — wie freilich auch in den französischen Quellen — von "Tugend" und "Schrecken" die Rede.[47]

[45] Erst aus einer Stelle in Robespierres zweiter Rede (II, 7) geht hervor, daß er erkannt hat, was er in seiner Unterredung mit Danton (I, 6) abstreitet: "Man schrieb mir, Dantons Freunde hielten mich umlagert in der Meinung die Erinnerung an eine alte Verbindung, *der blinde Glauben an erheuchelte Tugenden* könnten mich bestimmen meinen Eifer und meine Leidenschaft für die Freiheit zu mäßigen. So erkläre ich denn, nichts soll mich aufhalten, und sollte auch Dantons Gefahr die meinige werden" (44, 37—45, 4).

[46] Beck meint zur Rede St. Justs nach der zweiten Ansprache Robespierres vor dem Konvent: "Von Seiten Büchners: welche Ironie, daß sich der Blut-Redner auf den 'Weltgeist' Hegels, der dem Dichter so zuwider war, beruft!" (a.o.O., S. 525).

[47] Diese Stelle gibt wieder: Benno von Wiese, "Georg Büchner: die Tragödie des Nihilismus," in: B.v.W., *Die deutsche Tragödie von Lessing bis Hebbel,* a.o.O., S. 513—534: "Die Tugend ist hier ein einfaches Princip und unterscheidet nur solche, die in der Gesinnung sind und solche, die es nicht sind .... Von Robespierre wurde das Princip der Tugend als das Höchste aufgestellt, und man kann sagen, es sey diesem Menschen mit der Tugend Ernst gewesen [vgl. unsere Ausführungen zu "Spaß"/"Ernst" auf S. 106f. der vorliegenden Arbeit]. Es herrschen jetzt die *Tugend* [Hegel] und der *Schrecken* [Hegel]; denn die subjective Tugend, die bloß von der Gesinnung aus regiert, bringt die fürchterlichste Tyrannei mit sich. Sie übt ihre Macht ohne gerichtliche Formen, und ihre Strafe ist ebenso einfach — der Tod" (S. 516). Aus: G.W.F. Hegel, *Vorlesungen über die Philosophie der Geschichte,* 4. Aufl. der Jubiläumsausgabe, Bd. XI (Stuttgart, 1961), S. 561. Diese Quelle scheint fragwürdig trotz der gelegentlichen Entsprechungen, die Frenzel nachweist.

Diese Vorlesungen stammen aus den Jahren 1822—31 (vgl. Eduard Gans, "Vorwort zur ersten Ausgabe," ibid., S. 15), erstmals gedruckt am 8. Juni 1837 — also nach Büchners Tod. Zwei mögliche Zitate neben der erwähnten Stelle (18, 20—33) könnten sein: "Die *Tugend* muß durch den *Schrecken* herrschen" (24, 21f.) und "Das Laster muß bestraft werden, die *Tugend* muß durch den *Schrecken* herrschen" (26, 25f.).

Vielleicht handelt es sich aber bei allen diesen Übereinstimmungen nicht um echte Zitate, sondern um unabhängige Übernahmen Hegels wie Büchners aus den französischen Geschichtsquellen oder aus *UZ*.

Der Zweck der vorliegenden Untersuchung ist durch die Feststellung erfüllt, daß sich eine Reihe von Wortzitaten und möglichen Zitatadaptionen aus Werken Hegels in *Dantons Tod* finden, die sich stellenweise zu Wortfeldzitaten verdichten. Solche Wortzitate sind: "Tugend," "Schrecken," "Waffen," "Kraft," "Spiegel" und "Faktion." Damit gehören die entsprechenden Stellen zum wirkungsgeschichtlichen Horizont des Dramas *Dantons Tod,* auch wenn es sich aufgrund des noch lückenhaften Nachweises nicht um echte Zitate oder um Bildungsreminiszenzen handeln sollte. Entscheidend ist, daß diese Wortzitate und damit die Möglichkeit einer wirkungsgeschichtlichen Auseinandersetzung festgestellt werden konnte.

Die dramatische Wirkung und die temporische Leistung dieser Wortzitate liegt darin begründet, daß sie die Funktion eines Zitats ausüben, die wir als das Anrufen der Autorität eines aus der Vergangenheit stammenden Textes definiert haben. Die Wortzitate evozieren deshalb unsere gedanklichen Assoziationen mit diesem Quellentext, und diese Evokation ist selbst als Aspekt der Wirkungsgeschichte des Dramas zu betrachten. Unsere Assoziationen lassen sich höchstens durch einen verbindlichen Gegenbeweis widerlegen; man kann sie der wirkungsgeschichtlichen Betrachtungsweise nicht verbieten. Die temporische Spannung, die sich im Falle der Hegel-Zitate als eine Zeit von ungefähr dreißig Jahren ergibt, und die temporische Leistung der Zitate scheinen deshalb wichtiger als die hier nicht überall zweifelsfrei nachweisbare Herkunft.

Sehr viel eindeutiger gelingt der Nachweis einer Anzahl von philosophischen Zitaten aus Feuerbachs *Todesgedanken* aus dem Jahre 1830.[48] Dieses Werk will eine "Thanatodicee" sein.[49] Die noch zu beweisende Behauptung, daß Büchner dieses Werk gekannt hat, wirft ein kritisches Licht auf die Abhandlung Mühlhers, die Büchners "Nihilismus" unter Beweis stellen will.[50] Die Haltung Feuerbachs ist nämlich nicht nihilistisch, sondern ein religiöser Skeptizismus, der auf einem Sensualismus gründet.[51]

Wir behandeln die einzelnen Zitate, Zitatadaptionen und Zitatintegrate in der Reihenfolge der Dramenszenen. Gegen Ende der Szene "Eine Promenade" (II, 2) sagt einer der beiden Herren: "Ja, die Erde ist *eine dünne Kruste,* ich meine

---

48 Ludwig Feuerbach, "Todesgedanken," in: L.F., *Gedanken über Tod und Unsterblichkeit, Sämtliche Werke,* 2. Aufl., Bd. I, hrsg. von Friedrich Jodl (Stuttgart, 1960), S. 3—90 (zitiert als *Todesgedanken*), erstmals erschienen unter dem Titel: *Gedanken eines Denkers über Tod und Unsterblichkeit* (Nürnberg, 1830). Das Werk ist zwar "alsbald behördlich konfisziert worden," wie der Herausgeber schreibt ("Vorwort zum ersten Bande," S. xlv), doch ist damit nicht ausgeschlossen, daß Büchner sich ein Exemplar zu verschaffen wußte.
    Den ersten Hinweis auf diese bisher unbekannte Quelle verdanken wir Werner R. Lehmann.
49 *Todesgedanken,* "Vorwort zum ersten Bande," S. xliv.
50 Mühlher, a.o.O., S. 97 et passim.
51 vgl. Julius Ebbinghaus, "Ludwig Feuerbach," *DVj,* VIII (1930), S. 295ff.

immer ich könnte durchfallen, wo so ein Loch ist" (36, 36f.). Der Herr fürchtet sich vor einer "Pfütze," in die er fast hineingetreten wäre (36, 32ff.). Das Bild der Furcht vor dem Wasser wird jedoch nicht weiter ausgeführt. Vielleicht bezieht sich dieser Satz auf folgende Stelle bei Feuerbach:

> Es ist nur Wenigen vergönnt, das Ende der Gegenwart zu schauen, über ihre Grenze sich zu erheben und durch *die harte Kruste* gegenwärtig bestehender Maximen und Principien hindurch *den ewig sprudelnden Quell des ewigen Lebens* zu fühlen; Wenigen vergönnt, über die Oberfläche, die überall den Anblick eines sich gleich Bleibenden, eines Unveränderlichen darbietet, in die Tiefe zu dringen, und den Pulsschlag der schaffenden Zeit zu vernehmen . . .
> . . . . . . Vielleicht ist auch der Geist des Verfassers ein vergänglicher Tropfen aus dem unter der *Kruste* der Gegenwart *sprudelnden Quell des ewigen Lebens* . . . *(Todesgedanken,* 11).

Im Gespräch der beiden Herren kommt die gleiche Angst vor dem "Pulsschlag der schaffenden Zeit" zum Ausdruck wie bei Feuerbach, während die "Quell des ewigen Lebens," der unter der "Kruste" der Erdoberfläche sprudelt, in grotesker Verfremdung als "Pfütze" wiedererscheint. Bei Büchner folgt dann die Aufforderung zur Flucht aus der Wirklichkeit in die ästhetische Welt des Theaters (vgl. 37, 2). An einer anderen Stelle in den *Todesgedanken* wird die postulierte Übereinstimmung zwischen Quelle und Drama noch deutlicher. Wir stellen gegenüber:

Die ganze *Erde* ist daher so *durchlöchert,* wie ein Sieb, so porös, wie ein Schwamm; überall sind Spalten, Sprünge, Risse *(Todesgedanken,* 40).	ZWEITER HERR. Ja, die *Erde* ist eine dünne Kruste, ich meine immer ich könnte durchfallen, wo so ein *Loch* ist. Man muß mit Vorsicht auftreten, man könnte durchbrechen. Aber gehn Sie in's Theater, ich rath' es Ihnen (36, 36–37, 2).

Dieser Satz aus den *Todesgedanken,* der durch das Wortzitat "Erde" und die Adaption von "durchlöchert" zu "Loch" als gesichertes Zitat erscheint, hebt diese bisher völlig unbekannte Quelle zu *Dantons Tod* zum ersten Mal in das Licht der Forschung. Es wird sich zeigen, daß Büchner nicht nur eine Reihe von zentralen Begriffen und Ideen aus den *Todesgedanken* übernahm, sondern daß fast die ganze Szene "Die Conciergerie" (III, 7) anhand von Wortzitaten, Satzzitaten, Wortfeldzitaten und Zitatadaptionen sowie -integrationen aus dieser neuen Quelle abgeleitet werden kann.

Wir bleiben zunächst beim zweiten Akt. Der Philosoph Payne fordert unter anderem die Abschaffung des Unvollkommenen, erklärt die Leugnung des Schmerzes für unmöglich und spricht in diesem Zusammenhang vom Schmerz als

"Fels des Atheismus" und jenem zentralen Bild vieler Deutungen der Auffassung Büchners, dem "Riß in der Schöpfung." Dieses Bild stammt von Feuerbach:

Allein Du stössest hier wieder an den blosen Massen Deinen Kopf an, und indem Du Dir einbildest, die Schöpfung dadurch erst *vollkommen* und vollständig zu machen, dass Du leere Räume im Himmel ausfüllst, übersiehst Du fortgerissen von der Dunst- und Dampfmaschine Deines excentrischen Kopfes einen Mangel, eine unausgefüllte Lücke auf dieser Erde; und diese himmelschreiende Lücke, dieser entsetzlichste aller Mängel, dieser leere Raum, der Dir eher ein Stein des Anstosses sein sollte, als die Oede im Himmel, dieser grosse *Riss in der Schöpfung* ist das Ende, die Verneinung des Lebens selbst, der Tod (*Todesgedanken*, 40).

Schafft das *Unvollkommne* weg, dann allein könnt ihr Gott demonstriren, Spinoza hat es versucht. Man kann das Böse leugnen, aber nicht den Schmerz; nur der Verstand kann Gott beweisen, das Gefühl empört sich dagegen. Merke dir es, Anaxagoras, warum leide ich? Das ist der Fels des Atheismus. Das leiseste Zucken des Schmerzes und rege es sich nur in einem Atom, macht einen *Riß in der Schöpfung* von oben bis unten (48, 33–39).

Durch dieses ungewöhnliche Bild vom "Riß in der Schöpfung" kann auch dieses Zitat als gesichert gelten. Man mag einwenden, daß der mindestens ebenso wichtige Hinweis auf den Schmerz nicht aus dieser Stelle in den *Todesgedanken* hervorgeht. Feuerbach versteht die Verneinung des Lebens durch den Tod als 'schmerzlich.' Für ihn ist der Tod der größte Schmerz, den das Leben erleiden kann. Für Payne dagegen ist die Tatsache des Schmerzes als Lebenserscheinung der überzeugendste Beweis für die Unvollkommenheit der Welt. Payne versteht den Tod nur als einen Schmerz unter den vielen Schmerzen des Lebens, weshalb er von Robespierre sagen kann: "Sein Leben und sein Tod sind ein gleich großes Unglück" (49, 34). Diese Feststellung steht inhaltlich im Gegensatz zur Quelle, wo sich der "Riss in der Schöpfung" nur auf das konkrete Beispiel des Todes bezieht. Büchner dagegen bringt das Problem des Schmerzes mit dem allgemeinen Problem der Existenz Gottes in Zusammenhang (die Payne verneint) und setzt Leben und Tod gleich. Darin liegt eine wirkungsgeschichtliche Erweiterung nicht nur dieses Problemkreises, sondern auch des Begriffs des Schmerzes, der sich, wie gezeigt, in der Quelle nur auf den Tod, bei Büchner aber auf Leben *und* Tod bezieht. In der Quelle heißt es:

... jeder Tod ist ein gewaltiger *Riss in der lebendigen Natur*. Was ist nun die Hohlheit und Leerheit eines Himmelskörpers, dieser unschädliche räumliche Mangel, der darum nur Mangel in Deiner Einbildung ist, gegen den lebendigen qualitativen Mangel des Lebens, gegen die *schmerzliche Verneinung des Lebens, den Tod? (Todesgedanken, 41)*

Für Büchner ist nicht erst der Tod "ein gewaltiger Riss in der lebendigen Natur" und "die schmerzliche Verneinung des Lebens," sondern bereits der Schmerz selbst ist der "Riß in der Schöpfung." Kommt bei Feuerbach eine Erhöhung des Lebens auf Kosten des Todes zum Ausdruck, so tritt die Gestalt Paynes in *Dantons Tod* für eine Abwertung des Lebens und des Todes durch den Schmerz ein. Büchner geht damit über Feuerbach hinaus, indem für ihn der Riß in der Natur des Menschen, Schmerz, Tod und Leben zusammen zum "Riß in der Schöpfung von oben bis unten" werden. Diese Schlußfolgerung Paynes ist das Ergebnis der wirkungsgeschichtlichen Auseinandersetzung Büchners mit dieser Stelle bei Feuerbach. Dieses Ergebnis kommt schon vorausdeutend zum Ausdruck, wenn Büchner die Erkenntnis Feuerbachs, daß es unmöglich sei, die Schöpfung "vollkommen und vollständig zu machen" (*Todesgedanken*, 40), mit der Forderung Paynes nach der Abschaffung dieser Unvollkommenheiten beantwortet. Für Feuerbach ist die größte Unvollkommenheit der Tod; für Büchner ist es das "leiseste Zucken des Schmerzes" schon während des Lebens, den Tod eingeschlossen. An dieser Stelle wird eine genaue geistesgeschichtliche Analyse der Feuerbachrezeption Büchners einsetzen müssen, die hier nur in ihren Umrissen angedeutet werden kann.

Wir gehen nun zur Szene III, 7 über. Auch hier stellen zwei entscheidende Wortzitate, eine ganze Reihe von Zitatadaptionen und mehrere Sinnzitate die eingehende wirkungsgeschichtliche Auseinandersetzung Büchners mit den *Todesgedanken* unter Beweis. Hätte es Büchner nicht vorgezogen, diese Szene unter der ortsbezogenen Überschrift "Die Conciergerie" darzustellen, sondern unter einem inhaltsbezogenen Schlagwort, so hätte er kein treffenderes finden können als "Todesgedanken." Es wird sich zeigen, daß fast die ganze Szene auf diese Quelle zurückzuführen ist.

Das ungewöhnliche Bild vom Tode als altem Weib, das "wie bey der Hochzeit" mit eiskaltem Körper ins Bett kriecht (vgl. 60, 18—24), ist die erste Zitatadaption, die hier zu betrachten ist. Feuerbach erwähnt in seiner Einleitung "eine Behauptung, die man hinlänglich bestätigt findet in solchen Aeusserungen der Pietisten aus dem achtzehnten Jahrhundert..." (*Todesgedanken*, 7). Was dies für eine Behauptung ist, wird sich sogleich ergeben. Zuvor sei auf die Gedankenverbindung zwischen "Pietisten" und der Vorstellung Gottes als "höchste Ruhe" hingewiesen, die in einem Satz Dantons in der Mitte der Szene (61, 10) ausgesprochen wird. Feuerbachs Beispiel für gewisse "Aeusserungen der Pietisten" kann nun mit einer Stelle in *Dantons Tod* verglichen werden:

. . . wie z.B.: 'dass diejenigen, welche selig werden und bleiben wollen, von den blassen, todten, *eiskalten Lippen*	LACROIX. Du hast gut geschrien, Danton, hättest du dich etwas früher so um dein Leben gequält, es wäre jezt

Jesu geküsst werden, den todten Leich- nam des Heilands *beriechen* und mit seiner *Grabesluft durchdünstet* werden müssen' (*Todesgedanken*, 7).

anders. Nicht wahr, wenn der Tod einem so unverschämt nahe kommt und so *aus dem Halse stinkt* und immer zudringlicher wird?

CAMILLE. Wenn er einen noch noth- züchtigte und seinen Raub unter Rin- gen und Kampf aus den Gliedern riß! aber so in allen Formalitäten, wie bey der Hochzeit mit einem alten Weibe, wie die Pakten aufgesetzt, wie die Zeugen gerufen, wie das Amen gesagt und wie dann die Bettdecke gehoben wird und es dann langsam herein- kriecht mit seinen *kalten Gliedern!* (60, 14—23).

Das tertium comparationis ist hier das Bild der Hochzeit — die unio mystica mit dem Geist des Heilands durch das Küssen der "kalten Lippen Jesu," eines Leichnams also, der, grotesk auferstanden als hochzeitswilliges altes Weib "mit seinen kalten Gliedern," die pietistische Vorstellung ins Makabre verzerrt und persifliert. Das Beriechen des Leichnams wird so zum Stinken aus dem Halse. Vielleicht weist Büchners Frage an die Braut in seinem nicht eindeutig datierbaren Brief wenigstens ungefähr auf die Zeit seiner ersten Beschäftigung mit Feuerbach: "Gib mir doch Antwort. *Sind meine Lippen so kalt? . . ."* (*BW*, 375).[52] Büchner will möglicherweise damit andeuten, daß sich seine Braut die von ihm herbeigesehnte Hochzeit nicht allzu mystisch ausmalen und sie nicht allzu lange aufschieben solle. Daraus ergibt sich eine außerordentlich interessante Frage: War Wilhelmine Jaegle im pietistischen Schrifttum bewandert, daß ihr das Küssen der "eiskalten Lippen Jesu" als Anspielung verständlich war? Vielleicht liegt hier der Ansatzpunkt für eine neue Beurteilung der Freundschaft und Liebe des jungen Büchner zu der manchmal etwas rätselhaften Pfarrerstochter aus dem Elsaß. Wir konnten bisher die "eiskalten Lippen" und das Verb "beriechen" und die entsprechenden Adaptionen in *Dantons Tod* nachweisen. Aber auch das merkwürdige Wort vom Durchdünsten mit der "Grabesluft" erkennen wir wieder in einer Äußerung Camilles:

Da liegen allein, *kalt,* steif in dem feuchten *Dunst der Fäulniß;* vielleicht, daß einem der Tod das Leben langsam aus den Fibern martert, mit Bewußtseyn vielleicht sich wegzufaulen! (60, 29—32).

---

52 Bergemann datiert: "[Gießen, November 1833?]" (*BW*, 373). Die drei Punkte am Ende des Zitats deuten möglicherweise eine Auslassung Büchners und damit eine Anspielung auf Texte an, die ihm und Wilhelmine bekannt waren.

Hier wird die Vermutung bestärkt, daß Büchner diese Stelle in den *Todesgedanken* gekannt haben muß. Es fällt auf, daß Büchner dreimal eine gewisse Verschärfung des Tons herbeiführt: Aus den "eiskalten Lippen Jesu" wird das widerliche alte Weib "mit seinen kalten Gliedern;" das 'Beriechen' des Leichnams Jesu kehrt wieder im Bild des Todes, der "aus dem Halse stinkt;" und der Pietist, mit Jesu "Grabesluft durchdünstet," ist nur einer der Leidensgenossen Camilles, die im "feuchten Dunst der Fäulniß" auf den Tod warten.[53]

In der Gegenrede Philippeaus erscheint das Bild der "Herbstzeitlose, welche erst nach dem Winter Saamen trägt." Damit ist das Leben im Jenseits, in der Zeitlosigkeit gemeint. Das Wortzitat "Herbst*zeitlose*" (60, 34), das sich zum Wort "Hoch*zeit*" (60, 20) im Hinblick auf den Zeitcharakter antithetisch verhält, könnte möglicherweise deshalb bedeutsam sein, weil es selbst schon den Hinweis auf die Zeitlosigkeit enthält, die wir nachweisen wollen. Wir stellen gegenüber:

Nachdem es [das Individuum] die Fruchtbäume, die Rosen und Lilien der gegenwärtigen Welt verwelken ließ, Gras und Korn abgesichelt, die ganze Welt in ein saftloses Stoppelfeld verwandelt hat, so entsprosst ihm noch zu guter Letzt in dem leeren Gefühl seiner Leerheit und dem kraftlosen Bewusstsein seiner Eitelkeit, als ein schwacher Schein und mattes Traumbild des lebendigen frischen *Blumenflors,* die charakterlose, farbenverbleichte *Herbstzeitlose der Unsterblichkeit* (*To-desgedanken,* 9—10).

PHILIPPEAU. Seyd ruhig meine Freunde. Wir sind die *Herbstzeitlose,* welche erst nach dem Winter Saamen trägt. Von *Blumen, die versezt werden,* unterscheiden wir uns nur dadurch, daß wir über dem Versuch ein wenig *stinken. Ist das so arg?* (60, 33—36).

Damit ist einmal die "Herbstzeitlose" als Wortzitat nachgewiesen und der Zusammenhang zwischen "Unsterblichkeit" und Fruchtbringen "nach dem Winter" sowie die Entsprechung zwischen "Blumenflor' und "Blumen" aufgezeigt; zum anderen weist dieser Zusammenhang auf die Idee der Seelenwande-

---

[53] Eine Parallelstelle im Drama wäre ein Satz Camilles über seine Frau Lucile: "Das Licht der Schönheit, das von ihrem süßen Leib sich ausgießt, ist unlöschbar. Unmöglich! Sieh die Erde würde nicht wagen sie zu verschütten, sie würde sich um sie wölben, der *Grabdunst* würde wie Thau an ihren Wimpern funkeln, Crystalle würden wie Blumen um ihre Glieder sprießen und helle Quellen in Schlaf sie murmeln" (65, 34—66, 3).

"Grabesluft" und "durchdünstet werden" in der Quelle gegenüber "Grabdunst" im Drama weist erneut auf Sprache und Gedankenwelt des Pietismus, die Büchner in dieser Szene verwendet, die er jedoch — wie sich zeigen wird — an einem entscheidenden Punkte schließlich in Frage stellen wird.

rungslehre, über die sich Danton noch äußern wird. Außerdem kommt in der Bemerkung Philippeaus wieder eine gewisse Verschärfung der feuerbachschen Bildersprache durch Büchner zum Ausdruck. Die "Herbstzeitlose der Unsterblichkeit" erinnert ihn an "Blumen, die versezt werden" und "über dem Versuch ein wenig stinken." Büchner adaptiert die keineswegs sanfte Sprache der *Todesgedanken,* indem er sie noch polemischer und damit dramatischer wiedergibt. Das trifft auch auf die polemischen Bemerkungen Dantons zur Seelenwanderungslehre zu, die nun zu untersuchen sind.

Feuerbachs Kritik wendet sich immer wieder im Verlauf seiner *Todesgedanken* (vgl. 33, 40, 45ff.) gegen diejenige Auffassung, "die Sterne zu Aufenthaltsorten der Abgeschiedenen bestimmte" (*Todesgedanken,* 33). Folgende Stelle ist im Vergleich zu einer Replik Dantons besonders aufschlußreich:

Die Vorstellung, dass man nach dem Tode *von Stern zu Stern* wandere, dass auch schon die Sterne zwar ohne Ausnahme fertige und bequeme Wohnplätze lebendiger Einzelwesen seien, ist besonders deswegen der Natur und dem Geiste widersprechend, leer und flach, weil sie die grosse und ernste Tragödie der Natur in den gemeinen Kreis des bürgerlichen, ökonomischen Philisterlebens hineinzieht, die tiefen Abgründe der Natur zu seichten Wiesenbächen macht, in denen die Individuen nur sich selbst bespiegeln und liebliche Vergissmeinnichte pflücken. Es wird in jener Vorstellung, wie die ganze Natur zu einem wohleingerichteten *Palais oder Hôtel* umschafft, *wo man von Stube zu Stube eben fortspaziert,* ganz übersehen das furchtbar Ernste, Finstere und Nächtliche in der Natur (*Todesgedanken,* 47–48).

DANTON. Eine erbauliche Aussicht! *Von einem Misthaufen auf den andern!* Nicht wahr, die *göttliche Klassentheorie?* Von prima nach sekunda, von sekunda nach tertia und so weiter? Ich habe die Schulbänke satt, ich habe mir Gesäßschwielen wie ein Affe darauf gesessen (61, 1–5).

Diese Ausführungen Feuerbachs und seine Bemerkung, daß Gott weder ein "klugberechnender Hausvater und Werkmeister" (*Todesgedanken,* 48) noch ein Schulmeister sein könne, faßt Büchner zunächst in dem Ausruf "Eine erbauliche Aussicht!" zusammen, um dann wieder eine polemische Verschärfung zu vollziehen, die sich schon als das Merkmal seiner Übernahmen von Feuerbach ergab: Das Wandern "von Stern zu Stern" wird zum Wandern "von einem Misthaufen auf den andern." Diese Polemisierung darf jedoch nicht als bloße ästhetische Stilisierung gesehen werden, sondern es ist gerade daran der Grad der Reaktion Büchners auf diese Stelle bei Feuerbach zu erkennen. Feuerbachs Kritik, die dieser durch die Vernachlässigung der Nachtseite der Natur begründet, erscheint bei Büchner als Dantons polemischer Spott über die "göttliche Klassentheorie." Auch die folgende Gegenrede zwischen Philippeau und Danton kann als eine knappe, fast ärgerliche Reaktion Dantons beziehungsweise Büchners auf eine Stelle bei Feuerbach betrachtet werden:

Im Tode sinkst Du ermüdet von der den Einzelnen anstrengenden, ihn verzehrenden Sonnenhitze des Bewusstseins in den ewigen Schlaf, *die bewusstlose Ruhe des Nichts* zurück. Der Tod ist daher insofern nichts Positives, er ist nur Ausscheidung, Beraubung des Bewusstseins. Wie kannst Du aber nun klagen, dass Du sterblich bist, wenn Du nicht klagst, dass Du einst Kind, einst gar nicht warst? Wie kann Dir bangen vor dem Tode, da Du schon einmal gleichsam den Tod bestanden und durchgemacht hast, schon einmal das gewesen bist, *was Du einst wieder werden wirst?* Schaue doch auf das zurück, was Du vor dem Leben gewesen bist, und was vor Deinem Leben war, so wirst Du nicht mehr zittern vor dem, *was Du nach dem Leben sein wirst,* und nicht mehr zweifeln, *dass Etwas auch ohne Dich* nach demselben und was nach demselben *sein wird* (*Todesgedanken,* 75–76).

PHILIPPEAU. Was willst du denn?

DANTON. *Ruhe.*

PHILIPPEAU. Die ist in Gott.

DANTON. Im *Nichts.* Versenke dich in *was Ruhigers, als das Nichts* und wenn die *höchste Ruhe* Gott ist, ist nicht das Nichts Gott? Aber ich bin Atheist. Der verfluchte Satz: *etwas kann nicht zu nichts werden! und ich bin etwas,* das ist der Jammer! (61, 6–12).

Die "bewusstlose Ruhe des Nichts," die den Menschen laut Feuerbach nach dem Tode erwartet, ist die gleiche Ruhe, die Danton erhofft. Aber Büchner stellt diese Hoffnung Dantons als zornig ausgesprochene Erkenntnis ihrer Vereitelung dar. Für Danton gibt es nichts Ruhigeres als das Nichts. "Wenn die höchste Ruhe Gott ist" — wie für die Pietisten — so schließt Danton und stellt die schwerwiegende Frage: ". . . ist nicht das Nichts Gott?" Gerne würde er sich damit abfinden, doch kann er es nicht. Dies ist aus der Quelle zu begründen. Man kann Feuerbach trotz seiner scharfen Kritik am Christentum nicht als Atheisten bezeichnen. Auch das oben angeführte Zitat endet mit der durchaus christlichen

Tröstung, hier natürlich als ironisch-rhetorische Provokation Feuerbachs zu verstehen, daß der Mensch "nicht mehr zittern" solle, was er "nach dem Leben" sein werde, und nicht mehr zweifeln solle, daß er dann "etwas" und außer ihm "Etwas" sein werde. Dantons Reaktion ist: "Aber ich bin Atheist." Für ihn gilt dieser Trost nicht: "Der verfluchte Satz: etwas kann nicht zu nichts werden! und ich bin etwas, das ist der Jammer!" (61, 11f.). Danton erkennt die Unhaltbarkeit seiner Hoffnung auf "höchste Ruhe" im Leben und im Tode. Auch hier geht Büchner über das in der Quelle Gesagte hinaus; er übernimmt die Zitate nicht in einer mimetisch-statischen Haltung, sondern er setzt sich mimetisch-dynamisch mit seiner Quelle auseinander.

Der nächstfolgende Satz Dantons erscheint zunächst als Sinnzitat. Feuerbach spricht davon, daß "aus Stängeln und Blumen die himmlischen Wesen hervorkeimen." Er fährt dann fort:

Nur so wäre dann *keine Lücke in der Natur, kein Lebensmangel,* wenn die in Deiner Phantasie von diesem Leben durch den Raum abgetrennten, die Lücken nicht ausfüllenden, den Schmerz des Todes nicht stillenden, selbstständigen Bewohner der Himmelskörper Perioden, Lebensformen der *Thiere, Pflanzen und Menschen* wären, Ansätze und Zusätze zu ihrem eigenen Leben (*Todesgedanken,* 41–42).	Die Schöpfung hat sich so breit gemacht, *da ist nichts leer, Alles voll Gewimmels* (61, 13f.).

Dantons "da ist nichts leer" ergibt sich als eine Zitatadaption aus Feuerbachs "keine Lücke in der Natur, kein Lebensmangel," und die "Thiere, Pflanzen und Menschen" bei Feuerbach finden ihre deutliche Entsprechung in Dantons Ausspruch "Alles voll Gewimmels." Die nun folgenden Sätze in *Dantons Tod* sind Büchners metaphorische Weiterführung der Gedanken Feuerbachs (vgl. 61, 15–25). Sie werden zusammen mit den bereits nachgewiesenen Wortzitaten, Zitatadaptionen und Sinnzitaten gleichsam eingerahmt durch zwei zentrale Wortzitate. Das erste ist das Bild von der "Herbstzeitlose" (60, 33f.), das schon ausführlich behandelt wurde; das zweite ist das Wort "Vernichtung" (61, 25). Die Vernichtung ist das Zentralthema des letzten Kapitels der *Todesgedanken:* "Die Nichtigkeit von Tod und Unsterblichkeit" (84–90). Auf den ersten beiden Seiten kommt dieses Wort nicht weniger als zehnmal vor. Feuerbach geht von folgender Überlegung aus: "Nur vor dem Tode, aber nicht im Tode ist der Tod Tod und schmerzlich; *der Tod ist ein so gespenstisches Wesen, dass er nur ist, wenn er nicht ist,* und *nicht ist, wenn er ist.*" Deshalb sei der Tod "Nichts an sich, nichts Positives oder Absolutes" (*Todesgedanken,* 84; Hervorhebungen von

Feuerbach). Camille hat diese Überlegung schon in seinem Satz "Die Welt ist der ewige Jude, das Nichts ist der Tod, aber er ist unmöglich" (61, 19f.) weitergeführt und auf die Spitze getrieben. Auch hier wird sich Danton der Ansicht Feuerbachs nicht anschließen, die in diesem Satz zum Ausdruck kommt:

Der Tod ist aber keine positive *Vernichtung*, sondern eine sich selbst vernichtende *Vernichtung*, eine *Vernichtung*, die selbst nichtig, Nichts ist; der Tod ist selbst der Tod des Todes; indem er Leben endet, endet er selbst, stirbt er an seiner Gehalt- und Inhaltslosigkeit (*Todesgedanken*, 84–85).

DANTON. Wir sind Alle lebendig begraben und wie Könige in drei- oder vierfachen Särgen beygesezt, unter dem Himmel, in unsern Häusern, in unsern Röcken und Hemden. Wir kratzen fünfzig Jahre lang am Sargdeckel. Ja wer an *Vernichtung* glauben könnte! dem wäre geholfen (61, 22–26).

Diese Art von Vernichtung, die Feuerbach "eine sich selbst vernichtende Vernichtung" und "die stärkste Bejahung und Bestätigung von der absoluten Realität der Existenz, des Lebens" (*Todesgedanken*, 85) nennt, kann Danton nicht akzeptieren: "Ja wer an Vernichtung glauben könnte!" – in der Weise, wie es Feuerbach in dieser Passage schildert – "dem wäre geholfen." Das ist Dantons Reaktion. Ihm bedeutet der Tod nicht eine Bestätigung des Lebens, denn er fährt fort: "Da ist keine Hoffnung im Tod, er ist nur eine einfachere, das Leben eine verwickeltere, organisirtere Fäulniß, das ist der ganze Unterschied!" (61, 27–29). Wenig später sagt er: "Ich kann nicht sterben, nein, ich kann nicht sterben" (61, 36). Dantons berühmter letzter Satz – "Willst du grausamer seyn als der Tod? Kannst du verhindern, daß unsere Köpfe sich auf dem Boden des Korbes küssen?" (74, 13–15)[54] – bestätigt unsere Deutung, daß Danton durch seinen Tod nicht, wie Feuerbach, das Leben bejahen, sondern die Sterblichkeit verneinen will. Vielleicht ist das auch Büchners Auffassung. Wenn er sagt "Ja wer an Vernichtung glauben könnte!," dann kommt auch darin seine wirkungsgeschichtliche Reaktion auf Feuerbach zum Ausdruck. Bei Feuerbach heißt es: "*Sei Etwas*, und du bist unsterblich" (*Todesgedanken*, 88). Diese positive Aufforderung ist für Danton schon Erkenntnis des Negativen: ". . . *ich bin etwas, das ist der Jammer!*" (61, 12). Indem Danton "etwas" ist, ist ihm jede Möglichkeit genommen, sich selbst tätig für "etwas" einzusetzen. So gedeutet, sind Sterblichkeit und Unsterblichkeit, Leben und Tod gleich sinnlos und unerfüllbar für Danton. Auch das Wort Paynes über Robespierre – "Sein Leben und sein Tod sind ein gleich großes Unglück" (49, 34) – klingt hier an. Die oft hervorgehobene Passivität Dantons ist das Ergebnis der Feuerbachrezeption Büchners, die hier in ihren Grundzügen am Beispiel der bisher ganz Büchner zugeschriebenen Szene III, 7 nachgewiesen werden konnte.

---

54 Ein Satzzitat aus *Thiers* (QT, 52; QV, 378) mit Aufhebung der temporischen Spannung durch das Weglassen von "dans un moment" (vgl. S. 95 der vorliegenden Arbeit).

Zwei Zitatadaptionen in anderen Szenen runden das Bild ab. Beide Zitate sind musikalische Metaphern, die den Körper als Instrument und sein Absterben als das Verklingen eines Tons darstellen:

Die Immaterialität ist kein todtes, festes, ruhendes Prädicat, das ihr etwa anhängt, wie einem Dinge eine Beschaffenheit anhängt; sie ist nur immateriell als verneinend und verzehrend die Materie: ist dem Körper aller Stoff und alle Kraft ausgesogen worden (– und *der einzelne Körper ist* eben an und für sich als einzelner, *ein endliches, abnutzbares, unbrauchbar werdendes Instrument* –), so dass er nicht mehr Gegenwurf sein kann, so verschwindet die bestimmte einzelne Seele zugleich mit ihrem Leibe (*Todesgedanken*, 59).

DANTON. Aber wir sind die armen Musicanten und unsere *Körper die Instrumente*. Sind die häßlichen *Töne*, welche auf ihnen herausgepfuscht werden nur da um höher und höher dringend und endlich *leise verhallend wie ein wollüstiger Hauch in himmlischen Ohren* zu sterben? (71, 35–39).

Aus dieser Gegenüberstellung geht zunächst die fast wörtliche Zitatadaption des Körpers als Instrument hervor, die Büchner in abgewandelter Form an zwei anderen Stellen wiederholt: "So ein armseeliges *Instrument* zu seyn, auf dem eine Saite immer nur einen *Ton* angiebt" (32, 4–6); "Morgen bist du eine zerbrochne Fiedel, die *Melodie* darauf ist ausgespielt" (66, 27f.). Hier kommt besonders die zunehmende Abnutzbarkeit und Unbrauchbarkeit des Körpers zum Ausdruck. Außerdem erscheint an dieser Stelle in *Dantons Tod* das Bild des verklingenden Tons, das mehrfach im Drama vorkommt und mit folgender Stelle bei Feuerbach verglichen werden kann:

Thoren sagen, das Leben sei ein bloser, *leerer Schall, vergehe wie der Hauch,* verwehe wie der Wind. Nein! das Leben ist *Musik,* jeder Augenblick eine *Melodie* oder ein erfüllter, seelenvoller, geistreicher *Ton.* Der Wind saust gehalt- und bedeutungslos an meinen *Ohren* vorüber; sein Wesen ist wesen- und inhaltslose Vergänglichkeit, ein interesseloses, gleichgiltiges Wehen und Verwehen. Aber *der Ton ist Musik,* ist Fülle, volles Sein, Grund seiner selbst, Zweck, in sich selbst bestehender Inhalt (*Todesgedanken,* 89).

(vgl. auch obiges Zitat)

DANTON.........
Ich werde nicht allein gehn, ich danke dir Julie. Doch hätte ich anders sterben mögen, so ganz mühelos, so wie ein Stern fällt, *wie ein Ton sich selbst aushaucht,* sich mit den eignen Lippen todtküßt, wie ein Lichtstrahl in klaren Fluthen sich begräbt (67, 3–7).

DANTON *am Fenster.* Will denn das nie aufhören? Wird das Licht nie ausglühn und *der Schall nie modern,* will's denn nie still und dunkel wer-

den, daß wir uns die garstigen Sünden
einander nicht mehr *anhören* und an-
sehen? — September! — (40, 3–6).[55]

Die Wendung "vergehe wie der Hauch" hat Büchner sicherlich zu "leise
verhallend wie ein wollüstiger Hauch" und zu "wie ein Ton sich selbst
aushaucht" adaptiert, denn die Wortzitate "Ohren," "Melodie" und "Ton"
sowie die Adaption von "Musik" zu "Musicanten" bestätigen den wirkungsgeschichtlichen Zusammenhang zwischen Quelle und Drama. Die synoptische
Zusammenfassung aller Quellenzitate (*Todesgedanken*, 59 und 89) zum Bild des
Schalls, der nie modern wird, stammt dagegen mit Sicherheit von Büchner selbst.
Man könnte einwenden, daß Feuerbach zwischen dem bloßen Schall als
"gleichzeitige Vergänglichkeit und Endlichkeit" und dem Ton als "erfüllter,
inhaltsvoller Augenblick" unterscheide. Besteht man auf dieser Unterscheidung,
so scheint Dantons verzweifelte Frage, weshalb der Schall nie modern wolle, die
Entsprechungen zwischen Quelle und Drama zu widerlegen, denn für Feuerbach
ist der Schall leer, der Ton dagegen Ausdruck der Fülle. Danton hätte also fragen
sollen: '. . . wird der *Ton* nie modern?' Dieser Einwand läßt sich durch den
Hinweis entkräften, daß bei Büchner — wie bei Feuerbach — der Ton als
Ausdruck der Fülle "sich *selbst* aushaucht." Der Ton steht hier für das Leben des
Individuums. Was also bleibt, ist der leere Schall. Er ist es, der für Danton nicht
modern wird, denn Büchner hat bereits gezeigt, daß Danton trotz aller Zweifel
das Leben nicht bloß als leeren Schall betrachtet. Auch das Argument, der Tod
sei die Vernichtung des Lebens, konnte Danton — wie gezeigt — nicht
anerkennen. Deshalb vergeht für ihn weder der erfüllte, seelenvolle, geistreiche
Ton noch der bloße, leere Schall — weil Danton nicht sterben kann. Das Wort
vom Schall, der nie modern wird, stimmt also überein mit dem Gesamtbild der
Zitatübernahmen aus den *Todesgedanken*.

Für Büchner wie für Feuerbach besitzt die Zeit qualitativen Charakter.
Feuerbach sagt: "Der Inhalt nur unterscheidet die Zeit; erst durch seine
Beschaffenheit ist der gegenwärtige Augenblick ein bestimmter, also unter-
schiedener Moment" (*Todesgedanken*, 89). Diese qualitative Eigenschaft der Zeit
wurde schon wiederholt als wesentlich bezeichnet. Sie findet ihren deutlichsten
Ausdruck in Hérants Ausruf "Da ist's Zeit" (74, 11). Weder der erfüllte Ton

---

[55] vgl. Büchners Brief "An die Braut [Gießen, Februar 1834]:" "*Ein einziger,
forthallender Ton* aus tausend Lerchenkehlen schlägt durch die brütende Sommerluft . . ."
(*BW*, 379). Zum Wortzitat "Ton," das wir aus den *Todesgedanken* nachweisen konnten, gibt
Elisabeth Frenzel, a.o.O., S. 62, folgende Stelle bei Musset an: "il n'en sorte aucun son."
Diese Quelle scheint fragwürdig trotz der gelegentlichen Entsprechungen, die Frenzel
nachweist. Sie gibt selbst zu: "Es gibt keine wörtlichen Übereinstimmungen zwischen
Büchners 'Dantons Tod' und Mussets 'Lorenzaccio' " (ibid.). Angesichts der Fülle von Wort-,
Wortfeld-, Satz- und Sinnzitaten aus den *Todesgedanken* dürfte auch für das Wortzitat
"Ton" Feuerbach als wahrscheinlichste Quelle gelten. Die Entsprechungen zwischen
Dantons Tod und den *Todesgedanken* gehen weit über bloße "Gemeinsamkeiten der Sprache
und Stils" (Frenzel, a.o.O., S. 62) hinaus.

noch der leere Schall vergehen mit dem Tode Dantons; das Nichts, die Vernichtung und das Sterben sind unmöglich, weil die Zeit unaufhebbar ist. Auch der zeitlose Moment des Todes ist ein Moment der Zeit.

Damit wird noch einmal bestätigt, was als die wesentliche temporische Leistung des philosophischen Zitats am Beispiel der Hegel-Zitate, vor allem aber der Feuerbach-Zitate nachgewiesen werden konnte: ihr Beitrag zur Entzeitlichung in diesem Drama als ein Mittel zur Darstellung der historischen Wahrheit. Der Tod Dantons ist nur scheinbar das Ende der Zeit. Da die Unsterblichkeit für Danton unwiderlegbar ist, läßt der zeitlose Moment seines Todes Zeitablauf und Zeitlosigkeit als qualitative Aspekte der Zeit erscheinen. Hier wird der Ansatz für eine Beurteilung der Wahrheitsaussage des Dramas zu suchen sein.

b. Das literarische Zitat

Unter literarischen Zitaten werden hier Zitate aus Werken der Dichtung verstanden. Wie die philosophischen Zitate sind sie ihrem Inhalt nach ideographisch und nach ihrem Verhältnis zur Zeit als Ideenvermittler zu bezeichnen. Im Gegensatz zum philosophischen Zitat stammen die literarischen Zitate in *Dantons Tod* nicht nur aus den drei Jahrzehnten vor der Entstehung des Dramas, sondern aus weiter zurückliegenden Zeitabschnitten. Herkunft und Herkunftszeit der hier behandelten literarischen Zitate sind bekannt. Darin unterscheiden sie sich von den Liedzitaten, die aus einer zeitlich nicht genau bestimmbaren mündlichen Überlieferung stammen.

Das literarische Zitat hebt sich vom philosophischen Zitat durch seine Herkunft und seine unterschiedliche temporische Leistung ab; beide sind an ihrer Sprache erkennbar. Die wirkungsgeschichtliche Definition des Zitats, die wir zu Anfang dieses Kapitels gaben, lautete: Ein Zitat ist ein wirkungsgeschichtlich zu verstehendes Textelement, dessen sprachliche Leistung im Text des Dramas in einer noch zu klärenden Weise mit der temporischen Spannung zwischen altem und neuem Text zusammenhängt.[56] Das Verhältnis zwischen dem abnehmenden historischen Tatsachengehalt der Quellentexte und dem sich erweiternden zeitlichen Horizont der Zitate, worauf wir an gleicher Stelle hinwiesen, erreicht im literarischen Zitat einen Wendepunkt. Hinsichtlich seiner temporischen Spannung kann deshalb das literarische Zitat als Übergangsform zum zeitlosen Zitat aufgefaßt werden.

Waren historiographisches Zitat und Selbstzitat in bezug auf den Text des Dramas nahezu zeitgenössisch, und reichte die temporische Spannung des philosophischen Zitats von der ungefähren Zeitgenossenschaft der *Todesgedanken* (1830) bis zum Anfang des 19. Jahrhunderts im Falle der *Phänomenologie des Geistes* (1807), so lassen sich beim literarischen Zitat folgende temporische Spannungsverhältnisse unterscheiden: vier Zitate stammen aus

---

56   vgl. S. 78 der vorliegenden Arbeit.

Texten Tiecks (1826), Goethes (1808–31), Max von Schenkendorfs (1809) und Jean Pauls (1797), also aus der Zeit zwischen dem Tode des historischen Danton und der Entstehung des Dramas *Dantons Tod* (1835); ein Zitat läßt sich aus einem Drama Schillers (1783) nachweisen, das heißt aus der Zeit unmittelbar vor den im Drama dargestellten Ereignissen; ein Zitat stammt aus einem Text Shakespeares (1603) und ein weiteres aus den Liedern der Sappho (um 650 v. Chr.).

Unsere Untersuchung des literarischen Zitats in *Dantons Tod* soll zeigen, daß die temporische Spannung, die das einzelne Zitat im Verhältnis zu seinem neuen Kontext herstellt, mittelbar mit der Ursprungszeit zusammenhängt, aus der das Quellenzitat stammt. Die darin zum Ausdruck kommende Erweiterung des wirkungsgeschichtlichen Horizonts des Dramas stellt sich aber nicht mehr rein historisch und faktisch, sondern fortschreitend ahistorisch und ohne Beziehung zum Tatsachencharakter der geschichtlichen Ereignisse im Drama dar. Das Zitat aus den Liedern der Sappho erscheint deshalb bereits als zeitlos. Damit ist der Übergang zum Lied- und Bibelzitat vollzogen und die größtmögliche temporische Spannung im Hinblick auf das literarische Zitat erreicht.

Wir werden uns auf solche Zitate beschränken, deren Herkunft als gesichert erscheint. Drei dieser acht Zitate sind bisher von der Quellenforschung nicht bemerkt worden; sie werden deshalb gesondert ausgewiesen. Zwei weitere Zitate, ein bekanntes und ein bislang unbekanntes, sind in unserer Aufstellung nicht enthalten, da sie keinen "Verweisungscharakter"[57] besitzen, also weder eine besondere dramatische Wirkung noch eine temporale Leistung vollbringen, die andere wirkungsgeschichtliche Zusammenhänge evoziert. Es handelt sich um die Wortzitate "Fallhütchen" (10, 36) und "Verwesung" (50, 6f.). Das erste weist Bergemann als ein Zitat aus Jean Pauls *Quintus Fixlein* (1796) nach (vgl. *BW,* 645); das zweite könnte möglicherweise aus Schillers *Kabale und Liebe* (1783) stammen.[58] Beide Zitate bleiben ohne wirkungsgeschichtliche Leistung, weil

---

[57] Dieser Begriff stammt von Herman Meyer, dessen Abgrenzung wir uns anschließen: "Die Entlehnung unterscheidet sich vom Zitat dadurch, daß sie keinen Verweisungscharakter hat; sie intendiert nicht, zu ihrer Herkunft in Beziehung gesetzt zu werden, und sie tut recht daran, weil der Rückgriff auf die Herkunft zwar philosophische Klärung, aber keine Bereicherung des Sinnes und keinen ästhetischen Mehrwert bewirkt" (a.o.O., S. 13f.). Wir fügen hinzu: weil der Rückgriff auf die Herkunft in diesem Falle wirkungsgeschichtlich ohne Belang ist, denn diese damals gebräuchlichen Wörter signalisieren in *Dantons Tod* keinen bestimmten Bedeutungszusammenhang.

[58] Friedrich Schiller, *Schillers Werke; Nationalausgabe,* Bd. V, hrsg. von Heinz Otto Burger und Walter Höllerer (Weimar, 1957). "LUISE *steht auf und kommt vorwärts.* Ich hab einen harten Kampf gekämpft. Er weiß es, Vater. Gott gab mir die Kraft. Der Kampf ist entschieden. Vater! man pflegt unser Geschlecht zart und zerbrechlich zu nennen. Glaub Er das nicht mehr. Vor einer Spinne schütteln wir uns, aber das schwarze Ungeheuer *Verwesung* [Schiller] drücken wir im Spaß in die Arme. Dieses zur Nachricht, Vater. Seine Luise ist lustig" (V, i; S. 84f.). In *Dantons Tod* heißt es: "HERAULT. Wir werden wenigstens nicht mit Schwielen an den Fingern der hübschen Dame *Verwesung* die Wangen streicheln" (50, 6f.).

diese Wörter eine verhältnismäßig weite Verbreitung besitzen und sich nicht auf ein Werk oder einen Dichter festlegen lassen. Dagegen stammt das folgende Zitat, das Büchner sowohl in *Dantons Tod* als auch in *Leonce und Lena* (I, iii, 111) verwendet, mit großer Wahrscheinlichkeit aus Tiecks *Dichterleben* (1826). In *Dantons Tod* erscheint es gegen Ende des Dramas und übt dort eine ähnliche entzeitlichende Funktion aus wie die noch zu behandelnden Liedzitate. Außerdem leistet das von Büchner hinzugefügte Wort "Aether" eine wichtige thematische Verknüpfung mit der Todesszene Julies, wo es heißt: "Stets bleicher und bleicher wird sie, wie eine Leiche treibt sie abwärts in der Fluth des Aethers" (72, 34f.). Wir stellen die Texte Tiecks und Büchners gegenüber:

Bei schwelgenden *Römern* war es Sitte, Goldfische neben sich zu stellen, und an der Tafel sich am Wechselspiel der Farben, wie sich diese im Absterben wunderlich veränderten, zu ergötzen (*BW*, 675).[59]	CAMILLE. Ist denn der Aether mit seinen Goldaugen eine Schüssel mit Goldkarpfen, die am Tisch der seeligen *Götter* steht und die seeligen *Götter* lachen ewig und die Fische sterben ewig und die *Götter* erfreuen sich ewig am Farbenspiel des Todeskampfes? (72, 6–10).

Die Herkunft dieser Zitatadaption scheint gesichert. Für uns ist aber auch hier die Art der Adaption wichtiger als der bloße Nachweis der Herkunft. In der Veränderung des Textes durch Büchner von "schwelgenden Römern" zu dem gleich dreimal vorkommenden Wort "Götter" liegt — ganz ähnlich wie bei den temporischen Änderungen mancher historiographischer Zitate — eine Ausweitung des wirkungsgeschichtlichen Horizonts. Die Zeit der Römer ist nämlich historisch genau datierbar, nicht aber die Zeit der anthropomorphisierten Götter. Diese Vorstellung ist allen geschichtlichen Zeiten eigen. Sie ist weder ausschließlich mit einer bestimmten mythischen Vergangenheit verbunden noch überhaupt auf die Vergangenheit beschränkt; sie ist zeitlos. Wir dürfen an dieser Stelle unserer Untersuchung annehmen, daß Büchner die Tendenz zur zeitlosen Aussage nicht nur im vorliegenden Beispiel bewußt herbeigeführt hat.

Ähnliches läßt sich auch über eine Zitatadaption aus Goethes *Dichtung und Wahrheit* (1808–31) sagen. Hier verallgemeinert Büchner den temporisch eng mit der Neuzeit verknüpften Bericht über einen Engländer durch die Satzeröffnung "Das ist langweilig . . ." Auch diese Aussage ist nicht mit einer bestimmten Zeit verbunden; es darf wieder festgehalten werden, daß Büchner den Bericht entzeitlicht hat. Im Hinblick auf die Feuerbach-Quelle scheint es aber nicht unmöglich, daß der auf andere Weise nicht einleuchtende Nebensatz ". . . so daß

---

59 Ludwig Tieck, "Dichterleben. Erster Teil," in: *Novellen,* Bd. III, hrsg. von Marianne Thalmann (München, 1965), S. 364.

Alles doppelt geschieht" auf die *Todesgedanken* zurückgeht; doch wird in beiden
Fällen die für uns wesentliche Tendenz zur zeitlosen Aussage deutlich. Wir geben
beide Quellen und den Dramentext wieder:

Von einem Engländer wird erzählt, er
habe sich aufgehangen, um nicht mehr
täglich sich aus- und anzuziehn (BW,
630).[60]

Sollte es Dir unglaublich sein, dass
wirklich aus dem Sterben und Vergehen dieser Leute nichts weiter wieder heraus- und herkommt, als *das
nämliche Individuum*, so denke eben
nur an den natürlichen Tod; ist doch
selbst dieser für jene Leute *der Platz
hinter dem Theater der Welt, wo die
Kleider gewechselt werden!* (*Todesgedanken, 13*).

CAMILLE. Rasch Danton wir haben
keine Zeit zu verlieren.

DANTON *er kleidet sich an.* Aber die
Zeit verliert uns. Das ist sehr langweilig
immer *das Hemd zuerst und dann die
Hosen drüber zu ziehen* und des
Abends in's Bett und Morgens wieder
heraus zu kriechen und einen Fuß
immer so vor den andern zu setzen, da
ist gar kein Absehens wie es anders
werden soll. Das ist *sehr traurig* und
daß Millionen es schon so gemacht
haben und daß Millionen es wieder so
machen werden und, daß wir noch
obendrein aus *zwei Hälften* bestehen,
die beyde *das Nämliche* thun, *so daß
Alles doppelt* geschieht. Das ist *sehr
traurig* (31, 9—19).

Die bisher unbekannte Stelle in den *Todesgedanken* erklärt zunächst den
gleichen Gedanken wie die Goethe-Quelle, nämlich daß das tägliche Wechseln der
Kleider langweilig ist, weil "nichts weiter wieder heraus- und herkommt." Sie
erhellt aber außerdem den Hinweis Dantons auf die "zwei Hälften" und den
Nachsatz ". . . so daß Alles doppelt geschieht." Das Problem der "zwei Hälften"
konnte im vorigen Kapitel nicht eindeutig geklärt werden.[61] Jetzt wird deutlich,
was Danton darunter versteht. Beide Arten der Wiederkehr des Gleichen, das
tägliche Wechseln der Kleider (Goethe-Quelle) und den ewigen Wechsel von Tod
und Geburt, den das "*nämliche* Individuum" durchläuft (Feuerbach-Quelle),
findet Danton "sehr traurig." Die "zwei Hälften, die beyde *das Nämliche* thun,
so daß Alles doppelt geschieht," können als das Leben vor dem Tode und als
jener "Platz hinter dem Theater der Welt" betrachtet werden — Entwicklungs-
stufen, die das "nämliche Individuum" nach Feuerbach zu durchschreiten hat.
Dieses doppelte Geschehen ist die Ursache der Langeweile Dantons. Büchner
stellt diese Langeweile zugleich am zeitlich definierten Ablauf des Tages und am
Beispiel des zeit- und ortsenthobenen Todes, also mit doppelter temporischer

---

60   *Goethes Werke,* Bd. IX, 3. Aufl. (Hamburg, 1959), S. 578.
61   vgl. S. 58 der vorliegenden Arbeit.

Spannung dar. Unter doppelter temporischer Spannung verstehen wir deshalb den Verweisungscharakter eines Zitats, der sich auf zwei Quellenwerke aus verschiedenen Zeiten bezieht.

Auch im folgenden, bisher unbekannten Satzzitat aus einem Gedicht Max von Schenkendorfs oder Theodor Körners kommt eine doppelte temporische Spannung zum Ausdruck. Wir stellen beide Quellenzitate und eine Äußerung Simons in der Szene "Straße vor Dantons Haus" (II, 6) gegenüber:

Für die Freiheit eine Gasse! (Schenkendorf). Der Freiheit eine Gasse! (Körner).[62]	SIMON. Wir müssen hinauf! Fort Bürger! Wir haften mit unseren Köpfen dafür. Todt oder lebendig! Er hat gewaltige Glieder. Ich werde vorangehn, Bürger. *Der Freiheit eine Gasse!* Sorgt für mein Weib! Eine Eichenkrone werd' ich ihr hinterlassen (42, 11–15).

Dieses Zitat ist aus zwei Gründen aufschlußreich. Da nicht einwandfrei zu klären ist, ob sich Büchner auf Schenkendorf oder Körners bekanntes Gedicht beruft — vielleicht spielt er bewußt auf beide an — kann dieses Satzzitat entweder ein Beispiel für die parodistische Darstellungsweise Büchners durch die Person des Simon sein, oder es weist zurück auf die Auseinandersetzung des jungen Büchner mit dem Schicksal des Cato Uticensis.[63] Die "Eichenkrone," die Simon pathetisch verspricht, gehört zum vaterländischen Vokabular, aus dem der Satz "Für die Freiheit eine Gasse!" stammt und das Büchner hier persifliert. Sollte es sich bei dem Satzzitat "Der Freiheit eine Gasse!" um ein wörtliches Zitat aus dem Gedicht Körners handeln, was der Wortlaut zu bestätigen scheint, so würden sich daraus neue wirkungsgeschichtliche Perspektiven ergeben, die hier nur angedeutet werden konnten.[64]

Die Adaption eines vierten Zitats aus einem Text, der aus der Zeit zwischen dem Tode des historischen Danton und der Entstehung des Dramas stammt, weist ebenfalls eine entzeitlichende Tendenz auf. Wir meinen die Zitatadaption

---

62 Georg Büchmann, *Geflügelte Worte*, 31. Aufl. (Berlin, 1964): "Max von Schenkendorf sagt in der drittletzten Strophe des Gedichtes 'Schill. Eine Geisterstimme' (1809; 'Gedichte', Stuttgart und Tübingen, 1815, 116): 'Für die Freiheit eine Gasse!' Theodor Körner entlehnt von ihm in seinem Aufruf von 1813 'Frisch auf, mein Volk! Die Flammenzeichen rauchen' im Anfang des vorletzten Verses der ersten Strophe 'Der Freiheit eine Gasse!'" (a.o.O., S. 291).

63 "Einen Anklang bieten die Worte bei Seneca 'De period.' 2, 10, wo er schildert, wie Cato Uticensis sich nach der Niederlage bei Thapsus (46 v. Chr.) das Leben nahm: 'Una manu latam libertati viam facit,' 'Mit *einer* Hand wird er der Freiheit eine breite Bahn schaffen' (ibid., S. 291; Hervorhebung von Büchmann).

64 vgl. den "Dolch des Cato" (17, 3) und Büchners Jugendaufsatz "[Kato von Utika, 29. Sept. 1830]" (BW, 448–457, besonders S. 452).

"das hippokratische Gesicht" (30, 19), die auf das "Hippokratische" in Jean Pauls *Siebenkäs* (1797) zurückgeht und mit dem Verzerren des Gesichts in der Sterbestunde zusammenhängt (vgl. *BW*, 652). Büchner verwendet diesen Ausdruck in gleichem Sinne wie Jean Paul. Das Besondere der temporischen Leistung dieses Zitats besteht im Gegensatz zum Wortzitat "Fallhütchen" (10, 36) in seinem doppelten Verweisungscharakter: Einmal evoziert es die zerquälten romantischen Charaktere Jean Pauls, zum anderen verweist die gedankliche Assoziation mit dem antiken Arzt Hippokrates auf die Zeit vor mehr als zweitausend Jahren. Diese Nebenbedeutung schwingt hier wirkungsgeschichtlich mit; sie ist die temporische Leistung dieses Zitats, die wieder als Tendenz die Zeitlosigkeit enthält.

Man könnte gegen diese Quelle einen ähnlichen Einwand erheben wie gegen die möglichen Zitate "Fallhütchen" (10, 36) und "Verwesung" (50, 6f.).[65] Auch die Wendung "das hippokratische Gesicht" mag sich nicht eindeutig auf Jean Paul festlegen lassen. Wenn wir es hier trotzdem anführen, so geschieht dies aus ähnlichen Gründen wie im Falle der Hegel-Quellen: Der wirkungsgeschichtliche Horizont, der sich hier von *Dantons Tod* bis zur Antike spannt, scheint für eine Untersuchung der Zeitschichten des Dramas bedeutsamer zu sein als die vielleicht nicht ganz gesicherte Herkunft des Zitats.

Das Wortzitat "Kuppelpelz" (12, 30) — bisher unbekannt — aus Schillers Drama *Kabale und Liebe* (1783) weist wieder auf die parodistische Wirkung der Aussprüche Simons zurück. Die Situation ist in beiden Dramen die gleiche: Ein aufgebrachter Vater beschuldigt eine etwas dümmliche Mutter, dem nach seiner Ansicht unlauteren Lebenswandel ihrer Tochter Vorschub zu leisten. Der jambisierende Sprachduktus, der natürlich eine Parodie von *Kabale und Liebe* sein kann, und die hohlen Phrasen Simons, dessen moralische Entrüstung überdies alkoholisch hervorgerufen und damit im Gegensatz zur ehrlichen Entrüstung Vater Millers unehrlich ist, bewirken hier die Parodie dieser wohl noch zu Büchners Zeiten wohlbekannten Polterszene in *Kabale und Liebe*. Es kann kein Zufall sein, daß das erste Wort der Szene I, 2 in *Dantons Tod* jenes schillersche "Kuppelpelz" ist, das die Szenen beider Dramen zueinander in Beziehung setzt:

FRAU. Ja! fluch du und poltre du! Das wird jetzt den Teufel bannen. Hilf, heiliger Herregott! Wo hinaus nun? Wie werden wir Rat schaffen? Was nun anfangen? Vater Miller, so rede doch! *Sie läuft heulend durchs Zimmer.*

SIMON *schlägt das Weib.* Du *Kuppelpelz*, du runzliche Sublimatpille, du wurmstichischer Sündenapfel!

WEIB. He Hülfe! Hülfe!

Es kommen LEUTE *gelaufen.* Reißt sie auseinander! reißt sie auseinander!

---

[65] vgl. S. 121f. der vorliegenden Arbeit.

MILLER. Auf der Stell zum Minister will ich. Ich zuerst will mein Maul auftun — Ich selbst will es angeben. Du hast es von mir gewußt. Du hättest mir einen Wink geben können. Das Mädel hätt sich noch weisen lassen. Es wäre noch Zeit gewesen — aber nein! — Da hat sich was makeln lassen; da hat sich was fischen lassen! Da hast du noch Holz obendrein zugetragen! — Jetzt sorg auch für deinen *Kuppelpelz*. Friß aus, was du einbrocktest! Ich nehme meine Tochter in Arm, und marsch mit ihr über die Grenze.[66]

SIMON. Nein, laßt mich Römer, zerschellen will ich dieß Geripp! Du Vestalin!

WEIB. Ich eine Vestalin? das will ich sehen, ich.

SIMON. So reiß ich von den
  Schultern dein Gewand,
  Nackt in die Sonne
  schleudr' ich dann
  dein Aas.

Du Hurenbett, in jeder Runzel deines Leibes nistet Unzucht. *Sie werden getrennt* (12, 30—13, 5).

Die beiden letzten literarischen Zitate, die hier zu behandeln sind, stammen aus Shakespeares *Hamlet* (1603) und den Liedern der Sappho (um 650 v. Chr.). Die beiden Zeilen aus *Hamlet*, die wieder Simon spricht, können keineswegs als ein "ungenaues Zitat" bezeichnet werden, wie Bergemann meint (*BW*, 672). Die Stellen lauten in der Gegenüberstellung:

HAMLET. . . . .
Was 't Hamlet wrong'd Laertes? Never, Hamlet:
If Hamlet from himself be ta'en away,
And if he's not himself, does wrong Laertes,
Then *Hamlet does it not, Hamlet denies it.*
Who does it then? His madness: If't be so,
Hamlet is of the faction that is wrong'd,
His madness is poor Hamlet's enemy. . . .[67]

SIMON. Du wendest dich ab? Ha, kannst du mir vergeben, Porcia? Schlug ich dich? Das war nicht meine Hand, war nicht mein Arm, mein Wahnsinn that es.

Sein Wahnsinn ist des armen Hamlet Feind.
Hamlet that's nicht, Hamlet verläugnet's (16, 11—15).

---

66 *Nationalausgabe*, Bd. V, a.o.O., II, iv; S. 38f. Vielleicht ist diese Übernahme des Wortzitats "Kuppelpelz" eine rückwirkende Bestätigung des möglichen Wortzitats "Verwesung" (vgl. Anmerkung 58, Kap. III, S. 121 der vorliegenden Arbeit).
67 William Shakespeare, *Shakespeare's Works*, vol. III (London, 1903), V, ii; S. 182.

Büchner stellt zwar die Reihenfolge der beiden Zitatzeilen um und läßt dazwischen einiges aus, doch hält er sich wörtlich an den Text Shakespeares oder an eine nicht näher feststellbare deutsche Übersetzung. Das *"does it not"*, das im Englischen futurische Bedeutung hat — 'Wenn Hamlet, nicht er selbst, Laertes Übles tun sollte, dann wird das nicht Hamlet tun; Hamlet verleugnet es' — gibt Büchner als "Hamlet *that's nicht"* wieder. Dies ist die einzige Veränderung Büchners des sonst wörtlichen Satzzitats. Die temporische Spannung erscheint durch die Adaption in die Vergangenheit als verkürzt, denn auch *Hamlet* stammt aus dieser Vergangenheit. Simon versucht vergeblich, sein Tun durch seinen Selbstvergleich mit Hamlet zu entschuldigen. Büchner weist Simon durch die Veränderung des Tempus den Zeitraum zu, in den dieser sich schon vorher selbst gestellt hatte: die Vergangenheit.

Daß Camille in seiner Programmrede (11, 20—38) nicht nur die Jakobiner, sondern auch sich selbst und die Dantonisten durch Ideale der Vergangenheit charakterisiert, wurde schon an anderer Stelle gezeigt.[68] Ein Satzzitat aus einem sapphischen Lied gegen Ende der Rede Camilles unterstreicht dieses Ergebnis:

Ach! die Gliederlösende böse Liebe quält mich
lieblich bitter singet der Vogel, den kein
Pfeilgeschoß abwehret: du warst mir einst ja
spröde, liebster Attis! auf Andromeden
dein Herz gerichtet.[69]

Dieses Zitat erscheint in folgendem Satz Camilles: "Wir wollen nackte Götter, Bachantinnen, olympische Spiele und von melodischen Lippen: *ach, die gliederlösende, böse Liebe!"* (11, 29—31). Der in diesem Zitat zum Ausdruck kommende Regreß auf mythische Bilder der Liebe ist einseitig, denn nicht auf Eros und Agape, sondern nur auf Eros wird hier angespielt. Dadurch gelingt Büchner eine Hervorhebung der Einseitigkeit und des Unzeitgemäßen der Forderungen Camilles. Dieses Unzeitgemäße ist von Büchner schon durch die Parodien Simons und den nur geringen Unterschied zwischen den Programmen der Dantonisten und der Jakobiner kritisch beleuchtet worden. Das angeführte Zitat deutet an, daß die Gesellschaftsutopie, die Camille entwirft, eine negative, auf die Wiederherstellung der Vergangenheit abzielende Utopie darstellt.

Die entzeitlichende Wirkung dieser Liedzeilen der Sappho hebt deren Aussage aus der Zeitschicht der Französischen Revolution heraus. Diese Entzeitlichung tritt noch deutlicher in Erscheinung bei den volksliedhaften und biblischen Zitaten in *Dantons Tod.*

---

68 vgl. S. 55 der vorliegenden Arbeit.
69 Johann Gottfried Herder, *Sämtliche Werke*, Bd. XXV, hrsg. von Bernhard Suphan (Hildesheim, 1968 [Reprografischer Nachdruck der Ausgabe Berlin 1885], S. 86. Die zitierte Liedzeile erscheint im gleichen Wortlaut auch in einer anderen Verdeutschung (ibid., S. 407).

4. DAS ZEITLOSE ZITAT

a. Das Liedzitat

Nach unserer Darstellung des ereignisbezogenen Zitats, das primär die historischen Tatsachen und damit den Handlungsrahmen des Dramas ergänzt, und des ideenbezogenen Zitats, das die hinter den Ereignissen wirksamen Ideen in das Drama einführt, kommen wir nun zum zeitlosen Zitat. Unsere Untersuchung des Liedzitats und des Bibelzitats soll zeigen, daß das zeitlose Zitat sowohl zeitlich losgelöst von den Ereignissen erscheint, die in *Dantons Tod* dargestellt sind, als auch in keinem unmittelbaren Zusammenhang mehr steht mit den Ideen im Drama. Das zeitlose Zitat ist weder *historiographisch* wie das ereignisbezogene noch *ideographisch* wie das ideenbezogene Zitat; man könnte es in Anlehnung an Gebsers Begriff des "eteon," was so viel wie "wahrheitsgemäß, in Wahrheit, wirklich" bedeutet, als *eteographisch* bezeichnen.[70] Damit ist auch vom Begriff her der Zusammenhang zwischen der Zeitlosigkeit der Aussage und dem Wahrheitscharakter des Zitats hergestellt.

Unsere Analyse des zeitlosen Zitats kann sich auf eine grundlegende Untersuchung stützen, deren Ergebnis sich ohne Schwierigkeiten in unsere Darstellungsweise einordnet und diese im Hinblick auf das Liedzitat bestätigt. Gonthier-Louis Fink zeigt, daß die Liedeinlagen in *Dantons Tod* inhaltlich an der äußeren Welt und den geschichtlichen Ereignissen vorbeigehen, weil sie "sowohl die Natur wie die historischen oder sozialen Verhältnisse" ignorieren: ". . . abgesehen von wenigen Abweichungen singen und klagen sie von Liebe und Leid, von Vergänglichkeit und Tod." Die in den Zitaten zur Aussage kommende Wahrheit sei deshalb "gleichsam unwiderlegbar, unausweichlich;" es käme darin "die ewig gleiche Erfahrung des Menschengeschlechts angesichts des Lebens und des Todes" zum Ausdruck.[71] Diese Charakteristik bezeichnet genau die Zeitlosigkeit ihrer Aussage. Fink fährt dann fort, indem er zwei Gegensätze untersucht, den der Bürger und den des Volkes gegenüber der zeitlosen Wahrheit. Er gelangt zu folgendem Resultat: "Daraus ergibt sich, daß das Volkslied als Verseinlage in manchmal höchst grellem Ton mit der episodischen Handlung kontrastiert."[72]

An dieser Stelle setzt unsere Betrachtung ein, indem wir uns fragen, wie dieser Kontrast zustande kommt. Zunächst einmal betrachten wir die Liedstellen in *Dantons Tod* nicht von der Thematik und der Stimmung her – also ästhetisch, sondern als Zitate im Sinne unserer Definition. Als solche unterscheiden sie sich von ihrem neuen Textzusammenhang durch ihre sprachliche Leistung, die

---

[70] vgl. Gebser, a.o.O., Bd. I, S. 331; Bd. II, S. 76 (Anmerkung 4).
[71] Gonthier-Louis Fink, "Volkslied und Verseinlage in den Dramen Georg Büchners," *DVj,* XXXV (1961), S. 560, 567, 576.
[72] ibid., S. 576.

zugleich eine temporische Leistung ist. Diese findet ihren Ausdruck in der temporischen Spannung zwischen der Ereignisschicht der dramatischen Gegenwart und der Vergangenheit, aus der das jeweilige Liedzitat stammt. Es wird sich zeigen, daß die Reihenfolge der Liedzitate im Drama eine Progression zur Zeitlosigkeit darstellt, durch die jene Tendenz zur Zeitlosigkeit, die für das ereignisbezogene und das ideenbezogene Zitat nachgewiesen werden konnte, noch stärker hervortritt und sich zur zeitlosen Aussage verdichtet.

Von wenigen Ausnahmen abgesehen, sind die Textquellen der Liedzitate in *Dantons Tod* nicht eindeutig feststellbar. Es kann kein Zufall sein, daß sich gerade das erste und das letzte Liedzitat zeitlich einigermaßen genau festlegen lassen. Das Zitat "Die da liegen in der Erden . . ." (14, 36ff.) ist nach Bergemann das "Ende des Schinderhanneslieds" (*BW,* 642). Der Schinderhannes wurde am 21. November 1803 in Mainz hingerichtet; kurz danach mag dieses Volkslied entstanden sein. Das Schnitterlied stammt aus der Zeit des Barock.[73] Wahrscheinlich übernahm Büchner die meisten Liedzitate aus der mündlichen Überlieferung, die zu seiner Zeit noch lebendig war. Ein sprachlicher Vergleich zwischen Quelle und Zitat erscheint nur bei zwei Liedzitaten sinnvoll, die beide aus *Des Knaben Wunderhorn* (1806–1808) stammen.

Die Progression zur Zeitlosigkeit vom ersten zum letzten Liedzitat folgt nicht nur aus der Datierung, sondern auch aus der thematischen Verknüpfung der insgesamt zehn Zitate. Dies ist in der Büchner-Forschung bisher nicht in dieser Deutlichkeit gesehen worden. Fink bemerkt lediglich zum ersten Liedzitat: "Thematisch ist das Lied eng mit der Handlung verbunden."[74] Eine thematische Verknüpfung der einzelnen Liedzitate untereinander, die hier nachgewiesen werden soll, folgt daraus aber noch nicht. Das Zitat aus dem Schinderhanneslied stellt den Tod am Galgen über die Verwesung im Grabe:

> Die da liegen in der Erden,
> Von de Würm gefresse werden.
> Besser hangen in der Luft,
> Als verfaulen in der Gruft! (14, 36–39).[75]

Für Danton wird sich dieser Todeswunsch des Räuberhauptmanns nicht erfüllen; er wird "mit den Würmern Unzucht treiben" (73, 13f.), also "verfaulen in der Gruft." Dieses Beispiel zeigt bereits, daß die Liedzitate mit dem Drama als Ganzem eng verknüpft sind. Dem jungen Menschen, auf den sich dieses Lied

---

[73] Carl Stephenson (Hrsg.), *Die schönsten Gedichte aus acht Jahrhunderten* (Berlin-Schöneberg, 1960), gibt als Entstehungsjahr 1670 an (S. 38).
 Hermann Peter Gericke u.a. (Hrsg.), *Bruder Singer; Lieder unseres Volkes* (Kassel, o.J.), gibt an: "Nach einem fliegenden Blatt von 1638" (S. 169).
[74] Fink, a.o.O., S. 576.
[75] Quelle: Ende des Schinderhannesliedes (vgl. *BW,* 642).

bezieht und der an einer Laterne gehängt werden soll, wird das Leben geschenkt. Die Frage, was das Leben bedeutet, beantwortet das zweite Liedzitat, das wir mit den Prosaeinschüben wiedergeben:

BÄNKELSÄNGER.
    Was doch ist, was doch ist
    Aller Männer Freud und Lüst?
BÜRGER. Ach mit den Namen, da komm ich gar nicht in's Reine.
SIMON. Tauf' ihn: Pike, Marat.
BÄNKELSÄNGER.
    Unter *Kummer,* unter Sorgen
    Sich bemühn vom frühen Morgen
    Bis der *Tag* vorüber ist (34, 14—20).[76]

Dieser "Tag" kann als das menschliche Leben verstanden werden, denn die letzten drei Zeilen des Liedes weisen auf eine bekannte, aber in diesem Zusammenhang bisher nicht erkannte Bibelstelle, die uns die Gleichsetzung von Tag und Leben erlaubt:

... verflucht sei der Acker um deinetwillen, *mit Kummer sollst du dich nähren dein Leben lang.* Dornen und Disteln soll er dir tragen, und sollst das Kraut auf dem Felde essen. Im Schweiße deines Angesichts sollst du dein Brot essen, bis daß du wieder zu *Erde* werdest, davon du genommen bist. Denn du bist *Erde,* und sollst zu *Erde* werden (1. *Mose* 3, 17—19).

Es läßt sich nicht mehr feststellen, ob die thematische Entsprechung zwischen Lied (vgl. das Wort "Kummer") und Bibelstelle (vgl. die Wörter "Kummer" und "Erde") erst durch Büchners Adaption hergestellt wurde, oder ob sie schon in der ersten schriftlichen Aufzeichnung dieses Liedes belegt ist. Offensichtlich bestätigt die "Handvoll *Erde*" im dritten Liedzitat diesen zufälligen oder beabsichtigten thematischen Zusammenhang zwischen dem Lebensende — "Bis der Tag vorüber ist" — und dem nachfolgenden Begräbnis:

BETTLER. Daß ich ein Narr wäre. Das hebt einander. Die Sonne scheint warm an das Eck und das geht ganz leicht.
Singt.
    Eine Handvoll Erde
    Und ein wenig Moos ...

---

76 Quelle: "vielfach variiertes schwäb. Volkslied" (*BW,* 677).

ROSALIE *zu Adelaiden.* Mach fort, da kommen Soldaten, wir haben seit gestern nichts Warmes in den Leib gekriegt.

BETTLER.
  Ist auf dießer Erde
  Einst mein letztes Loos!
(35, 9—16; die ersten beiden Zeilen schon einmal: 34, 32f.)[77]

Die "Handvoll Erde," die man den Toten ins Grab mitgibt, erscheint hier in scharfem Kontrast zur obszön ausgedrückten Lebenslust der beiden Mädchen. Hier sind Banales und Ewiges benachbart; keines von beiden ist aber Teil der episodischen Handlung oder kontrastiert mit dieser, wie Fink meint. Die Liedeinlagen bilden vielmehr einen thematischen Zusammenhang für sich, der als Ganzes mit dem Drama verbunden ist. Diese Auffassung findet eine weitere Bestätigung im folgenden Liedzitat, wo die Liebe zum Leben, allen Leiden zum Trotz, durch die obszöne Verkleidung hindurch sichtbar wird:

SOLDAT. So will ich mich an dir wetzen.
Er singt.
  Christinlein, lieb Christinlein mein,
  Thut dir der Schaden weh, Schaden weh,
  Schaden weh, Schaden weh?
ROSALIE *singt.*
  Ach nein, ihr Herrn Soldaten,
  Ich hätt' es gerne meh, gerne meh,
  Gerne meh, gerne meh! (35, 22—28).[78]

Sowenig die Unannehmlichkeiten der rein physischen Liebe Rosalie von ihrem Wunsch nach mehr Liebe abhalten, sosehr sieht die echte, erfüllte Liebe Luciles zu Camille den Trennungsschmerz nicht als physisches, sondern als seelisches Leiden. In dieser Liedstelle geht es also hintergründig um beides: die Liebe *im* Leben und die Liebe *zum* Leben. Das folgende Liedzitat faßt rückblickend beide Aspekte zusammen, wenn es vom Schmerz des Abschieds von diesem Leben spricht:

LUCILE. So schnell, mein Freund? Geh! Komm! Nur das *sie küßt ihn* und das! Geh! Geh! *Camille ab.* Das ist eine böse Zeit. Es geht einmal so. Wer kann da drüber hinaus? Man muß sich fassen. *Singt.*
  Ach Scheiden, ach Scheiden, ach Scheiden,
  Wer hat sich das Scheiden erdacht? (38, 38—39, 4).[79]

[77] Quelle: "vgl. Liederbuch 'Als der Großvater d. Großmutter nahm' (Insel, 1922), S. 292f." (*BW*, 643).

[78] Bergemanns vage Quellenangabe läßt auf ein erdichtetes Zitat Büchners schließen: "hess. Soldatenliedverse? " (*BW*, 639).

[79] Quelle: "Schlußstrophe des hessischen Lieds 'Dort oben auf hohem Berge' " (*BW*, 629).

Das wörtliche Selbstzitat "wer kann da drüber hinaus? " aus der Liebes- und Lebensgeschichte der in der physischen Liebe verhafteten Marion (22, 1f.) betont hier noch einmal den Gegensatz zwischen körperlichem und seelischem Leiden. Es wird deutlich, daß dieser Gegensatz auch zwischen den einzelnen Liedzitaten besteht, denn während Lucile über das Abschiednehmen vom Leben klagt, stellt Camille im nächstfolgenden Liedzitat die Möglichkeit des Sterbenkönnens überhaupt in Frage. In diesem sechsten Liedzitat, weder von Bergemann noch von Fink als solches erwähnt, kommt damit wieder die thematische Verknüpfung der Liedzitate untereinander zum Ausdruck:

CAMILLE. Die Welt ist der ewige Jude, das Nichts ist der Tod, aber er ist unmöglich. *Oh nicht sterben können, nicht sterben können,* wie es im Lied heißt (61, 19—21).

Die Art der Liebesauffassung steht in allen bisher angeführten Liedzitaten in Abhängigkeit zu der Art, wie der Tod gesehen wird. In der echten Liebe ist der Tod Erfüllung; Leiden und Lust fallen zusammen. Genau das kommt zum Ausdruck im folgenden Liedzitat, das Büchner vielleicht nach einem Lied in *Des Knaben Wunderhorn* adaptiert hat:

> Es stehn zwei Sternlein an dem Himmel,
> Scheinen heller als der Mond,
> Der ein' scheint vor Feinsliebchens Fenster,
> Der andre vor die Kammerthür (69, 4—7).[80]

Die Herkunft dieses Liedes wird bestätigt durch das Wort "Feinslieb," das in der dritten und siebenten Strophe in der Quelle vorkommt, und durch die erste Zeile der ersten Strophe: "Es stehen drei Stern am Himmel." Die Adaption Büchners von "*drei* Stern" zu "*zwei* Sternlein" ist nicht nur dadurch bedingt,

---

80 Quelle: L[udwig] Achim von Arnim und Clemens Brentano, *Des Knaben Wunderhorn* (München, 1957 [Text der Ausgabe von 1806/1808]). Das Lied ist unter " 'Der eifersüchtige Knabe', Herders Volkslieder I, S. 38. Aus dem Elsasse" angegeben. Möglicherweise steht die erste Zeile der letzten Strophe — "So geht's wenn ein Mädel zwei Knaben liebhat" — in Zusammenhang mit Luciles Verhältnis zu Camille und zum Tode (S. 195). Ob Büchner gerade auf diese Zeile anspielt, scheint möglich, ist aber nicht mit Sicherheit nachweisbar.

Eine zweite mögliche Quelle ist das Lied "Stehn zwei Stern am hohen Himmel," das Gericke als "Aus dem Odenwald (1884)" stammend ausgibt. Vielleicht lebte es schon zu Büchners Zeiten in der mündlichen Überlieferung. Die ersten beiden Zeilen entsprechen nahezu wörtlich dem Lied in *Dantons Tod:* "Stehn *zwei* Stern am Himmel,/leuchten heller als der Mond . . ." (ibid., S. 153).

Das gleiche Lied ist auch abgedruckt bei Hellmut Aichele (Hrsg.), *In allen guten Stunden; Liederbuch des Schwäbischen Albvereins,* 3. Aufl. (Stuttgart, 1962), mit der Quellenangabe "Aus dem Westerwald" (S. 115).

Diesen Quellenhinweis verdanke ich Manfred Kuxdorf, University of Waterloo, Ontario, Kanada.

daß eines "vor Feinsliebchens Fenster" und das andere "vor die Kammerthür" scheint, sondern sie scheint aus folgendem Grunde notwendig: Während der erste Stern der Stern der Liebe ist, so weist der zweite sinngemäß auf den Tod, denn die "Kammerthür" führt in den Bereich des Todes. Lucile beschreibt jenen Raum nach ihrem Lied vom Scheiden so: "Wie das Zimmer so leer ist, die Fenster stehn offen, als hätte ein Todter drin gelegen" (39, 9f.). Camille, den "Freund" ihres Lebens (38, 38 und 69, 8), kann sie nun nicht mehr unterscheiden vom Tode, den sie "süßer Freund" (69, 18) nennt. Die Worte "Da, da ist's" eine Zeile vorher bezeichnen genau den Augenblick ihrer einsetzenden Entrückung; vorher wendet sie sich an Camille, danach an den Tod:

> Höre! die Leute sagen du müßtest sterben, und machen dazu so ernsthafte Gesichter. Sterben! ich muß lachen über die Gesichter. Sterben! Was ist das für ein Wort? Sag mir's Camille. Sterben! Ich will nachdenken. *Da, da ist's.* Ich will ihm nachlaufen, komm, *süßer Freund,* hilf mir fangen, komm! komm! *Sie läuft weg* (69, 14–19).

Luciles Aufforderung "komm! komm!," die sie an den Tod richtet, klingt wie ein Echo auf ihre Bitte an Camille: "Geh! Geh!" (38, 39). Sie wünscht sich den Tod herbei. Dieser Wunsch schließt die Erkenntnis der Unausweichlichkeit ein. Das achte Liedzitat — es ist die sechste Zeile der ersten Strophe aus dem Schnitter- oder "Erntelied" — ist Ausdruck dieser Erkenntnis. Büchner ersetzt aber das fatalistische "nur" durch das hoffnungsvollere "wohl:" "Wir müssen's *wohl* leiden" (74, 32f.).[81]

Nun ist Lucile bereit zu sterben. Deshalb handelt das nächste Liedzitat vom 'Heimgehen,' wenn auch der naheliegende Eindruck entstehen kann, man habe lediglich einen "frivolen Gesang des gefühllosen, stumpfen Henkers"[82] vor sich:

> ERSTER HENKER *steht auf der Guillotine und singt.*
> Und wann ich hame geh
> Scheint der Mond so scheeh . . .
>
> ZWEITER HENKER. He! Holla! Bist bald fertig?
> ERSTER HENKER. Gleich, gleich!
> *Singt.*
> Scheint in meines Ellervaters Fenster
> Kerl wo bleibst so lang bey de Menscher?

---

[81] " 'Erntelied', katholisches Kirchenlied," *Des Knaben Wunderhorn,* a.o.O., S. 37. Fink weist zwar auch darauf hin, daß diese Zeile ein "Erkennen" ausdrückt, doch stellt er die Progression zur Zeitlosigkeit von diesem Lied zum Henkerslied (75, 10–19) und von dort zum Anfang der ersten Strophe des "Ernteliedes" (75, 22–29) nicht ausdrücklich her. Sie ist aber in seiner Darstellung impliziert.

[82] Fink, a.o.O., S. 579.

So! die Jacke her! *Sie gehn singend ab.*
Und wann ich hame geh
Scheint der Mond so scheeh (75, 10—19).[83]

Wieder scheint der Mond in ein Fenster. Das ist eine deutliche Anspielung auf das Fenster, das Lucile mit dem Tod in Verbindung brachte (vgl. 39, 9f.). Auch aus diesem Grunde dürfen wir eine Beziehung annehmen zwischen dem Nachhausegehen der Henker und Luciles 'Heimgang.' Jenseits aller Banalität und Frivolität ergeht die Frage der Henkersknechte — "Kerl wo bleibst so lang bey de Menscher? " — auch an Lucile; jetzt hat sie keinen Grund mehr, bei den Menschen zu bleiben. In dieser Stimmung singt sie die Anfangszeilen der ersten und der dritten Strophe aus dem "Erntelied," unterbrochen von ihren letzten Worten. "Wiege" und "Todtenglocke" stehen darin eng beieinander; Luciles "Da, da ist's" (69, 17) bedeutet wie Héraults "Da ist's Zeit" (74, 11) die Herauslösung aus der Zeit; die Zeitlosigkeit ist erreicht:

LUCILE *tritt auf und setzt sich auf die Stufen der Guillotine.* Ich setze mich in deinen Schooß, du stiller Todesengel.
Sie singt.
Es ist ein Schnitter, der heißt Tod,
Hat Gewalt vom höchsten Gott.
Du liebe *Wiege,* die du meinen Camille in Schlaf gelullt, ihn unter deinen Rosen erstickt hast.
Du *Todtenglocke*, die du ihn mit deiner süßen Zunge zu Grabe sangst.
Sie singt.
Viel hunderttausend ungezählt,
Was nur unter die Sichel fällt (75, 20—29).

Damit hat Büchner insgesamt fünf Zeilen aus zwei verschiedenen Strophen dieses Liedes zitiert, jedoch in anderer Reihenfolge als im Lied, dessen erste Strophe lautet:

Es ist ein Schnitter, der heißt Tod,
Hat Gewalt vom höchsten Gott;
Heut wetzt er das Messer,
Es schneidt schon viel besser,
Bald wird er drein schneiden,
Wir müssen's nur leiden.
Hüte dich, schöns Blümelein!

Büchner zitiert und adaptiert zuerst die sechste Zeile: "Wir müssen's wohl leiden" (74, 32f.). Darin liegt eine Hervorhebung des Leidens und des Schmerzes

---

83 Quelle: "vielfach variierendes Volkslied von Mosel u. Saar" (*BW*, 675).

gegenüber dem Tod, der im Gegensatz zum Liedtext erst an zweiter Stelle genannt wird; sie entspricht der Hervorhebung des Schmerzes an anderen Stellen im Drama. Dann zitiert Büchner wörtlich die ersten beiden Zeilen dieser Strophe. Auch die zuletzt angeführten ersten beiden Zeilen der dritten Strophe, die wieder das Leiden hervorheben, sind Wortlautzitate:

> Viel hunderttausend ungezählt,
> Was nur unter die Sichel fällt . . . .

Leiden und Schmerz erscheinen dadurch verstärkt hervorgehoben und durch die im Drama nicht zitierten, aber für den Leser mitklingenden jeweiligen letzten Zeilen der ersten bis vorletzten Strophe – "*Hüte dich,* schöns Blümelein!" – sinngemäß bestätigt. Dagegen evoziert die letzte Zeile der letzten Strophe – "*Freu dich,* du schöns Blümelein!"[84] – die Gedankenverbindung mit Hoffnung und Freude. Auch diese Assoziation ist eine Leistung dieses Liedzitats, obwohl es die angeführte letzte Zeile des Liedes nicht enthält. Diese Leistung ist vor allem eine temporische, denn der Sinnzusammenhang des Textes wird durch das Zitat zeitlich transzendiert. Das kommt thematisch zum Ausdruck, indem die Liebe sowohl mit dem Tode als auch mit der Freude auf das, was danach kommt, in Verbindung gebracht wird. Temporisch gesehen, transzendiert und umgreift die Zeitlosigkeit der Liedzitate die Zeit, die das Drama *Dantons Tod* darstellt.

Das Ergebnis unserer Untersuchung der Liedzitate besteht im Nachweis ihrer temporischen Leistung als einer thematisch und episodisch eng mit dem Drama verknüpften Gesamtheit. Das schließt den Kontrast des einzelnen Liedzitats zur Handlung, den wir als einen sprachlichen und temporischen definierten, keineswegs aus. Die Progression zur Zeitlosigkeit wird aber erst durch die zusammenhängende Betrachtung aller Liedzitate sichtbar, die wir zu geben versuchten.

b. Das Bibelzitat

Im Gegensatz zur Sprache des Römerpathos, das in den Reden der Französischen Revolution nachweisbar ist, stammen die biblischen Sprachelemente in *Dantons Tod* von Büchner selbst. Die Vermutung liegt nahe, daß die Übernahmen von Bibelzitaten und die biblischen Redewendungen im Drama ausschließlich stilistische Zwecke verfolgen. Dies ließe sich leicht in ähnlicher Weise zeigen, wie es Koopmann hinsichtlich der Sprachelemente aus der griechisch-römischen Antike in *Dantons Tod* getan hat.[85] Unsere Auffassung, daß das Bibelzitat im Zusammenhang mit seiner temporischen Leistung und

---

84 Quelle: *Des Knaben Wunderhorn*, a.o.O., S. 37f. (vgl. *BW*, 644).
85 Koopmann, " 'Dantons Tod' und die antike Welt," a.o.O., S. 22–41.

seiner Bedeutung für die Zitattechnik Büchners gesehen werden muß, steht nicht im Widerspruch zum Bibelzitat als Stilelement. Die temporische Leistung des Bibelzitats besteht aber im Gegensatz zu seiner ästhetischen Funktion darin, daß biblische Sprache und Vergleiche aus der Bibel die historischen Ereignisse der dramatischen Gegenwart mit der biblischen Vergangenheit verknüpfen, deren gleichnishafte Aussagen gleichzeitig gegenwärtige und zukünftige Gültigkeit besitzen: Das Bibelzitat wirkt entzeitlichend. Diese entzeitlichende Wirkung leisten die Liedzitate durch ihren thematischen und episodischen Zusammenhang in ihrer Gesamtheit. Beim Bibelzitat dagegen wirkt die bloße Übernahme in den Text des Dramas. Jedes Bibelzitat ist für sich ein Element der Zeitlosigkeit, die in ihm und durch es zur Aussage kommt.

Eine zusammenhängende Darstellung der Bibelzitate liegt noch nicht vor. Sie soll hier versucht werden, indem wir nacheinander die vorerst noch nicht nachgewiesenen, die bekannten und einige neue Bibelzitate in *Dantons Tod* untersuchen. Auf die Bedeutung des bisher unbekannten Zitats aus *Hosea* 4, 2 vom "Gotteslästern, Lügen, Morden, Stehlen und Ehebrechen" für die biographischen Hintergründe und die Thematik des Dramas wurde schon hingewiesen.[86] Büchners Frage "Was ist das, was in uns hurt, lügt, stiehlt und mordet?" (41, 31) wiederholt hier die Klage des Propheten über den Zustand der Welt. Im Gegensatz zur eindeutig kohärenten Thematik der Liedzitate fügt Büchner die Bibelzitate an verschiedenen, thematisch nicht unmittelbar in Beziehung stehenden Dramenstellen ein. Ihr Beitrag zur zeitlosen Wahrheitsaussage wird dadurch aber nicht eingeschränkt, sondern eher hervorgehoben.

Die folgenden Anklänge an Bibelstellen, die noch nicht eindeutig nachgewiesen werden konnten, haben eines gemeinsam, nämlich eine entzeitlichende temporische Leistung. Sie hebt die gleichnishafte Bedeutung ihrer Aussage in die Gegenwart des Dramas und entzeitlicht diese, indem die Autorität der Bibel, die das Bibelzitat anruft, ihrerseits eine gewisse Entzeitlichung der historischen Vorgänge im Drama bewirkt. Man kann diese Entzeitlichung deshalb als Enthistorisierung bezeichnen. Dies wird besonders deutlich in einem Ausspruch Dantons:

> *Zwischen Thür und Angel will ich euch prophezeien:* die Statue der Freiheit ist noch nicht gegossen, der Ofen glüht, wir Alle können uns noch die Finger dabei verbrennen (12, 21—23).

Wenig später erinnert ein Satz eines Bürgers an die zeitlosen Vergehen der Obrigkeit am Volke:

> Ein Messer für die Leute, die das Fleisch unserer Weiber und Töchter kaufen! *Weh über die, so mit den Töchtern des Volkes huren!* (14, 4—6).

---

[86] vgl. S. 99 der vorliegenden Arbeit.

Auch der Satz Legendres in der darauffolgenden Szene könnte aus der Bibel stammen. Er bezieht sich auf den Tod von Marat und Chalier:

Das Blut dießer Heiligen komme über sie (17, 16).

Robespierres geheuchelte Tugendhaftigkeit findet ihren deutlichsten Ausdruck in einer biblischen Anspielung auf das Motiv vom Lamm Gottes, das die Sünden der Welt auf sich nimmt. Er sagt von Danton:

ROBESPIERRE *allein.* Ja wohl, Blutmessias, der opfert und nicht geopfert wird. – Er hat sie mit seinem Blut erlöst und ich erlöse sie mit ihrem eignen. *Er hat sie sündigen gemacht und ich nehme die Sünde auf mich.* Er hat die Wollust des Schmerzes und ich habe die Quaal des Henkers (30, 32–35).

Es scheint sicher, daß der historische Robespierre diesen oder einen ähnlichen Satz nicht ausgesprochen hat. Indem Büchner ihn seinem Robespierre in den Mund legt, enthistorisiert er den Führer der Jakobiner. Die Heraushebung Robespierres aus der Zeitgeschichte tritt noch schärfer hervor am Ende seines Monologs. Zuvor aber ist eine andere Stelle zu betrachten. Es ist bezeichnend, daß Robespierre, der Danton einen "Blutmessias" nennt, vom Volke selbst als "Messias" bezeichnet wird, und zwar ebenfalls in Verbindung mit einem Bibelzitat:

EIN WEIB. Hört den *Messias,* der gesandt ist zu wählen und zu richten; er wird die Bösen *mit der Schärfe des Schwertes schlagen.* Seine Augen sind die Augen der Wahl, seine Hände sind die Hände des Gerichts! (15, 29–32).[87]

Die Ähnlichkeit des Terrors der einzelnen Faktionen, auf die wir schon öfters hinwiesen, findet auch hier eine Bestätigung. Auch das folgende Bibelzitat weist auf diesen Zusammenhang:

JULIE. Du hast das Vaterland gerettet.

DANTON. Ja das hab' ich. Das war Nothwehr, wir mußten. Der Mann am Kreuze hat sich's bequem gemacht: *es muß ja Aergerniß kommen, doch wehe dem, durch welchen Aergerniß kommt* (41, 24–28).[88]

Wieder werden die Vorgänge der dramatischen Gegenwart gleichnishaft mit der biblischen Vergangenheit verbunden. In einem Bibelzitat aus dem *Buch der Richter,* auf das schon Bergemann hinweist (*BW,* 673), erreicht die temporische

---

[87] Quelle: "4. *Mose* 21, 24 und öfters" (*QB,* 519; Fußnote 85): "Israel aber schlug ihn *mit der Schärfe des Schwerts.* . . ."

[88] Quellen: "vgl. Ev. Matth. 18, 7, aber auch Lenzens 'Hofmeister' V, 10!" (*BW,* 644). Die Quellentexte sind identisch: "Es muß ja Aergerniß kommen, doch wehe dem Menschen, durch welchen Aergerniß kommt!" Vgl. Jacob Michael Reinhold Lenz, *Gesammelte Werke,* Bd. I, hrsg. von Richard Daunicht (München, 1967), S. 113.

Spannung ihr größtes Ausmaß. Sie erstreckt sich aus der tiefsten Vergangenheit des Mythos (Simsons Eselskinnbacken) über alle geschichtlichen Zeiten bis in die fernste Zukunft, wenn ein Simson die Knochen der Dantonisten als Fossilien auffinden wird. Wir stellen gegenüber:

Und er [*Simson*] *fand einen frischen Eselskinnbacken;* da reckte er seine Hand aus, und nahm ihn, und schlug damit tausend Mann (*Richter* 15, 15).	LACROIX. Die *Esel* werden schreien 'Es lebe die Republik,' wenn wir vorbeygehen. DANTON. Was liegt daran? Die Sündfluth der Revolution mag unsere Leichen absetzen wo sie will, mit unsern *fossilen Knochen* wird man noch immer allen Königen die Schädel einschlagen können. HERAULT. Ja, wenn sich gerade ein *Simson* für unsere *Kinnbacken findet* (70, 12–19).

Die Art und Weise, wie Büchner diese Bibelstelle als Textintegrat in *Dantons Tod* verwendet, zeigt deutlich die temporischen Veränderungen, die er dabei vornimmt. Aus den *"frischen* Eselskinnbacken" werden die *"fossilen* Knochen" der Dantonisten, was geradezu geologische Zeitalter zwischen der Tötung und Beerdigung der Freunde Dantons und der Entdeckung ihrer Knochen voraussetzt — "wenn sich gerade ein Simson für unsere Kinnbacken findet." Die temporische Spannung reicht hier vom Vergangenheitsmythos bis zur Zukunftsutopie.

Die Prophetie dieser Stelle ist schon innerhalb des Dramas wirksam, als die Bürger auf Luciles "Es lebe der König!" mit "Im Namen der Republik" antworten (75, 32f.). Die nicht mehr allein für die Zeit des Dramas gültige Aussage dieses Bibelzitats wird noch verstärkt durch den Anklang an das bereits zitierte "Erntelied," wo es über den Tod in der dritten Strophe heißt: "Auch die Kaiserkronen/wird er nicht verschonen."[89] Tod und Veränderungen in der menschlichen Gesellschaft wird es immer geben, nicht nur jetzt, in der Zeit der Schreckensherrschaft Robespierres. Immer aber wird es das Volk sein, das diese Veränderungen erleidet. Ein bisher nicht bekanntes Bibelzitat beschreibt, wie das Volk auf diese Veränderungen reagiert:

ROBESPIERRE. Armes, tugendhaftes Volk! Du thust deine Pflicht, du opferst deine Feinde. Volk du bist groß. *Du offenbarst dich unter Blitzstrahlen und Donnerschlägen* (15, 33–35).

---

89 *Des Knaben Wunderhorn*, a.o.O., S. 38.

Im Gegensatz zu den beiden möglichen Bibelquellen dazu läßt Büchner das Volk nicht passiv "Donnern und Blitzen" wahrnehmen, sondern es selbst als handelnd erscheinen. Daß er diese Adaption der Quelle bewußt vornimmt, bestätigt ein Satz Collots, nach dem Schwächlingen "die Majestät des Volkes . . . wie Jupiter der Semele unter *Donner und Blitz* erscheinen und sie in Asche verwandeln" werde (58, 37–59, 3). In den Quellen heißt es:

Als nun der dritte Tag kam, und es Morgen war, da erhob sich ein *Donnern und Blitzen* . . . (2. *Mose* 19, 16).

Und *alles Volk sah den Donner und Blitz* . . . (2. *Mose* 20, 18).

Diese Zitatadaptionen Büchners zeigen deutlicher als alle ideologischen Begründungen, welche Bedeutung er der Rolle des Volkes einräumt.[90] Aber nicht nur das Volk, sondern auch die Gestalt Robespierres erscheint durch ein bisher nicht bekanntes Bibelzitat in neuem Licht. Robespierre sagt dort:

Wahrlich des Menschensohn wird in uns Allen gekreuzigt, wir ringen Alle im Gethsemanegarten im blutigen Schweiß, aber es erlöst Keiner den Andern mit seinen Wunden. – Mein Camille! – Sie gehen Alle von mir – *es ist Alles wüst und leer* – ich bin allein (31, 1–5).

Dieses Bibelzitat aus 1. *Mose* 1, 2 – "Und die Erde war *wüst und leer,* und es war finster auf der Tiefe; und der Geist Gottes schwebte auf dem Wasser" – drückt deutlich das Alleinsein Robespierres und seine Losgelöstheit von seiner Zeit dar, die ein Merkmal seines entzeitlichten Verhältnisses zur Wirklichkeit ist. Dieser Zustand kann Anfang oder Ende sein; hier kann man sagen: "Ursprung ist Gegenwart."[91] Dies ist Gebsers Definition der Zeitlosigkeit.

Die Rückführung auf die Situation der Schöpfung, die Danton einmal in seinem Wort vom Nichts als dem zu gebärenden Weltgott charakterisiert (vgl. 72, 11f.), kommt auch in einem anderen Bibelzitat zum Ausdruck, oberflächlich verdeckt in einer anzüglichen Stelle im letzten Akt:

HERAULT. Ich habe nicht Waldung genug für einen so abgeholzten Venusberg.

CAMILLE. Verfluchte Hexen! Ihr werdet noch schreien: '*Ihr Berge fallet auf uns!'*

EIN WEIB. *Der Berg ist auf euch* oder ihr seyd ihn vielmehr hinunter *gefallen* (73, 17–22).

---

[90] Weder die schon zitierte Arbeit von Cowen noch Hans Jürgen Geerdts, "Georg Büchners Volksauffassung; zum 150. Geburtstage des Dichters am 17. Oktober 1963," *Weimarer Beiträge,* IX (1963), S. 642–649, geht auf diese Stelle im Drama ein.

[91] Gebser, a.o.O., Bd. I, S. 559.

Bergemann gibt zwei Quellen dazu an (*BW*, 653), die wir durch eine dritte, nach unserer Auffassung wichtigere ergänzen:

Ihr Berge bedecket uns! und: Ihr Hügel, *fallet über uns!* (*Hosea* 10, 8).

Dann werden sie anfangen, zu sagen zu den *Bergen: Fallet über uns!* und zu den Hügeln: *Decket uns!* (*Lukas* 23, 30).

Und sprachen zu den *Bergen* und Felsen: *Fallet über uns* und verberget uns vor dem Angesichte des, der auf dem Stuhl sitzt, und vor dem *Zorn des Lammes!* (*Offenbarung* 6, 16).

In allen drei Bibelstellen wird eine Weltanfangs- oder Weltuntergangsstimmung dargestellt, wobei der Hinweis auf den "Zorn des Lammes" in der Offenbarung zurückweist auf das Motiv vom Lamm Gottes im Monolog Robespierres (vgl. 30, 34f.). Wahrscheinlich hat deshalb die letzte der angegebenen Bibelstellen als Quelle zu gelten.

Eine vierte, bisher ebenfalls unbekannte Bibelstelle ist von einer ähnlichen zentralen Bedeutung wie das zuerst genannte Zitat nach *Hosea* 4, 2. An mehreren Stellen in *Dantons Tod* finden sich Hinweise auf "die Würm" (14, 37), "Würmer" (65, 22 und 73, 13), "des vers [= Würmer oder Verse]" (69, 29) und außerdem die Wörter "Verwesung" (50, 7) und "Staub" (61, 34). Wir stellen dieser Bibelstelle im *Buch Hiob* drei Dramenstellen gegenüber:

Wenn ich gleich lange harre, so ist doch bei den Toten mein Haus, und in der Finsternis ist mein Bett gemacht; *die Verwesung heiße ich meinen Vater und die Würmer meine Mutter und meine Schwester:* was soll ich denn harren? und wer achtet auf mein Hoffen? Hinunter zu den Toten wird es fahren, und wird mit mir in dem *Staub* liegen (*Hiob* 17, 13–16).

LAFLOTTE *bey Seite.* Man könnte das Leben ordentlich wieder lieb haben, wie sein Kind, wenn man sich's selbst gegeben. Das kommt gerade nicht oft vor, daß man so *mit dem Zufall Blutschande treiben und sein eigner Vater werden kann. Vater und Kind zugleich.* Ein behaglicher Oedipus! (55, 17–21).

EIN WEIB. He Danton, du kannst jezt *mit den Würmern Unzucht treiben* (73, 13f.).

DANTON. . . . . . . Und wenn ich ganz zerfiele, mich ganz auflöste – ich wäre eine Handvoll gemarterten *Staubes,* jedes meiner Atome könnte nur Ruhe finden bey ihr (61, 33–35).

"Mit dem Zufall Blutschande treiben" und "mit den Würmern Unzucht treiben" steht offensichtlich in Zusammenhang mit dem Satz im *Buch Hiob*: ". . . die Verwesung heiße ich meinen Vater und die Würmer meine Mutter und meine Schwester." Tod und Zufall erscheinen schon in der Rede St. Justs (vgl. 45, 38f.) und in einem Satz Dantons in thematischer Verknüpfung: "Ob sie nun an der Guillotine oder am Fieber oder am Alter sterben? . . . wir stehen immer auf dem Theater, wenn wir auch zulezt im Ernst erstochen werden" (33, 5–10). Hier wird die Todesursache als Zufall hingestellt und damit Dantons fatalistische Passivität bestätigt. Aber auch Robespierre äußert sich einmal in ähnlichem Sinne, wenn er sagt: "Ob der Gedanke That wird, ob ihn der Körper nachspielt, das ist Zufall" (29, 1f.). Im Bild vom blutschänderischen Verhältnis mit dem Zufall, das wie die anderen Wortzitate und Sinnentsprechungen zwischen Quelle und Drama die Bedeutung der angeführten Bibelstelle unter Beweis stellt, kommt wieder die Zeitlosigkeit der Aussage zum Ausdruck. Selbst die Generationenfolge als Manifestation in der Zeit ist aufgehoben: Danton ist "Vater und Kind zugleich." Das Wurmhafte und Staubähnliche seiner Existenz erklärt aber auch seinen Anspruch über die "Geschichte," die in gewollter Ambiguität als die Historie und als die Geschichte seines Lebens, also zeitlos zu verstehen ist: "Eigentlich muß ich über *die ganze Geschichte* lachen. Es ist ein Gefühl des Bleibens in mir, was mir sagt, es wird morgen seyn, wie heute, und übermorgen und weiter hinaus ist Alles wie eben" (39, 28–32). Dantons Gefühl des Bleibens sagt entzeitlicht die Wahrheit über seine Lebensauffassung und die nicht auf seine historische Lebenszeit beschränkte Gültigkeit seines Schicksals aus. Dieser Ausspruch umgreift damit auch die temporische Leistung des biblischen Zitats in *Dantons Tod,* die sich als eine entzeitlichende ergab.

VIERTES KAPITEL
DAS GESCHICHTSDRAMA BÜCHNERS

1. SPRACHLEISTUNG UND HISTORISCHE WAHRHEIT

In der nun folgenden Darstellung der Grundzüge einer Typologie des büchnerschen Geschichtsdramas wird zunächst der Versuch unternommen, die Zwischenergebnisse unserer Untersuchung zusammenzufassen und den Zusammenhang zwischen Sprachleistung und historischer Wahrheit zu verdeutlichen.

Alle Geschichtsdramen sind dadurch gekennzeichnet, daß in ihnen eine ein- oder mehrschichtige Vergangenheit in die Gegenwart gehoben wird. Die Evokation der Vergangenheit wird vornehmlich durch die Sprache geleistet, und zwar entweder direkt durch Zitate, die bekannt oder noch unbekannt sein können, oder indirekt durch andere zeitbezogene Aussagen. Diese sprachlichen Elemente und ihre temporische Leistung vermitteln aber erst dann ein Urteil über die dargestellte historische Wirklichkeit, wenn diese Vergangenheit weder vordergründig wiederholt (Typus des Ereignisdramas) noch hintergründig verschlüsselt erscheint (Typus des Ideendramas), sondern wenn darin — wie in *Dantons Tod* — auch zeitlose Aussagen einen möglichst weiten wirkungsgeschichtlichen Horizont herstellen, der sie aus der Enge ihrer eigenen zeitgeschichtlichen Herkunft und aus der Einseitigkeit einer Idee herauslöst. Erst dann wird das Erkennen der historischen Wahrheit möglich, die das Drama aussagt.

Büchner kennt die Schwierigkeiten, die mit dem Versuch verbunden sind, die Wirklichkeit eines geschichtlichen Stoffes sprachlich zu erfassen und damit dem Verstehen zu öffnen. Aus einer Bemerkung Dantons geht hervor, daß oft die nötigen Worte fehlen, selbst wenn der Sachverhalt klar zu sein scheint. Diese Ohnmacht der Sprache vor der Wirklichkeit kommt beispielsweise in dieser Replik Dantons zum Ausdruck:

Es wurde ein Fehler gemacht, wie wir geschaffen wurden, *es fehlt uns etwas, ich habe keinen Namen dafür,* wir werden es einander nicht aus den Eingeweiden herauswühlen, was sollen wir uns drum die Leiber aufbrechen? Geht, wir sind elende Alchymisten (32, 23—27).

Im Versuch, das Unsagbare zu sagen, flieht die Sprache in Paradoxien, die verschlüsselt das Rätsel wiederholen, das sie nicht zu lösen vermochte. "Wir haben nicht die Revolution, sondern die Revolution hat uns gemacht" (32, 18f.), sagt Danton an der gleichen Stelle; aber die Sprache läßt im Folgenden offen, ob er die Erdkugel "wie ein wildes Roß" meistert, oder ob er selbst "geschleift" wird (vgl. 41, 3—7). Die Sprache beschreibt zwar die Wirklichkeit dieser Situation, aber es wird daraus nicht deutlich, wie es in Wahrheit um Danton steht. Aus beiden Beispielen ist weder das tatsächliche Verhältnis Dantons zur Revolution noch sein nur geträumtes Verhältnis zur Welt als Ganzes zu entnehmen. Es wird nicht eindeutig gesagt, ob er der Held oder der unheldisch Besiegte in diesem historischen Kampfe ist. Soviel scheint aber sicher: Diese Zweideutigkeit darf als wahrheitsgetreue Beschreibung seiner für ihn undurchsichtigen Lage verstanden werden. Wenn man der Sprache die Fähigkeit zuerkennt, die Wirklichkeit wahrheitsgetreu beschreiben zu können, dann liegt hier der Übergang von der bloßen Beschreibung zur Wahrheitsaussage. Damit wird die Sprache Teil der Wirklichkeit selbst, die sie vorher nur von außen beschrieb und durch die Beschreibung verändert erscheinen ließ; hier besitzt sie eine wirklichkeitschaffende Macht.

In der Rede St. Justs (II, 7) kommt diese Macht des Wortes in bezug auf die Wirklichkeit deutlich zum Ausdruck: "Jedes Glied dießes in der Wirklichkeit angewandten Satzes hat seine Menschen getödtet" (46, 13f.). Nicht die Guillotine tötet hier, sondern der gesprochene Satz, daß Millionen sterben müssen. Es ist keineswegs unwichtig, wer ihn spricht. Mercier läßt keinen Zweifel darüber, daß es Menschen sind, die sich der Sprache bedienen:

Geht einmal euren Phrasen nach, bis zu dem Punkt wo sie verkörpert werden. Blickt um euch, das Alles habt ihr gesprochen, es ist eine mimische Uebersetzung eurer Worte. Dieße Elenden, ihre Henker und die Guillotine sind eure *lebendig gewordnen Reden* (52, 4—8).

Daraus folgt, daß die Verantwortung für die "lebendig gewordnen Reden" beim Menschen selbst liegt. Nicht die Sprache wiederholt hier in begrifflicher Form das in der Wirklichkeit Vorhandene, sondern der Mensch schafft mit ihrer Hilfe etwas Neues, das zusammen mit der gegebenen und perspektivisch beschriebenen Wirklichkeit erst die volle Wirklichkeit ergibt. Dieses Neue, das im freien Ermessen des Menschen liegt, ist die sprachlich in der Kunst vergegenwärtigte Wirklichkeit, die selbst wieder ein Erkennen der empirisch zugänglichen Wirklichkeit ermöglicht. Adorno beschreibt dies treffend mit dem Satz: "Kunst erkennt nicht dadurch die Wirklichkeit, daß sie, photographisch oder 'perspektivisch,' abbildet, sondern dadurch, daß sie vermöge ihrer autonomen Konstitution *ausspricht*, was von der empirischen Gestalt der Wirklichkeit verschleiert wird."[1] Die Wahrheitsaussage der Dichtung hängt eng mit ihrer autonomen Konstitution, wir sagen: der wirklichkeitschaffenden Leistung der Sprache zusammen, die man als Erkenntnisbeitrag der Dichtung bezeichnen darf. Dieser Beitrag, der auf verschiedene Weise geleistet werden kann, ist im büchnerschen Geschichtsdrama in der entzeitlichenden Zitattechnik begründet. Hier wurde deutlich, wie sich Büchner schrittweise an die Wahrheitsproblematik heranarbeitet, um schließlich durch seine integrierende Methode alle drei Zeitschichten mit einzubeziehen. Dabei verläßt er sich weder auf die historische noch auf die ästhetische Vermittlung der historischen Wahrheit, sondern er legt das Hauptgewicht auf die Wahrheitsvermittlung durch das tendenziell zeitlose Zitat. Er vermeidet es tunlichst, diese Aussagen auf eine bestimmte Zeit zu beziehen

---

[1] Adorno, a.o.O., S. 42 (Hervorhebung von L.F.H.).

oder sie durch ästhetisch verkleidete Ideen einzuengen. Die Wahrheitsaussage im büchnerschen Geschichtsdrama kommt vielmehr dadurch zustande, daß sich die zeitlosen Zitate immer wieder neu auf jede beliebige Gegenwart anwenden lassen — eine Einsicht, die wir der wirkungsgeschichtlichen Betrachtung verdanken. Sie allein gewährleistet auch eine Erschließung aller anderen für eine Vermittlung der Wahrheit wichtigen Aspekte und ermöglicht so eine Beurteilung des ganzen Dramas. Wir pflichten deshalb wieder Adorno bei, wenn er sagt: "Zur Erkenntnis wird das Kunstwerk erst als Totalität, *durch alle Vermittlungen hindurch,* nicht durch seine Einzelintentionen. Weder sind solche aus ihm isolierbar, noch ist es nach ihnen zu messen."[2]

Am Geschichtsdrama Büchners wird deutlich, daß die Kunst nicht in einem Abhängigkeitsverhältnis zur Wirklichkeit steht, sondern daß sie vielmehr selbst einer ihrer konstituierenden Aspekte ist. Dies wird bestätigt von Richard Brinkmann, der entsprechend zum Begriff der "autonomen Konstitution" der Kunst bei Adorno und anderen die "eigene Glaubwürdigkeit" der Dichtung hervorhebt: "Die Dichtung bedarf nicht der Legitimation durch die empirische Wirklichkeit, die sie gibt und die sie selbst *ist.*"[3] Die Legitimation der Wirklichkeit durch die Sprache besteht in *Dantons Tod* aus einer Ergänzung und Veränderung der historisch bekannten Fakten; und in der Glaubwürdigkeit, die eine in ihr volles Recht getretene und recht verstandene zeitlose Geschichtsdichtung der Historie verleiht, kann wieder die Wahrheitsaussage gesehen werden, die dieser Typus des Geschichtsdramas leistet.

Es sollte nun hinreichend klar geworden sein, daß es nicht genügt, die Wahrheitsaussage des büchnerschen Geschichtsdramas ausschließlich im Spannungsfeld zwischen Historizität und ästhetischer Darstellung suchen zu wollen, denn unabhängig von diesen beiden Gesichtspunkten ist es die Sprache selbst, in der die aperspektivisch und zeitlos zum Ausdruck kommenden Ergänzungen zur historischen Wahrheit zur Darstellung gelangen. Daß diese eine historische sowie eine ästhetische Dimension aufweisen, ist nicht zu bestreiten. Beide werden aber von einer richtig angewandten wirkungsgeschichtlichen Betrachtungsweise ohne besonderes Zutun gewissermaßen ohnehin berücksichtigt.

Auf diese Weise wird nicht nur die Geschichtlichkeit und die mögliche ästhetische Vermittlung des Verstehens, sondern auch die "Sprachlichkeit des Verstehens" mit einbezogen. Dies ist von entscheidender Wichtigkeit, denn die Sprache ist — in den Worten Gadamers — das "universale Medium, in dem sich das Verstehen selber vollzieht."[4] Die Einsicht in diese Zusammenhänge sollte die Grundlage aller Versuche sein, die Wahrheitsaussage von *Dantons Tod* und ähnlicher historischer Dramen zu ermitteln. Die Analyse und typologische

2   ibid., S. 45 (Hervorhebung von L.F.H.).
3   Brinkmann, a.o.O., S. 321 (Hervorh. von B.).
4   Gadamer, a.o.O., S. 367.

Einordnung eines jeden Geschichtsdramas sollte grundsätzlich mit einer Feststellung der in ihm vorherrschend wirksamen Sprachleistung beginnen, welche die Wirklichkeit beschreibt oder verändert oder als wahr darstellt. Ein deutliches Vorherrschen einer Sprach- und Zeitschicht gegenüber den anderen beiden Schichten entscheidet dann darüber, ob es sich um ein Geschichtsdrama als Ereignisdrama, ein Ideendrama oder ein büchnersches, zur zeitlosen Wahrheitsaussage tendierendes Drama handelt.

2. ZITATTECHNIK UND ZEITLOSIGKEIT

Wir gingen davon aus, daß für den Typus des büchnerschen Geschichtsdramas eine dreischichtige Zeitstruktur charakteristisch ist und sprachen in diesem Zusammenhang von drei Arten der Gleichzeitigkeit: der Gleichzeitigkeit des Dramentextes mit seinem Stoff (in *Dantons Tod:* die Französische Revolution, die dieses Drama in seine Gegenwart hebt); der Gleichzeitigkeit des Dramentextes mit dem Dichter und seiner Zeit (eines Zeitraumes, den wir als die Zeit zwischen der Französischen Revolution und der Entstehungszeit des Dramas ansetzten); und der Gleichzeitigkeit des Dramentextes mit jeder Gegenwart, die sich mit ihm auseinandersetzt.

Jedes der drei Zeitverhältnisse erwies sich als möglicher Ansatz einer methodischen Analyse des Dramas. Die Ereignisse und der Stoff stellen sich der historischen Betrachtung; die Ideen und ihre Darstellung sind Gegenstand der ästhetischen Betrachtung; und seine historische Wahrheit und die Relevanz seiner Aussage für unsere Gegenwart werden durch die wirkungsgeschichtliche Betrachtung erfaßt. Jede der drei Betrachtungsweisen kann aber nur dann zu kritischen Ergebnissen gelangen, wenn sie ihre Grenzen und Möglichkeiten in ihr Methodenbewußtsein hebt. Dies trifft aber, wie am Beispiel von *Dantons Tod* gezeigt wurde, gelegentlich weder auf die historische noch auf die ästhetische Methode zu. Es erscheint deshalb ungerechtfertigt, wenn sich diese beiden Methoden, die hauptsächlich den faktischen oder den fiktionalen Charakter des dargestellten geschichtlichen Zeitraumes feststellen können, über ihre Grenzen und Möglichkeiten hinwegsetzen und Aussagen über die historische Wahrheit als Ganzes versuchen. Faktizität und Fiktion, faktische Wahrheit und poetische Wahrheit gehören, genau genommen, anderen Kategorien an als die historische Wahrheit eines Geschichtsdramas.

Die dualistische Auffassung der Wirklichkeit und der Wahrheit, die ein Geschichtsdrama wie *Dantons Tod* entweder in die Kategorie der Faktizität oder in die Kategorie des Fiktionalen einstufen will, verstellt den Zugang zu jenem dritten, zeitlosen Aspekt der Zeit im Drama, der seine Wahrheitsaussage enthält. Die Meinung, daß die Wahrheit in der Mitte liege, etwa zwischen der Darstellung der objektiven historischen Ereignisse einerseits und der subjektiven Veränderung der Wirklichkeit durch den Dichter andererseits, läßt sich nicht aufrechterhalten. Denn während die größtmögliche Objektivität nur in der Geschichtsschreibung erreichbar ist, bedeutet ein Maximum an Subjektivität die Aufhebung jeder Relevanz eines solchen Werkes für die Geschichte oder die historische Wahrheit. Im ersten Fall ist der Punkt überschritten, an dem die Dichtung zur Prosa des objektiven, wissenschaftlichen Denkens wird, wie Hegel sagt[5] – und im zweiten Fall hört die Dichtung auf, etwas anderes darzustellen als das

5 vgl. Anmerkung 24 (Kap. I der vorliegenden Arbeit).

subjektive, ungeschichtliche und unwissenschaftliche Meinen, das ohne Beziehung zur Wirklichkeit der Geschichte bleibt. Die Wahrheit liegt also nicht in der Mitte, sondern an anderer Stelle.

Die mimetisch-statische Darstellung der Geschichte und die mimetisch-dynamische Veränderung dieser sprachlich ausgedrückten Haltungen transzendieren das im Drama Gesagte. Die nebeneinander angeordneten objektiven und subjektiven Äußerungen im büchnerschen Geschichtsdrama sagen, zusammen betrachtet, etwas aus, was die beiden mimetischen Haltungen allein noch nicht darstellen können: die historische Wahrheit. In *Dantons Tod* spiegeln sich diese kausal und logisch oft nicht verbundenen objektiven und subjektiven Strukturelemente im parataktischen Stil und in der parataktischen Anordnung der Szenen. Sowenig *Dantons Tod* "nicht mehr als ein tatsachengetreues Geschichtsbild"[6] sein kann, weil die "Wahrheit der Kunst," wie es schon bei Hegel heißt, "keine bloße Richtigkeit"[7] ist, sosehr ist aber auch die Auffassung zu kritisieren, das büchnersche Geschichtsdrama sei entweder überhaupt kein "Geschichtsbild" oder die reine, absolute Wahrheit. Dieser Eindruck kann entstehen, wenn man eine Bemerkung Büchners einseitig interpretiert, nach der *Dantons Tod* ein "geschichtliches Gemälde" sein soll, "das seinem Original gleichen muß" (*BW*, 394). In welcher Weise gerade von dieser Bemerkung und anderen ähnlichen Bemerkungen Büchners her die Frage nach der historischen Wahrheit einer Antwort nähergeführt werden kann, wird sich sogleich zeigen.

Das Drama ist nur insofern zeitlos, als sich seine Aussage, besonders in den Zitaten, nicht grundsätzlich auf eine *bestimmte* Zeit bezieht. Ihre Zeitlosigkeit schlägt nämlich immer dann in Zeitbezogenheit um, wenn eine Interpretation ihre Relevanz für *jede* Zeit, auch für unsere Gegenwart und nicht nur für die Gegenwart des Dramas feststellt. Die Zeitlosigkeit des Lied- und Bibelzitats wird auf diese Weise immer wieder wirkungsgeschichtlich bedeutsam in einer besonderen geschichtlichen Situation.

Ähnliches gilt für das Drama *Dantons Tod* als Ganzes. Erkennt der Betrachter die zeitlose Aussage des Dramas, so stellt er durch sein Erkennen eine Beziehung her zwischen seiner historischen Gegenwart und dieser zeitlosen Aussage, die für ihn eine historische Wahrheit ausdrückt. Die Geschichte erscheint dann als eine Aneinanderreihung von zeitlos wahren Ereignissen und Ideen. Diese Auffassung wird bestätigt von T.S. Eliot, wenn er sagt: "history is a pattern of timeless moments."[8] Nicht die historische Wahrheit verändert sich, sondern der zeitlose Wahrheitscharakter der Ereignisse und Ideen in der Geschichte erscheint für jede Zeit als ein anderer. Daraus folgt, daß ein Versuch, sich in die Zeit der im Drama

---

6 Josef Nadler, *Geschichte der deutschen Literatur*, 2. ergänzte Aufl. (Regensburg, 1961), S. 362.
7 Hegel, *Ästhetik*, Bd. I, a.o.O., S. 157.
8 T.S. Eliot, *Four Quartets* (London, 1944), S. 40.

dargestellten Ereignisse oder in die zeitbedingten philosophischen Ideen Büchners hineinzuversetzen, fehlschlagen muß, wenn der Betrachter seine eigene geschichtliche Zeit und ihre Sichtweise für irrelevant hält. Handelt er in diesem Glauben, so übersieht er, daß die historische Wahrheit des Dramas nicht aus den zeitbedingten Gegebenheiten des Stoffes oder den Auffassungen des Dichters und seiner Zeit folgen kann; ignoriert er seine Zeit, so folgt daraus die Unmöglichkeit eines kritischen Urteils über das Geschichtsdrama. Betrachtet man es dagegen unter der dreischichtigen Zeitstruktur, so kommt man mit Hilfe dieses Ansatzes nicht nur der Lösung des Problems der historischen Wahrheit näher, sondern vielleicht sogar einer Antwort auf die schwierige und bisher ungelöste Frage nach dem Werturteil. Möglicherweise ließe sich dann auch eine Erklärung dafür finden, weshalb uns gerade *Dantons Tod* immer noch etwas zu sagen hat, während viele ereignisbezogene und ideenbezogene Geschichtsdramen aus der weiteren Zeitgenossenschaft Büchners in Vergessenheit geraten sind.

Die Geschichtsdramen Ferdinand von Saars, Ernst von Wildenbruchs, Ernst Raupachs[9] und anderer, die den Ablauf historischer Ereignisse wiederholen oder die geschichtliche Vergangenheit aus der Sicht des 19. Jahrhunderts beurteilen, haben uns heute nichts Neues zu sagen, weil diese Ereignisse inzwischen historiographisch genauer erforscht und die zeitbedingten Ideen selbst historisch geworden sind. Ein Geschichtsdrama wie Ludwig Uhlands *Ludwig der Baier* (1818), das einen mittelalterlichen Konflikt durch die unhistorischen, aus dem 19. Jahrhundert stammenden Ideen der Großmütigkeit und Mannestreue gegenüber Volk und Vaterland überwinden will, leistet nur einen geringen Beitrag zur historischen Wahrheit.

Auch das Drama *Danton und Robespierre* (1870) von Robert Hamerling ist heute vergessen, weil der Dichter — wie dieser selbst in seiner Vorbemerkung zum Drama sagt — "die geschichtlichen Voraussetzungen und Motive so übersichtlich, einfach und faßlich als möglich gestaltete." Schon bei Hamerling findet sich die Ursache einer möglichen Verkennung des büchnerschen Geschichtsdramas. Sie tritt deutlich hervor, wenn Hamerling auf die "Strenge" hinweist, "mit welcher hier der Dichter *Maß gehalten hat*, . . . mit welcher er die bei solchem Stoffe naheliegende Versuchung von sich wies, dem romantischen Kraftstil, dessen bestechendes Muster in den barock-genialen Revolutionsscenen *Büchners* vorliegt, die *Naturwahrheit des Ausdrucks und der Charaktere* zu opfern."[10]

---

9 Es ist hier weniger an Wildenbruchs *Die Quitzows* (1888) gedacht als an den Dramentyp, den Hebbel einmal mit der Bezeichnung "Hohenstaufen-Bandwürmer" (*Sämmtliche Werke*, a.o.O., S. 86) belegte: Saars *Kaiser Heinrich IV* (1863/67); Wildenbruchs *Die Karolinger* (1882); Raupachs Zyklus *Die Hohenstaufen* (bis 1837), der aus sechzehn Dramen besteht.
10 Robert Hamerling, "Danton und Robespierre," *Werke in vier Bänden*, Bd. II, hrsg. von Michael Maria Rabenlechner mit einem Geleitwort von Peter Rosegger, 3. Aufl. (Leipzig, o.J. [1900], S. 389f. (Hervorhebungen von Hamerling).

Eine einfache und faßliche, typisch historiographische Nacherzählung der Ereignisse und Ideenzusammenhänge, das bewußte Maßhalten und die angestrebte "Naturwahrheit des Ausdrucks" tragen wenig bei zur historischen Wahrheit. Büchner war sich dessen bewußt. Vielleicht bezieht sich seine Äußerung über jenes "ästhetische Geschlapp," das ihm laut eines Briefes an August Stöber "am Hals" steht (BW, 376), auf die unbefriedigenden kritischen Stellungnahmen schon zu seiner Zeit. Büchner wußte, daß er "die Männer der Revolution geben mußte wie sie waren: blutig, liederlich, energisch und zynisch" (BW, 394). Er erkannte auch, daß der dramatische Dichter im Hinblick auf seinen historischen Stoff "nichts als ein Geschichtschreiber" ist, der "die Geschichte zum zweiten Mal erschafft" (BW, 399). Trotzdem ist die Festlegung Büchners auf einen naiven Tatsachenrealismus eine Fehldeutung, die sich nicht nur durch eine genaue Analyse seiner Zitattechnik, sondern auch durch eine seiner Äußerungen zur Ästhetik widerlegen läßt. Es verwundert, wenn selbst die bedeutenden Arbeiten Mayers und Zieglers auf die Tragweite einer entscheidenden Bemerkung Büchners nicht eingehen. Sie steht in seinem Brief "An die Familie: Straßburg, den 1. Januar 1836:"

Ich gehe meinen Weg für mich und bleibe auf dem Felde des Dramas, das mit all diesen Streitfragen [gemeint ist die Tagespolitik] nichts zu tun hat; ich zeichne meine Charaktere, *wie ich sie der Natur und der Geschichte angemessen halte,* und lache über die Leute, welche mich für die Moralität oder Immoralität derselben verantwortlich machen wollen. Ich habe darüber meine eignen Gedanken . . . (BW, 408; Hervorhebung von L.F.H.).

Die Kategorie der Angemessenheit, auf die Büchner hier unmißverständlich anspielt, bedingt seine mimetisch-dynamische Auseinandersetzung mit der Wirklichkeit. Büchner entscheidet über die Angemessenheit seiner Darstellung der Natur und der Geschichte gegenüber. Es scheint deshalb ungerechtfertigt, Büchner lediglich eine mimetisch-statische Reproduktion dieser Wirklichkeit zu unterstellen.[11] Büchner zeichnet seine Charaktere, wie er sie "der Natur und der Geschichte angemessen" betrachtet. Versteht man, etwa mit Ernst Bloch, die Wahrheit als die "Angemessenheit der Dinge an sich selbst,"[12] dann wird erst die "höchste Aufgabe" Büchners verständlich, "der Geschichte, wie sie sich wirklich begeben, so nahe als möglich zu kommen" (BW, 399). So verstanden, erscheint die Annäherung an die historische Wahrheit als das Ziel Büchners: Die Geschichte, "wie sie sich *wirklich* begeben," ist für ihn die Geschichte, wie sie sich *in Wahrheit* begeben.

---

11 vgl. Ziegler, a.o.O., Sp. 2241: "Büchner sucht das grundsätzliche Postulat einer möglichst weitgehenden Quellen- und Tatsachentreue des Geschichtsdramas im historischen Realismus seines 'Danton' konkret zu verwirklichen."
12 Ernst Bloch, *Das Prinzip Hoffnung* (Frankfurt/Main, 1959), S. 1626f.

Um diese Suche nach der Wahrheit auf eine möglichst breite wirkungsgeschichtliche Grundlage zu stellen, um ihr konkret im Text selbst Ausdruck zu verleihen und sie aus der Verquickung mit seiner Zeit zu lösen, entwickelt Büchner seine Zitattechnik.[13] Durch eine bewußte Enthistorisierung, die keine Verfälschung ist, sondern eine Entzeitlichung der geschichtlichen Ereignisse und der geschichtlich wirksamen Ideen, vor allem aber durch die Übernahme von inhaltlich zeitlosen Zitaten in den Dramentext, erreicht er eine Weitung des wirkungsgeschichtlichen Horizonts, unter dem das Drama steht. Die durchgehend nachweisbare Tendenz einer Entzeitlichung[14] führt einerseits zu einer fortschreitenden Abnahme des Tatsachengehalts, andererseits bewirkt aber gerade die Aufhebung des Bezuges auf bestimmte Ereignisse[15] eine Anwendbarkeit der Zitataussagen auf jedes beliebige ähnliche Ereignis — auch auf historische Situationen außerhalb des Dramas.

Man kann darin eine dialektische Bewegung von einer begrenzten Gültigkeit zu einer allgemeinen Gültigkeit der Aussage des Dramas sehen. Eben darin liegt wohl der tiefere Grund, weshalb *Dantons Tod* noch heute "wie eine Uraufführung" über die Bühne geht.[16] Unsere Analyse der Zitattechnik Büchners mit den Prinzipien der dreischichtigen Zeitstruktur, der temporischen Spannung, der temporischen Leistung und der Wirkungsgeschichte war ein Versuch, das Verstehen des büchnerschen Geschichtsdramas zu ermöglichen.

---

13 vgl. S. 98f. der vorliegenden Arbeit.
14 vgl. beispielsweise S. 88 und S. 122 der vorliegenden Arbeit.
15 vgl. ibid., S. 78 und 99f.
16 Überschrift einer Theaterrezension über eine Aufführung von *Dantons Tod* in Wiesbaden (Heinz Beckmann im *Rheinischen Merkur*, Nr. 11, 15. März 1968).

3. DER INTEGRALE REALISMUS DER ZEIT

Als integralen Realismus bezeichnen wir diejenige Darstellungsweise, die alle drei Zeitschichten — Ereignisschicht, Ideenschicht und zeitlose Schicht — in ihrer Eigenart berücksichtigt. Davon ausgehend, soll eine grundsätzliche Bemerkung über das Verhältnis zwischen Zeit und Realismus im büchnerschen Geschichtdrama versucht werden. Sie ergänzt das bisher Gesagte hinsichtlich des qualitativen Charakters der Zeit, den wir verschiedentlich hervorhoben.[17]

Im Zusammenhang mit dem Bibelzitat von den Eselskinnbacken Simsons hieß es, daß die sprachlichen Veränderungen dieses Zitats eine temporische Spannung hervorrufen, die vom Vergangenheitsmythos bis zur Zukunftsutopie reicht.[18] Es überrascht deshalb nicht, wenn sich die beiden am häufigsten angewandten Betrachtungsweisen entweder der Vergangenheit oder der Zukunft zuwenden. Die eine strebt die Rekonstruktion der zeitgeschichtlichen Umstände an, die in *Dantons Tod* ihren Niederschlag finden; die andere beurteilt das Drama gesellschaftskritisch nach der Wirkung, die es nach seiner Entstehung ausübte oder hätte ausüben sollen. Es stehen sich also gegenüber das Bemühen um eine Wiedererrichtung der zeitgeschichtlichen Perspektive 'Büchner und seine Zeit' (Mayer, Viëtor) und eine ideologisch begründete Gesellschaftskritik (Lukács, Dymschitz, Geerdts, Cowen). Mayer und Viëtor wollen die Welt Büchners und die Welt des Dramas und seines Stoffes gleichsam "zum zweiten Mal" (*BW*, 399) wiedererschaffen, allerdings ohne dabei — und hierin im Gegensatz zu Büchner — die Kategorie der Angemessenheit, das heißt die Relevanz des Dramas für unsere Zeit zu berücksichtigen. Die Marxisten dagegen legen an Büchner und das Drama *Dantons Tod* Maßstäbe einer Ideologie an, die vom Jahre 1835 in die Zukunft schaut, von "Büchner's 'Danton,' and the Masses"[19] spricht, aber den Fehlschlag von 1848 meint. Das Wort von Büchners angeblichem "plebejisch-demokratischen Realismus"[20] ist der Ausdruck eines verständlichen politischen Wunschdenkens. Die Sorge um die Zukunft verdeckt aber ebenso wie das Interesse an der Vergangenheit die primäre Aufgabe einer werkgerechten Interpretation, nämlich die Aussage des Dramas zu untersuchen.

Beide Interpretationsmethoden sind auf ihre Art möglich und berechtigt. Die ebenfalls berechtigte Frage nach der Gegenwart muß aber solange unbeantwortet bleiben, als man sich ausschließlich auf eine der beiden Betrachtungsweisen stützt. Der wirkungsgeschichtliche Ort der Gegenwart liegt zwischen Reaktion und Utopie, zwischen Vergangenheit und Zukunft. Er muß verborgen bleiben,

---

[17] vgl. beispielsweise S. 93f. und S. 120 der vorliegenden Arbeit.

[18] vgl. ibid., S. 137f.

[19] vgl. den Titel der Untersuchung von Roy C. Cowen: "Grabbe's 'Napoleon', Büchner's 'Danton', and the Masses," *Symposium*, XXI (1967), S. 316–323.

[20] vgl. Anmerkung 22 (Kap. II der vorliegenden Arbeit).

wenn man *Dantons Tod* entweder als Ereignisdrama betrachtet oder zu dem
Ergebnis kommt, es handle sich um ein Ideendrama, das beispielsweise den
Nihilismus verfechte (Mühlher, von Wiese, Büttner, Sengle) oder allein aus der
marxistisch gedeuteten Botschaft "Friede den Hütten! Krieg den Palästen!" zu
verstehen sei.[21] Erst die ideologiefreie wirkungsgeschichtliche Betrachtung wird
der Gegenwart gerecht, und zwar den im Drama vergegenwärtigten Ereignissen
und Ideen in gleichem Maße wie ihrer Bedeutung für unsere Gegenwart.

Es kann als Ergebnis festgehalten werden, daß sich ein Geschichtsdrama wie
Dantons Tod, das sicherlich nicht das einzige Drama dieses Typs in der
deutschen Literatur ist, durch seine sprachliche Leistung immer wieder selbst
dem Verstehen in jeder Gegenwart öffnet und dieser Gegenwart seinen Beitrag
zur historischen Wahrheit vermitteln will. Es wäre noch einzuwenden, daß jedes
Geschichtsdrama mutatis mutandis diese Intention beinhaltet. Dieser Einwand
besteht in gewissem Sinne zu Recht. Man wird jedoch den Unterschied nicht
verleugnen können zwischen einem Geschichtsdrama, dessen Wahrheitsbeitrag
wegen seines ereignis- oder ideenbetonten Charakters minimal bleiben muß, und
einem Geschichtsdrama, dessen zeitbezogene Strukturelemente zur zeitlosen
Aussage tendieren oder selbst in diesem Sinne zeitlos wahr sind. Aus diesem
Grunde sollten sich die poetologischen Ergebnisse unserer Untersuchung, vor
allem aber die dreischichtige Zeitstruktur auch bei der Analyse anderer
Geschichtsdramen als fruchtbar erweisen.

---

21 Georg Büchner, "Der Hessische Landbote" (*BW*, 333).

4. ZUSAMMENFASSUNG UND AUSBLICK

Es darf nicht übersehen werden, daß es sich bei den ereignisbezogenen, ideenbezogenen und zur zeitlosen Aussage tendierenden Typen des Geschichtsdramas um ein jeweiliges Vorherrschen der in ihnen wesentlichen Zeitschicht handelt. Die hier entwickelte dreischichtige Zeitstruktur ist genausowenig wie die gebräuchlichen Genre-, Perioden- und Typusbegriffe als eine absolute und alle anderen Auffassungen widerlegende Typologie zu verstehen. Unsere typologische Untersuchung des büchnerschen Geschichtsdramas sollte aber gezeigt haben, daß die Zeit als das wesentlichste Strukturmerkmal der drei erwähnten Typen des Geschichtsdramas anzusehen ist.

Ist dieser Nachweis tatsächlich gelungen, so könnte man die Typusbezeichnungen des Geschichtsdramas als Ereignisdrama und des Geschichtsdramas als Ideendrama, die sich beide hauptsächlich mit zwei Zeitschichten — dem zeitbedingten Stoff und den zeitbedingten Ideenhintergründen aus der Sicht des Dichters — auseinandersetzen, durch einen dritten Typus des Geschichtsdramas ergänzen. Der integrale Realismus der Zeit, durch den *Dantons Tod* charakterisiert ist und der neben den Ereignissen und Ideen eine durch die Geschichte hindurch immer wieder aufs Neue verifizierbare Wahrheitsaussage einschließt, macht das büchnersche Geschichtsdrama eindeutig zu einem originären Dramentypus. Dieser steht zwar nicht im Widerspruch zu den üblicherweise verwendeten Typusbezeichnungen, er läßt aber zugleich die Leistungen und die Grenzen jener beiden Typen erkennen und scheint dazu prädestiniert, die überkommenen Klassifizierungs- und Periodisierungsmodelle umzustoßen oder zumindest zu modifizieren.

Vor allem das ideologiekritische Modell von "Ausbreitung, Blüte und Verfall,"[22] das Sengle seiner Studie zugrunde legt, erscheint angesichts unseres Ergebnisses als überholt; denn ein Verfall des klassischen Geschichtsdramas und der bei Büchner beginnende, bei Hebbel offen hervortretende Bruch zwischen "Ich und Welt" braucht nicht notwendigerweise das Ende des Geschichtsdramas einzuläuten. Die emphatische Feststellung Sengles, daß diese Kluft nicht mehr zu überbrücken und der Konflikt nicht mehr zu lösen sei[23], übersieht, daß das klassische Geschichtsdrama die Lösung von Konflikten auch immer nur unvollständig, nämlich als Ideal darzustellen vermochten. Gewiß waren das andere Konflikte als die Entfremdung des Ichs von der Welt; doch sollte nicht vergessen werden, daß diese Dramen — genausowenig wie *Dantons Tod* — echte Lösungen anzubieten hatten. Es waren im Grunde stets die gleichen mehr oder weniger gewaltsamen, rein ästhetisch vollziehbaren oder vollzogenen Versöhnungen, die das Ideendrama kennzeichnen und deren Verwirklichung in einer

---

22 Sengle, a.o.O., S. 81.
23 ibid., S. 170f. (alle folgenden Zitate S. 134).

geschichtlichen Vergangenheit nicht nachweisbar, in einer Gegenwart vorerst nicht zu erwarten ist. Das büchnersche Geschichtsdrama kann deshalb nicht der Verfallszeit des klassischen Geschichtsdramas zugerechnet werden, weil damit die für Büchners Zeit in *Dantons Tod* typische und in sich vollkommene Darstellung, die gleichzeitig einen neuen Anfang in der Geschichtsdramatik repräsentiert, unterschlagen würde. Für Büchner mußten die Konfliktlösungen in den klassischen Dramen unwahrhaftig wirken. Gegen diese gewaltsamen, unwirklichen Lösungen wendet sich Georg Büchner als einer der ersten nachklassischen Dichter:

> Schnizt Einer eine Marionette, wo man den Strick hereinhängen sieht, an dem sie gezerrt wird und deren Gelenke bey jedem Schritt in fünffüßigen Jamben krachen, welch ein Character, welche Consequenz! Nimmt Einer ein Gefühlchen, eine Sentenz, einen Begriff und zieht ihm Rock und Hosen an, macht ihm Hände und Füße, färbt ihm das Gesicht und läßt das Ding sich drei Acte hindurch herumquälen, bis es sich zulezt verheirathet oder sich todtschießt — ein Ideal! (37, 8—15).

Gewiß übersieht diese kritische Attacke Büchners, daß die klassischen Ideendramen gelegentlich auch glaubhaftere Ideale darstellen als diese. Doch selbst wenn man dieses Zugeständnis macht, so muß nicht nur einem Büchner das Postulat unbillig erscheinen, daß dieser Dramentypus als Vorbild für alle späteren Dramen zu gelten habe. Aus der Behauptung Sengles, in *Dantons Tod* sei "die äußerste Grenze des nachidealistischen Geschichtsdramas" erreicht, folgt keineswegs, "daß sich die Blütezeit des deutschen Dramas ihrem Ende nähert." Hier mag eine Verwechslung vorliegen zwischen der Gültigkeit der klassisch-idealistischen Ästhetik, die zu Ende geht, und dem nachidealistischen Geschichtsdrama selbst, das den überkommenen ästhetischen Normen mit Notwendigkeit widersprechen muß, weil es einen neuen Typus darstellt. Wenn die klassischen Kategorien von Ich und Welt, Kunst und Leben, Wirklichkeitstreue und poetischer Wahrheit ihre kritische Leistungsfähigkeit im Vergleich zum neuen Geschichtsdrama Büchners verloren haben, dann darf nicht dieses getadelt werden, sondern jene sind zu revidieren oder zu ersetzen.

Sengle weist zwar auf die Gefahren einer Weiterentwicklung des Geschichtsdramas "nur noch im Anschluß an die idealistische Tradition" hin — gemeint ist der Fehlschlag des hebbelschen Versuchs, alten Wein in neue Schläuche zu füllen —, doch kommt dabei nicht deutlich genug zum Ausdruck, daß schon Büchner den Bruch mit dieser Tradition gründlich und unwiderruflich vollzieht. Sengle stellt zwar die richtige Behauptung auf, daß "die erotische Welt, die ständige Gegenwelt zur geschichtlich-politischen im 19. Jahrhundert," in *Dantons Tod* eindringe und "das Drama als ein geschichtliches" auflöse. Unklar bleibt dabei aber, in welcher Weise die erotische Sphäre innerhalb der Zeitstruktur des Dramas enthistorisierend und damit geschichtlich wirksam wird. Hier zeigt sich wieder die Begrenztheit der historischen Betrachtungsweise, die nur die Fakten als wahrhaft geschichtlich verstehen möchte und die den Typus eines Geschichtsdramas, in dem die Dimension der Zeitlosigkeit ein integraler Teil der Aussage ist, nicht erkennen kann. Wenn in *Dantons Tod* eine Tendenz zur Enthistorisierung und Entzeitlichung zum Ausdruck kommen soll, was hier nachgewiesen wurde, dann konnte der Beweis dafür erst am Text selbst, nämlich an den Quellenzitaten sichtbar gemacht werden. Dadurch wird das Drama aber nicht ungeschichtlich, wie Sengle zu meinen scheint, sondern zeitlos wahr in Teilen seiner Aussage, und das bedeutet: relevant für jede Gegenwart.

Die historische Wahrheit des Geschichtsdramas *Dantons Tod* entzieht sich ihrer Feststellung, wenn man in ihm eine Antwort sucht auf die Frage, was Büchner für die absolute Wahrheit hielt. Zu den typologischen Merkmalen eines solchen Dramas gehört nämlich, daß es keine Antworten gibt; weder stellt es ein tatsachengetreues Bild der historischen Ereignisse dar, noch gibt Büchner eindeutig zu verstehen, ob er die weltanschaulichen Motive der Dantonisten oder diejenigen der Jakobiner befürwortet, ob er für oder gegen die Revolution, Anhänger oder Gegner der Gottesidee ist. Wir wissen auch nicht, ob er sich oder seine Gestalten in echter Überzeugung durch den Schmerz zu Gott eingehen (*BW*, 580) oder dem Nihilismus verfallen sieht.

Das Drama gibt diese Antworten nicht. Die Fragen, paradoxen Scheinlösungen und Nichtlösungen bleiben als solche stehen; die Sprache dringt bis zu dem Punkt vor, wo sie vor der Wirklichkeit versagt, und selbst die Entlarvung der Phrasen bleibt bis zuletzt Postulat. Darin liegt die Wahrheitsaussage des Dramas; denn auch die Wirklichkeit gibt keine Lösungen, die ihr das ideenbezogene Geschichtsdrama aufzwingen will. In diesem Sinne ist die historische Wirklichkeit, die Büchner in *Dantons Tod* vergegenwärtigt, "der Natur und der Geschichte angemessen" (*BW*, 408).

Ein Vergleich mit der Auffassung Schillers zeigt, daß dieser nur zwei Möglichkeiten sieht, wie eine Vergangenheit dramatisch dargestellt werden kann. In seinem Brief an Goethe, als Schiller am *Wallenstein* arbeitete, kommt deutlich zum Ausdruck, daß ihm die bange Wahl zwischen dem Kopieren der Ereignisse unter Einschluß aller Nebensächlichkeiten und der völligen Ignorierung der geschichtlichen Tatsachen zugunsten einer wirklichkeitsfernen poetischen Wahrheit nicht leicht fiel. Alfred Stern hat unter Hinweis auf diese Briefstelle den Nachweis erbracht, daß Schiller den letzteren Weg wählte und, mit Ausnahme einiger Namen und des allgemeinen historischen Kolorits, tiefgreifende Veränderungen der Tatsachen vornahm, daß er vor allem aber die entscheidende Idee 'hinzuerfand.'[24] Die Briefstelle verdeutlicht, weshalb *Wallenstein* ein ideenbezogenes Geschichtsdrama ist:

---

[24] Alfred Stern, "Über die Grenzen der Geschichtsschreibung und der Poesie," *DVj*, IV (1926), besonders S. 247 u. 250.

Der Neuere schlägt sich mühselig und ängstlich mit Zufälligkeiten und Nebendingen herum, und über dem Bestreben, *der Wirklichkeit recht nahe zu kommen,* beladet er sich mit dem Leeren und Unbedeutenden, und darüber läuft er Gefahr, *die tiefliegende Wahrheit zu verlieren,* worin eigentlich alles Poetische liegt. Er möchte gern *einen wirklichen Fall vollkommen nachahmen* und bedenkt nicht, daß eine poetische Darstellung mit der Wirklichkeit eben darum, weil sie *absolut wahr* ist, *niemals* koinzidieren kann.[25]

Büchner belädt *Dantons Tod* nur scheinbar mit Leerem und Unbedeutendem. Das Erotische und die Banalitäten der Volksszenen laufen trotzdem nicht Gefahr, im Sinne Schillers die "tiefliegende Wahrheit zu verlieren," wie Sengle annimmt.[26] Auch sie sind Teil der Wahrheitsaussage. Damit widerlegt Büchner die eine Möglichkeit, die sich nach Schiller dem Geschichtsdramatiker bietet; doch auch die zweite erweist sich bei Büchner als nicht verwirklicht. Zweifellos ist Büchner bemüht, "der Wirklichkeit recht nahe zu kommen" (Schiller). Sein Ziel besteht wie für Schiller darin, "der Geschichte, wie sie sich wirklich begeben, so nahe als möglich zu kommen" (*BW,* 399). Trotzdem bedeutet der fast gleiche Wortlaut der Äußerungen Schillers und Büchners nicht dasselbe; denn während für Schiller eine Übereinstimmung zwischen der poetischen Darstellung und der Wirklichkeit "niemals" stattfinden kann, weil erstere "absolut wahr" ist, so koinzidieren beide bei Büchner sehr wohl. In dieser Übereinstimmung, die freilich keine totale sein kann, liegt der Beitrag des büchnerschen Geschichtsdramas zur historischen Wahrheit. Das Geschichtsdrama Büchners ist kein Kompromiß zwischen den beiden Möglichkeiten, die Schiller aufweist. Büchner schafft einen neuen, dritten Typ des Geschichtsdramas.

Schillers *Wallenstein* erscheint dagegen als typisches Beispiel eines ideenbezogenen Geschichtsdramas, weil es Schiller nicht um die historische Wahrheit zu tun ist, sondern um eine im Grunde unhistorische poetische Wahrheit, die für ihn mit der Wirklichkeit nicht zusammenfallen darf. Eine Übereinstimmung könnte überdies gar nicht stattfinden, weil sich das Postulat der absoluten Wahrheit diktatorisch über die "erbärmliche Wirklichkeit" (37, 19f.) hinwegsetzt.

Im Gegensatz zum schillerschen Geschichtsdrama erhebt das büchnersche niemals den Anspruch, "absolut wahr" zu sein. Es will zwar wie die von Schiller kritisierten Neueren, in deren Kreis sich Büchner durch seine Auseinandersetzung mit Schiller selbst stellt, "einen wirklichen Fall vollkommen nachahmen" (Schiller), jedoch weder, wie etwa Hamerling, "so übersichtlich, einfach und faßlich als möglich"[27] wie im Ereignisdrama, noch, im Sinne Schillers, über weite

---

25 *Der Briefwechsel zwischen Schiller und Goethe,* Bd. I, hrsg. von Hans Gerhard Gräf und Albert Leitzmann (Leipzig, 1955), S. 309f. (Hervorh. von L.F.H.).

26 Sengle, a.o.O., S. 134.

27 vgl. Anmerkung 10 (Kap. IV der vorliegenden Arbeit).

Strecken ohne jede Übereinstimmung mit der Wirklichkeit, ganz nach Maßgabe einer unhistorischen Idee wie im Ideendrama.

Büchner kommt es nicht auf absolute Tatsachentreue an, obwohl er sich enger als Schiller an die historischen Gegebenheiten hält. Das beweisen die umfangreichen Zitate aus historiographischen Quellenwerken in *Dantons Tod*. Die absolute Wahrheit und Wirksamkeit *einer* Idee darzustellen, liegt ebenfalls nicht in der Absicht Büchners. Deshalb sind in *Dantons Tod* eine Reihe von *verschiedenen,* sich sogar widersprechenden Ideen nachweisbar, mit denen sich Büchner wirkungsgeschichtlich auseinandersetzt, die er aber nebeneinander stehen läßt, ohne sich oder das Drama auf eine einzige festzulegen. Die zeitlosen Quellenzitate schließlich, die *Dantons Tod* eine "Möglichkeit des Wahrseins" verleihen, um eine Charakteristik Müller-Seidels auf das ganze Drama anzuwenden, erlauben den Schluß: "Das hier ausgesagte Leid ist der Ausdruck einer Wahrheit, die das Drama im Ganzen auszeichnet...."[28] Die vielfältigen Manifestationen menschlichen Leids in diesem Drama sind nicht Ausdruck einer poetischen Idee; sie sind die Wirklichkeit selbst, dargestellt am Beispiel einer bestimmten Vergangenheit, aber relevant für jede Gegenwart.

Die temporische Leistung des Zitats in der Vergegenwärtigung dieser Vergangenheit und in ihrer zeitlosen Wahrheitsaussage stand im Mittelpunkt unserer Arbeit. Dabei kann die Vergangenheit auch durch andere Strukturelemente als das Zitat in die Gegenwart gehoben werden. Hierin liegt eine weitere Anwendungsmöglichkeit der Ergebnisse unserer Untersuchungen zum Zitat- und Wahrheitsproblem des Geschichtsdramas.

Man könnte vielleicht auch der Frage nachgehen, ob der Chor, die Rachegeister und der Bote im antiken Drama, der Reyen im Barockdrama, die Briefe in den Dramen des 18. und 19. Jahrhunderts, die Figur des Bühnensprechers oder die Spruchmontagen in den Dramen Brechts eine *temporische* Funktion ausüben, die der büchnerschen Zitattechnik entspricht. Alle diese möglicherweise entzeitlichenden Strukturelemente stellen durch ihre Sprache eine Beziehung her zwischen der Zeit im Drama und anderen Zeitzusammenhängen, die dann entscheidend in die Handlung eingreifen. Vielleicht erweist sich die dreischichtige Zeitstruktur als ein brauchbarer Neuansatz in den Bemühungen um eine Poetik des Geschichtsdramas.

Der hier vorgelegte Versuch einer Typologie des büchnerschen Geschichtsdramas läßt auch die Dramen eines Rolf Hochhuth, eines Peter Weiß und eines Heinar Kipphardt, um nur einige zu nennen, in neuem Licht erscheinen. Zumindest einige dieser Stücke enthalten eine beträchtliche Anzahl von

---

[28] Walter Müller-Seidel, *Probleme der literarischen Wertung* (Stuttgart, 1965), S. 136 und 148.

Zitatmontagen, Zitatadaptionen und Zitatintegraten und wären deshalb mögli-
cherweise ähnlich wie *Dantons Tod* zu beurteilen. Vielleicht ließe sich am
Beispiel dieser Dramen nachweisen, daß die typologische Eigenart von *Dantons
Tod* bis heute wirksam geblieben ist.

LITERATURVERZEICHNIS

A. Werkausgaben und Quellenliteratur

Aichele, Helmut (Hrsg.). *In allen guten Stunden; Liederbuch des Schwäbischen Albvereins.* 3. Aufl. Stuttgart, 1962.

Arnim, L[udwig] Achim von; Brentano, Clemens. *Des Knaben Wunderhorn.* Text der Erstausgabe von 1806/1808. München, 1957.

Beck, Adolf. "Unbekannte französische Quellen für 'Dantons Tod' von Georg Büchner." *Jahrbuch des Freien Deutschen Hochstifts* (1963), S. 489—538.

Büchmann, Georg. *Geflügelte Worte.* 31. Aufl. Berlin, 1964.

Büchner, Georg. *Sämtliche Werke und Briefe.* Bd. I. Hrsg. von Werner R. Lehmann. Hamburg, o.J. [1967].

— *Werke und Briefe.* Hrsg. von Fritz Bergemann. Wiesbaden, 1958.

— *Sämtliche Werke nebst Briefen und anderen Dokumenten.* 3. Aufl. Hrsg. von Hans Jürgen Meinerts. Gütersloh, 1965.

Feuerbach, Ludwig. *Sämtliche Werke.* 2. Aufl. [= 2. Aufl. 1903—11]. Hrsg. von Wilhelm Bolin und Friedrich Jodl. Stuttgart, 1960.

Gericke, Hermann Peter u.a. (Hrsg.). *Bruder Singer; Lieder unseres Volkes.* Kassel, o.J.

Goethe, Johann Wolfgang von. *Goethes Werke.* Hamburg, 1948ff.

Grabbe, Christian Dietrich. *Grabbes sämtliche Werke.* 4 Bde. Hrsg. von Eduard Grisebach. Berlin, 1902.

Hamerling, Robert. *Werke in vier Bänden.* 3. Aufl. Hrsg. von Michael Maria Rabenlechner mit einem Geleitwort von Peter Rosegger. Leipzig, o.J. [1900].

Hebbel, Friedrich. *Sämmtliche Werke.* 12 Bde. Hamburg, 1865ff.

Hegel, Georg Wilhelm Friedrich. *Sämtliche Werke.* Jubiläumsausgabe in zwanzig Bänden von Hermann Glockner. Stuttgart, 1927ff.

Herder, Johann Gottfried. *Sämtliche Werke.* Reprografischer Nachdruck der Ausgabe Berlin, 1885. Hrsg. von Bernhard Suphan. Hildesheim, 1968.

Lenz, Jacob Michael Reinhold. *Gesammelte Werke.* Bd. I. Hrsg. von Richard Daunicht. München, 1967.

Lessing, Gotthold Ephraim. *Sämtliche Schriften.* 3. Aufl. 23 Bde. Hrsg. von Karl Lachmann und Franz Muncker. Stuttgart, 1886—1924 [1968].

Mayer, Thomas. "Zur Revision der Quellen für 'Dantons Tod' von Georg Büchner (I)." *Studi Germanici,* VII (1969), S. 287—336. "dto. (II)." ibid., IX (1971), S. 223—233.

Schiller, Friedrich. *Schillers Werke. Nationalausgabe.* Weimar, 1943ff.

Shakespeare, William. *Shakespeare's Works.* 3 vols. London, 1903.

Stephenson, Carl (Hrsg.). *Die schönsten Gedichte aus acht Jahrhunderten.* Berlin-Schöneberg, 1960.

Thieberger, Richard (Hrsg.). *Georges Büchner: La mort de Danton; publiée avec le texte des sources et des corrections manuscrites de l'auteur.* Paris, 1953.

Tieck, Johann Ludwig. *Werke.* 4 Bde. Hrsg. von Marianne Thalmann. München, 1963—65.

Viëtor, Karl. "Die Quellen von Büchners Drama 'Dantons Tod.' " *Euphorion,* XXXIV (1933), S. 357—379.

B. Literatur zu Büchner

Alker, Ernst. "War Büchner ein 'revolutionärer' Dichter? " *Neophilogus,* XXVII (1942), S. 206—211.

Bach, Anneliese. "Verantwortlichkeit und Fatalismus in Georg Büchners Drama 'Dantons Tod.' " *Wirkendes Wort,* VI (1955/56), S. 217—229.

Baginsky, Paul H. "Georg Büchners Danton-Gestalt; zu Büchners hundertsten Todestage." *Monatshefte,* XXIX (1937), S. 272—275.

Baumann, Gerhart. *Georg Büchner; die dramatische Ausdruckswelt.* Göttingen, 1961.

Baxandall, Lee. "Georg Büchner's 'Danton's Death.'" *The Tulane Drama Revue*, VI, iii (March 1962), S. 136—149.

Bergemann, Fritz. "Georg Büchner-Schrifttum seit 1937." *DVj*, XXV (1951), S. 112—121.

Büttner, Ludwig. *Georg Büchner — Revolutionär und Pessimist. Ein Beitrag zur Geistesgeschichte des XIX. Jahrhunderts*. Nürnberg, 1948.

— *Büchners Bild vom Menschen*. Nürnberg, 1967.

Cowen, Roy C. "Grabbe's 'Napoleon,' Büchner's 'Danton,' and the Masses." *Symposium*, XXI (1967), S. 316—323.

David, Claude. "Danton von Büchner aus gesehen." *Georg Büchner. Wege der Forschung*. Bd. LIII. Hrsg. von Wolfgang Martens. Darmstadt, 1965. S. 323—333.

Dosenheimer, Elise. *Das deutsche soziale Drama von Lessing bis Sternheim*. Konstanz, 1949.

Dymschitz, Alexander L. "Die ästhetischen Anschauungen Georg Büchners." *Weimarer Beiträge*, VIII (1962), S. 108—123.

Fink, Gonthier-Louis. "Volkslied und Verseinlage in den Dramen Georg Büchners." *DVj*, XXXV (1961), S. 558—593.

Fischer, Heinz. "Acedia und Landschaft in den Dramen Georg Büchners." Diss. München, 1958.

Frenzel, Elisabeth. "Mussets 'Lorenzaccio' — ein mögliches Vorbild für 'Dantons Tod.'" *Euphorion*, LVIII (1964), S. 59—68.

Friedrich, Eva. *Georg Büchner und die Französische Revolution*. Diss. Zürich, 1952 [gedruckt: 1956].

Frisch, Max. "Rede zur Verleihung des Georg-Büchner-Preises 1958." *Club Voltaire: Jahrbuch für kritische Aufklärung*, I (1963), S. 169—179.

Geerdts, Hans Jürgen. "Georg Büchners Volksauffassung; zum 150. Geburtstage des Dichters am 17. Oktober 1963." *Weimarer Beiträge*, IX (1963), S. 642—649.

Gunkel, R[ichard]. "Neues zur Textkritik von G. Büchners 'Dantons Tod.'" *Leuvense Bijdragen*, XLV (1965), S. 57—61.

Guthke, Karl S. "Büchner: Der Stier des göttlichen Perillus." In: K.S.G., *Die Mythologie der entgötterten Welt*. Göttingen, 1971. S. 158—174.

Hamburger, Michael. "Georg Büchner." In: M. H., *Reason and Energy; Studies in German Literature*. London, 1957. S. 179—208.

Höllerer, Walter. "Georg Büchner." In: W.H., *Zwischen Klassik und Moderne: Lachen und Weinen in der Dichtung einer Übergangszeit*. Stuttgart, 1958. S. 100—142.

— "Büchner: 'Dantons Tod.'" In: *Das deutsche Drama vom Barock bis zur Gegenwart*. Bd. II. 2. Aufl. Hrsg. von Benno von Wiese. Düsseldorf, 1960. S. 65—88.

Jacobs, Margaret. "Introduction." In: *Georg Büchner; "Dantons Tod" und "Woyzeck."* ed. M.J. Manchester, 1954. S. ix—xxxiv.

Jancke, Rudolf. "Grabbe und Büchner; eine psychologisch-literarische Betrachtung mit besonderer Berücksichtigung des 'Napoleon' und 'Dantons Tod.'" *GRM*, XV (1927), S. 274—286.

Jens, Walter. "Poesie und Medizin; Gedenkrede für Georg Büchner." *Neue Rundschau*, LXXV (1964), S. 266—277.

Johann, Ernst. *Georg Büchner in Selbstzeugnissen und Bilddokumenten*. Hamburg, 1958.

Kästner, Erich. "Wohin gehört Büchner? Rede zur Verleihung des Georg-Büchner-Preises." *Merkur*, XI (1957), S. 1134—1143.

Knight, A[rthur] H[arold] J[ohn]. "Some considerations relating to Georg Büchner's opinions on history and the drama and to his play 'Dantons Tod.'" *MLR*, XLII (1947), S. 70—81.

— *Georg Büchner*. Oxford, 1951.

König, Fritz. *Georg Büchners "Danton." Bausteine zur Geschichte der deutschen Literatur*. Nr. XIX. Hrsg. von Franz Saran. Halle/Saale, 1924.

Koopmann, Helmut. "'Dantons Tod' und die antike Welt." *Zeitschrift für deutsche Philologie*, Sonderheft "Moderne deutsche Dichtung," LXXXIV (1965), S. 22—41.

Krapp, Helmut. *Der Dialog bei Georg Büchner*. Darmstadt, 1958.

Landau, Paul. "'Dantons Tod.'" In: *Georg Büchners gesammelte Schriften*. Bd. I. Hrsg. von Paul Landau. Berlin, 1909. S. 73—90.

Lehmann, Werner R. "Prolegomena zu einer historisch-kritischen Büchner-Ausgabe." In: *Festschrift für Christian Wegner.* Hamburg, 1963. S. 190—220.

— "Robespierre — 'ein impotenter Mahomet'? " *Euphorion,* LVII (1963), S. 210—217.

— *Textkritische Noten: Prolegomena zur Hamburger Büchner-Ausgabe.* Hamburg, 1967.

Lindenberger, Herbert. *Georg Büchner.* Carbondale, 1964.

Lipmann, Heinz. *Georg Büchner und die Romantik.* München, 1923.

Lukács, Georg. "Der faschistisch verfälschte und der wirkliche Georg Büchner." In: *Deutsche Literatur in zwei Jahrhunderten. Georg Lukács' Werke.* Bd. VII. Berlin, 1964. S. 249—272.

Majut, Rudolf. "Aufriß und Probleme der modernen Büchner-Forschung." *GRM,* XVII (1929), S. 356—372.

— *Lebensbühne und Marionette. Ein Beitrag zur seelengeschichtlichen Entwicklung von der Geniezeit bis zum Biedermeier. Germanische Studien 100.* Berlin, 1931.

Marcuse, L[udwig]. *Georg Büchner und seine drei besten Bühnenwerke.* Berlin und Leipzig, 1921.

Martens, Wolfgang. "Ideologie und Verzweiflung; religiöse Motive in Büchners Revolutionsdrama." *Euphorion,* LIV (1960), S. 83—108.

Mautz, Kurt. "Georg Büchner; zum 100. Todestag des Dichters am 19. Februar 1937." *DVj,* XV (1937), S. 115—123.

Mayer, Hans. "Georg Büchners ästhetische Anschauungen." *Zeitschrift für deutsche Philologie,* LXXIII (1954), S. 129—160.

Georg Büchner und seine Zeit. 2. erw. Aufl. Wiesbaden, 1960.

McGlashan, Leonard. "Sinn und Form des realistischen Dramas bei Georg Büchner: eine Untersuchung." Diss. Münster, 1955.

Michel, Wilhelm. "Auf der Suche nach der 'Wirklichkeit'; über Georg Büchner als Zeugen einer deutschen Ernüchterungsbewegung." *Eckart,* XIII (1937), S. 383—394.

Michelsen, Peter. "Büchner und Wieland." *Archiv für das Studium der neueren Sprachen und Literaturen,* CXVII (1960), S. 135—137.

Mühlher, Robert. "Georg Büchner und die Mythologie des Nihilismus." In: R.M. *Dichtung in der Krise.* Wien, 1951, S. 97—145.

Oppel, Horst. *Die tragische Dichtung Georg Büchners.* Stuttgart, 1951.

— "Stand und Aufgaben der Büchner-Forschung." *Euphorion,* IL (1955), S. 91—109.

Peacock, Ronald. "Eine Bemerkung zu den Dramen Georg Büchners." In: *Georg Büchner. Wege der Forschung.* Bd. LIII. Hrsg. von Wolfgang Martens. Darmstadt, 1965. S. 360—372.

Pfeiffer, Arthur. *Georg Büchner; vom Wesen der Geschichte, des Dämonischen und Dramatischen.* Frankfurt/Main, 1934.

Plard, Henri. "La technique de Georg Büchner." *Etudes Germaniques,* XV (1960), S. 254—257.

Poster, Hermann David. "Geistiger Gehalt und dramatischer Aufbau in 'Dantons Tod' von Georg Büchner." Diss. New York, 1948.

Roche, Reinhard. " 'stilus demagogicus', Beobachtungen an Robespierres Rede im Jakobinerklub (Georg Büchners 'Dantons Tod')." *Wirkendes Wort,* XIV (1964), S. 244—254.

Scheuer, Erwin. *Akt und Szene in der offenen Form des Dramas, dargestellt an den Dramen Georg Büchners. Germanische Studien 77.* Berlin, 1929.

Schmid, Peter. *Georg Büchner; Versuch über die tragische Existenz.* Bern, 1940.

Schmidt, Henry Jacques. "Satire, Caricature and Perspectivism in the Works of Georg Büchner." Diss. Stanford University, 1967 [Copyright 1968].

Schmidt-Henkel, Gerhard. " 'Dantons Tod.' " In: G.S.-H., *Mythos und Dichtung.* Bad Homburg, 1967. S. 46—55.

Schwarz, Egon. "Tod und Witz im Werke Georg Büchners." *Monatshefte,* XLVI (1954), S. 123—136.

Stern, J.P. *Re-interpretations: Seven Studies in Nineteenth-Century German Literature.* New York, 1964.

Strohl, Jean. *Oken und Büchner; zwei Gestalten aus der Übergangszeit von Naturphilosophie und Naturwissenschaft. Schriften der Corona. XIV.* Zürich, 1936.

Szondi, Peter. "Dantons Tod." In: P.S. *Versuch über das Tragische.* 2. Aufl. Frankfurt/Main, 1964. S. 103—109.

Thieberger, Richard. "Situation de la Büchner-Forschung (I)." *Etudes Germaniques,* (1968), S. 255—260.

Viëtor, Karl. "Die Tragödie des heldischen Pessimismus; über Büchners Drama 'Dantons Tod.' " *DVj,* XII (1934), S. 173—209.

— *Georg Büchner: Politik, Dichtung, Wissenschaft.* Bern, 1949.

Werner, Fritz. "Georg Büchners Drama 'Dantons Tod' und das Problem der Revolution." *Die Welt als Geschichte, eine Zeitschrift für Universalgeschichte,* XII (1952), S. 167—176.

Wiese, Benno von. "Die Religion Büchners und Hebbels." In: B.v.W. *Zwischen Utopie und Wirklichkeit; Studien zur deutschen Literatur.* Düsseldorf, 1963. S. 122—141.

— "Georg Büchner: die Tragödie des Nihilismus." In: B.v.W. *Die deutsche Tragödie von Lessing bis Hebbel.* 7. Aufl. Hamburg, 1967. S. 513—534.

C. Literatur zum Geschichtsdrama

Aristotle. *The Basic Works of Aristotle.* ed. Richard McKeon. New York, 1941.

Hamburger, Käte. "Die Zeitlosigkeit der Dichtung." *DVj,* XXIX (1955), S. 413—426.

— *Die Logik der Dichtung.* Stuttgart, 1957.

— "Versuch zur Typologie des Dramas." *Poetica,* I, ii (1967), S. 145—153.

Hegel, Georg Wilhelm Friedrich. *Ästhetik.* 2 Bde. 2. Aufl. Nach der zweiten Ausgabe Heinrich Gustav Hothos (1842) redigiert und mit einem ausführlichen Register versehen von Friedrich Bassenge. Frankfurt/Main, o.J.

Heintel, Erich. " 'Wie es eigentlich gewesen ist': ein geschichtsphilosophischer Beitrag zum Problem der Methode der Historie." In: Josef Derbolav (Hrsg.). *Erkenntnis und Verantwortung; Festschrift für Th. Litt.* Stuttgart, 1960. S. 207—230.

Hirschstein, Hans. *Die französische Revolution im deutschen Drama und Epos nach 1815. Breslauer Beiträge zur Literaturgeschichte.* N.F. Heft 31. Stuttgart, 1912.

Houston, Gertrude Craig. *The Evolution of the Historical Drama in Germany during the First Half of the Nineteenth Century.* Belfast, 1920.

Klotz, Erich. *Das Problem der geschichtlichen Wahrheit im historischen Drama Deutschlands von 1750 bis 1850.* Diss. Greifswald, 1927.

Klotz, Volker. *Geschlossene und offene Form im Drama.* München, 1960.

Lukács, Georg. "Historischer Roman und historisches Drama." In: G.L. *Schriften zur Literatursoziologie.* 2. Aufl. Hrsg. von Peter Ludz. Neuwied und Berlin, 1963. S. 175—197.

— "Skizze der Entwicklung des Historismus im Drama und in der Dramaturgie." In: G.L. *Der historische Roman. Probleme des Realismus III. Werke.* Bd. VI. Neuwied und Berlin, 1965. S. 184—206.

Placzek, Heinz Walter. *Das historische Drama zur Zeit Hebbels.* Germanische Studien 62. Berlin, 1928.

Pütz, Peter. *Die Zeit im Drama. Zur Technik dramatischer Spannung.* Göttingen, 1970.

Ranke, Leopold von. *Geschichten der romanischen und germanischen Völker von 1494—1514.* 3. Aufl. Leipzig, 1885.

Rülicke-Weiler, Käthe. *Die Dramaturgie Brechts; Theater als Mittel der Veränderung.* Berlin, 1966.

Schumacher, Ernst. "Geschichte und Drama; Geschichtsdramatik, Geschichtsauffassung, Geschichtswissenschaft." *Sinn und Form,* XI (1959), S. 579—620.

Sengle, Friedrich. *Das deutsche Geschichtsdrama; Geschichte eines literarischen Mythos.* Stuttgart, 1952.

Stern, Alfred. "Über die Grenzen der Geschichtsschreibung und der Poesie." *DVj,* IV (1926), S. 240—269.

Viëtor, Karl. "Der Dichter und die Geschichte." *Zeitschrift für deutsche Bildung,* IV (1928). S. 173–186.

Wiese, Benno von. "Geschichte und Drama." *DVj,* XX (1942), S. 412–434.

— *Die deutsche Tragödie von Lessing bis Hebbel.* 7. Aufl. Hamburg, 1967.

Ziegler, Klaus. "Das deutsche Drama der Neuzeit." In: *Deutsche Philologie im Aufriß.* Bd. II. 2. überarbeitete Aufl. Hrsg. von Wolfgang Stammler. Berlin, 1960. Spalte 1997–2350.

D. Allgemeine Literatur

Adorno, Theodor W. "Erpreßte Versöhnung; zu Georg Lukács' 'Wider den mißverstandenen Realismus.' " *Der Monat,* XI, cxxii (November 1958), S. 37–49.

Auerbach, Erich. *Mimesis; dargestellte Wirklichkeit in der abendländischen Literatur.* 3. Aufl. München, 1964.

Benjamin, Walter. *Angelus Novus. Ausgewählte Schriften 2.* Hrsg. von Siegfried Unseld. Frankfurt/Main, 1966.

Bloch, Ernst. *Das Prinzip Hoffnung.* Frankfurt/Main, 1959.

Boeschenstein, Hermann. *Deutsche Gefühlskultur.* 2 Bde. Bern, 1954 und 1966.

Brinkmann, Richard. *Wirklichkeit und Illusion.* Tübingen, 1957.

Ebbinghaus, Julius. "Ludwig Feuerbach." *DVj,* VIII (1930), S. 283–305.

Eliot, T.S. *Four Quartets.* London, 1944.

Gadamer, Hans-Georg. *Wahrheit und Methode; Grundzüge einer philosophischen Hermeneutik.* 2. Aufl., durch einen Nachtrag erweitert. Tübingen, 1965.

Gebser, Jean. *Ursprung und Gegenwart; Fundamente und Manifestationen der aperspektivischen Welt.* 2 Bde. 2. ergänzte Aufl. Stuttgart, 1966.

Grimm, Jacob und Grimm, Wilhelm. *Deutsches Wörterbuch.* Bd. XV. Leipzig, 1956.

Meyer, Herman. *Das Zitat in der Erzählkunst.* Stuttgart, 1961.

Müller-Seidel, Walter. *Probleme der literarischen Wertung.* Stuttgart, 1965.

Nadler, Josef. *Geschichte der deutschen Literatur.* 2. ergänzte Aufl. Regensburg, 1961.

Schiller, Friedrich und Goethe, J.W.v. *Der Briefwechsel zwischen Schiller und Goethe.* Hrsg. von Hans Gerhard Gräf und Albert Leitzmann. Leipzig, 1955.

Schlick, Werner. *Das Georg Büchner-Schrifttum bis 1965. Eine internationale Bibliographie.* Hildesheim, 1968.